PHILIPP CRONE

111 GRÜNDE, HOCKEY ZU LIEBEN

**EINE LIEBESERKLÄRUNG
AN DEN SCHÖNSTEN
SPORT DER WELT**

**MIT EINEM VORWORT
VON MATS GRAMBUSCH**

SCHWARZKOPF & SCHWARZKOPF

INHALT

VORWORT VON PHILIPP CRONE 9
VORWORT VON MATS GRAMBUSCH 12

I. MENSCHEN, DIE HOCKEYGESCHICHTE GESCHRIEBEN HABEN . 21
Weil Carsten Fischer der erste deutsche Hockey-Star war • Weil Natascha Keller die deutsche Fahne tragen durfte • Weil Peter Trump einen winzigen Ort namens Frankenthal bekannt machte • Weil Britta Becker die erste Werbe-Hockeyspielerin wurde • Weil Christoph Eimer der beste deutsche Spieler aller Zeiten ist • Weil Markus Weise als einziger Trainer Goldmedaillen mit verschiedenen Mannschaften gewonnen hat • Weil Michael Peter als Beckenbauer des Hockeys galt • Weil mit Max Weinhold ein guter Feldspieler der erfolgreichste Torwart wurde • Weil Michael Green auf und neben dem Platz brillierte • Weil Martin Häner der immer grimmige erfolgreiche Sympathieträger ist • Weil mit Paul Lissek die Trilogie der genialen Trainer begann • Weil Gaby Reimann Rekordnationalspielerin wurde • Weil Christopher Rühr wunderbar schnell (und) aufbrausend ist • Weil Maartje Paumen fast jeden Rekord gebrochen hat • Weil Hugo Budinger zu einer Redewendung wurde • Weil Moritz Fürste Carsten Fischers Nachfolger wurde • Weil Tobias Hauke nicht vom Ball zu trennen ist • Weil Dieter Klauß DDR-Rekordnationalspieler ist • Weil Christopher Zeller der schnellste und treffsicherste deutsche Stürmer war • Weil Luciana Aymar die bis heute bekannteste Hockeyspielerin der Welt ist • Weil Michael Knauth im richtigen Moment Mut zeigte • Weil ein pakistanischer Spieler mit der falschen Handhaltung in die Nationalmannschaft kam • Weil Jay Stacey an der Bar und im Schusskreis überzeugen konnte • Weil Nike Lorenz die wohl dribbelstärkste Innenverteidigerin aller Zeiten ist • Weil Julia Müller als Langzeit-Legionärin erfolgreich war • Weil Klaus Michler der eleganteste linke Verteidiger war • Weil Bernhard Peters einer der erfolgreichsten und außergewöhnlichsten Trainer im Welthockey war •

Weil Teun de Nooijer der erste Hockey-Millionär wurde • Weil Matthias Witthaus Rekordnationalspieler ist • Weil Maike Stöckel und der Videobeweis keine Freunde wurden

II. REGELN UND STANDARD-SITUATIONEN 83
Weil die Strafecke die komplizierteste Standardsituation aller Ballsportarten ist • Weil es so lustige Regeln wie das Sperren gab • Weil die Karten unterschiedliche Formen haben • Weil es Videoscreens gab, auf die Schiedsrichter nicht schauen durften • Weil der Videobeweis im Hockey funktioniert • Weil es den sogenannten Stecher gibt • Weil es so viele Regeländerungen gibt • Weil es die runde Seite gibt • Weil es einen Schusskreis gibt • Weil es die argentinische Rückhand gibt • Weil über den Videobeweis gar nicht mehr diskutiert wird

III. DIE LÄNDER UND ORTE 103
Weil Australien eine einzigartige Hockeynation ist • Weil Hockey in England zwischen den Extremen liegt • Weil man auch Hockey in Guyana spielen kann • Weil das Hockey-Mekka mitten in Europa liegt • Weil Indien zu den faszinierendsten Hockeyländern gehört • Weil der Iran eine Hallennation ist • Weil Uhlenhorst Mülheim ein einzigartiger Verein ist • Weil Österreich als Hallennation 2018 alle schlug • Weil Rot-Weiß München für viele kleine Vereine steht • Weil Kuala Lumpur temporärer Hockey-Hotspot war

IV. DAS HOCKEY-GEFÜHL 117
Weil Freundschaften fürs Leben entstehen • Weil es ein fairer Sport ist • Weil es Ärzte wie Wilhelm Widenmayer gibt • Weil es tragische Momente gibt • Weil es ein Familiensport ist • Weil es kein Doping gibt • Weil es Ehrenamtliche wie Hans Baumgartner gibt • Weil bei den Olympischen Spielen in Rio erstmals ein verheiratetes lesbisches Paar spielte • Weil die Betreuer eine so große Rolle spielen • Weil Eltern und Geschwister so eine große und gute Rolle spielen • Weil der HC Rom einer der irrsten Vereine der Welt ist

V. DIE GESCHICHTE **147**
Weil Hockey seit 5000 Jahren gespielt wird • Weil Berlin vor knapp 100 Jahren die erste Hockeyhochburg war • Weil es die Olympia-Silberdekade gab • Weil die ersten olympischen Hockeyspiele vor 110 Jahren stattfanden • Weil der Kunstrasen eine neue Sportart geschaffen hat • Weil Deutschland schon 1928 die erste olympische Medaille gewann • Weil sich Hockey immer mehr von seinem Klischee entfernt • Weil Hockey durch die sogenannte HIL amerikanisch professionell zu werden drohte

VI. DIE ERFOLGE **161**
Weil die deutschen Frauen in Rio alle überraschten • Weil die Frauen bei ihrem ersten olympischen Turnier 1984 gleich die Silbermedaille gewannen • Weil Deutschland 2008 Olympiasieger wurde • Weil Deutschland das anstrengendste WM-Turnier in der Hockeygeschichte für sich entschied • Weil die Damen 1981 nach zwei Mal Silber wieder Weltmeister wurden • Weil die Männer 2012 Olympiasieger wurden • Weil die deutschen Männer 1972 die asiatische Siegesserie beendeten • Weil die Männer 2006 das neue Heimstadion mit einem Titel einweihten • Weil Deutschland bei der ersten Heimweltmeisterschaft den Titel dank einer fliegenden Putzfrau gewann • Weil Deutschland 2012 durch einen umstrittenen Treffer in London Olympiasieger wurde • Weil die Hockeyfrauen 2004 völlig überraschend Gold gewannen

VII. ERSTAUNLICHES AUS DEM HOCKEY **185**
Weil beim WM-Titel 2006 der wichtigste Spieler die gesamte Zeit über auf der Bank saß • Weil eine Innenverteidigerin manches besser konnte als ein Innenverteidiger und mehrere einmalige Dinge erreichte • Weil da auch mal kurzerhand ein Länderspiel umzieht • Weil eine schlechte Statistikauswertung Deutschlands Frauen zum Hallenweltmeister machte • Weil Hockey aus zwei völlig unterschiedlichen Sportarten besteht • Weil Susi Schmid Nationalspielerin im Tor und auf dem Feld war • Weil Salat und Klimaanlagen große Probleme darstellen können • Weil Mark Appel ein Länderspieltor geschossen hat • Weil es so viele Nationalspieler gibt •

Weil Shabaz Ahmad sein wichtigstes Tor mit fünf km/h erzielte • Weil es 1996 ein Eishockey-Länderspiel beim Hockey gab • Weil man heute ohne die Luft anzuhalten in Umkleidekabinen gehen kann • Weil ein deutscher Stürmer vor dem olympischen Finale Schnaps trank

VIII. BESONDERE SITUATIONEN, ROUTINEN UND RITUALE ... 215
Weil Deutschland das Hockey-Schach erfunden hat • Weil das schönste Tor der Hockeygeschichte nicht zählte • Weil das WM-Halbfinale 2003 in Leipzig mit Kranken ausgetragen wurde • Weil Deutschland im Siebenmeterschießen 2008 Holland besiegte • Weil die deutschen Hockeymänner bei den Olympischen Spielen in Rio eines der irrsten Comebacks hingelegt haben • Weil es beim Hockey fast so viele Rituale gibt wie beim Baseball • Weil McDonald's und Bananen eine wichtige Rolle im Hockey spielen • Weil Funktionäre funktionieren • Weil Greta Blunck die unermüdlichste Hockeytrainerin ist • Weil eine Torwartausrüstung ein eigenes Universum ist • Weil man einen Mundschutz tragen darf – sollte!

IX. MEDIEN UND MELDENSWERTES ... 241
Weil Hockey im Fernsehen heute leichter zu zeigen ist • Weil Béla Réthy auch Hockey kommentiert • Weil es den Feiermythos gibt • Weil die Siegtorschützen der Finals so unterschiedlich sind • Weil es auch ein paar Hockey-VIPs gibt • Weil es noch 1.111 andere Gründe gibt

Vorwort von Philipp Crone

Liebe Leser,

dieses Buch ist der Versuch, trotz subjektiver Betrachtung ein in Teilen möglichst objektiv beschreibendes Buch über die unumstritten geilste Sportart der Welt zu verfassen. Es erhebt keinen Anspruch auf Vollständigkeit, zum Lesen auch keinen auf Volljährigkeit. Wer es liest, wird im besten Fall sein Kind zum Hockey schicken und selbst bei der Gruppe »Untalentierte Eltern III« oder noch besser einsteigen. Und wer es liest, sei bitte ebenfalls gleich vorgewarnt, dass es sich hier nicht um eine sachliche Enzyklopädie handelt. An manchen Stellen geht es inhaltlich ernsthaft zu, an anderen eher angemessen albern. Da ich im Hauptberuf Journalist der *Süddeutschen Zeitung* bin, weiß ich seit vielen Jahren, dass Ironie und Schrift in vielen Fällen schlecht vereinbar sind. Trotzdem sind einige bis manchmal viele Aspekte und Absätze dieses Buches nicht ganz ernst gemeint, und jeder, der lesen kann und in seinem Leben weniger als drei Hockeybälle abbekommen hat, wird das auch erkennen können.

Da ich selbst von 1996 bis 2007 Nationalspieler war und an diversen Turnieren, Weltmeisterschaften und Olympischen Spielen teilgenommen habe, sind einige Betrachtungen in der Ich-Perspektive geschrieben und auch zu einem Teil ausgesprochen subjektiv. Es ist ein Blick auf meinen Sport, so objektiv wie möglich, so subjektiv wie nötig, so fair wie möglich und so umfassend wie möglich, dass vielleicht sowohl der Kenner als auch der Laie Gefallen an den Gründen hat. Es kommen in vielen Kapiteln auffallend viele Spieler, Trainer und Begleiter vor, die ich selbst erlebt habe. Meistens, um möglichst plastisch eine Thematik zu erklären. Es gibt auch Wiederholungen in manchen Kapiteln, die man mir nachsehen möge, da die einzelnen Gründe auch für sich stehen und lesbar sein sollen. Für einige Geschichten der Jahrzehnte zwischen 1970 und 1990 habe ich häufig auf das Buch *Goldrausch* von Uli Meyer und Hanspeter Detmer zurückgegriffen.

Ich schreibe von Sportlern und meine Sportlerinnen und Sportler, schlicht um den Lesefluss nicht zu sehr zu stören und weil ich in meinem ganzen Hockeyleben zum allergrößten Teil in der maskulinen Form über diese Sportart gesprochen habe.

In diesem Sinne wünsche ich Ihnen und Dir – denn so wie sich Musiker duzen, handhabe ich das auch in diesem Buch ab und an mit dem Leser – viel Unterhaltung, Erhellung, Verklärung und sämtliche andere Emotionen bei der Lektüre.

Nach einer wahren Geschichte und mit Sicherheit auch mit einigen Ungereimtheiten, Fehlern, Verklärungen.

Ähnlichkeiten und nahezu vollständige Übereinstimmungen zu lebenden Personen der Zeitgeschichte sind unvermeidbar und sogar gewollt.

Also, lesen Sie quer, lesen Sie steil, ein guter Spieler schafft das Buch in 70 Minuten.

Und, um die Widmung nicht zu vergessen, gleich vorab (stellt euch eine schrecklich gewundene Schreibschrift vor):

- ✕ Für alle 37 von mir zerstörten Hockeyschläger,
- ✕ für alle 44 von mir kaputtgedroschenen Bälle,
- ✕ für alle Gegner, zu denen ich zu nett war,
- ✕ für alle, die von Olympia träumen,
- ✕ für alle, die vor Olympia träumen,
- ✕ für alle, die auch nicht weit schlenzen können,
- ✕ für Mats, der das schöne Vorwort geschrieben hat,
- ✕ für alle, die nur zwei Omas hatten,
- ✕ für alle, die nach einem verlorenen Auswärtswochenende auf die Autobahn müssen,

✗ für alle, die mich Hupe nennen,
✗ für alle, die auch bescheuerte Spitznamen bekommen haben,
✗ für Crozy,
✗ für die Band,
✗ für Hans,
✗ für Rot-Weiß,
✗ für noch mehr sentimentale Fürs,
✗ gegen zu viel Ernst,
✗ für Shneez, Flunz, Lu, Mi, Enciclopedia, Hüpf, Mum, Dr. J, Lons, Menz und Bum,
✗ für alle, die – ach, eigentlich für alle –,
✗ nur für keinen, der »Ach Eishockey!« sagt

Vorwort von Mats Grambusch

Vor 22 Jahren hatte ich zum ersten Mal einen Hockeyschläger in der Hand, ich wusste damals weder, dass mir Talent in die Wiege gelegt wurde, noch, dass die Hockeyzeit mein Leben in diesem Ausmaß prägen wird.

Der Name des Buches *111 Gründe, Hockey zu lieben* erklärt sich im Prinzip von selbst. In diesem Vorwort möchte ich Dir meine ganz eigenen Gründe erklären, warum ich mich damals und heute immer wieder für den Hockeysport entscheiden würde.

Der Start des Ganzen ist eher unspektakulär und lag auch nicht wirklich in meiner Hand, sondern in der meiner Eltern. Mein Vater wurde schon in den Hockeyclub (GHTC) in Mönchengladbach quasi reingeboren, und bei mir und meinen Geschwistern war das dann nicht anders. Mit drei Jahren ging ich zum ersten Mal bei meiner viereinhalbjährigen Schwester mit zum Training. Letztendlich war das aber mehr eine unterhaltende Kinderbetreuung als ernsthaftes Hockeyspielen. Klar, wir sind schon mit dem viel zu großen Hockeyschläger einem Ball hinterhergejagt und haben versucht, Tore zu schießen, aber es gab dabei auch immer verlockende Ablenkungen: die Kreide, mit der die Seitenlinien gezogen wurden, der Fußball, welcher neben dem Spielfeld schussbereit lag, oder die Gänseblümchen, welche wieder nachgewachsen waren. All diese wunderbaren Dinge haben uns damals sicherlich einige Tore gekostet. Jedoch war das in diesem Alter auch nicht weiter tragisch, schließlich ist man nach dem Training oder Spiel weiterhin irgendeinem Ball hinterhergelaufen, und es gab etwas Neues zu gewinnen. Das Clubgelände war ein Paradies für uns, wir konnten neben Hockey und Tennis auch klettern, schwimmen, im Sand spielen und, und, und.

Meine Eltern, meine hoch motivierte Begeisterung, Bällen hinterherzujagen, und das familiäre Clubleben, das waren die Gründe, warum ich Hockeyspieler wurde.

Als ich eingeschult wurde, haben viele meiner Klassenkameraden Fußball gespielt. Die meisten kannten Hockey gar nicht. Vielen habe ich vom Hockey erzählt und manche sogar für den Sport gewonnen. Andere spielten lieber Fußball, und da ich wirklich leicht zu begeistern war, bin ich mit denen, die nicht zum Hockey gekommen sind, dann eben zum Fußball gegangen. Es war herrlich: Jeden Tag konnte ich nach der Schule entweder zum Fußball-, Hockey- oder Tennistraining. Meine Mutter war davon nicht ganz so begeistert, sie war häufig meine Taxifahrerin. Ich wollte einfach nur Sport machen. Der Versuch meiner Eltern, mich als Ausgleich wenigstens einmal die Woche in die Musikschule zu schicken, scheiterte kläglich. Selbst der Trick meiner Mutter, mich nach dem Unterricht mit einem großen Eis zu belohnen, hat nicht lange funktioniert. Blockflöte oder Klavier spielen, das war nichts für mich.

In der Grundschule war das auch alles noch kein Problem, die Noten waren gut und meine Eltern glücklich, dass sich Sport und Schule gut vereinen ließen.

In der 7. Klasse änderte sich das schlagartig. Da spielte ich in allen drei Sportarten in der jeweils höchsten Auswahl, fuhr am Wochenende vom Fußball zum Hockey, und währenddessen lief auch noch das Tennisturnier, bei dem ich gemeldet war. Meine schulischen Leistungen fingen an, darunter zu leiden. Ich wollte aber keiner der Sportarten aufgeben. Außerdem war mir persönlich die Schule auch zu dem Zeitpunkt nicht so wichtig. Zum Glück haben meine Eltern das nicht so gesehen. Für sie war meine schulische Ausbildung immer das Fundament für alles Weitere. Mit zwölf wurde ich deshalb vor die große Wahl gestellt: Fußball, Tennis oder Hockey? Da Tennis ein Einzelsport ist, bei dem ich jederzeit Spiele und Training absagen konnte, ohne dabei meine Teamkameraden zu hintergehen, durfte ich Tennis weiterspielen. Die Entscheidung fiel zwischen Hockey und Fußball. Natürlich war das nicht einfach, aber es war für mich unvorstellbar, Hockey aufzugeben und nicht mehr Teil des familiären Clublebens im GHTC zu sein. Dementsprechend sind die Entscheidungen eher emotionaler und sozialer Art gewesen.

Das veränderte sich im Laufe der Zeit. Je älter ich wurde, desto mehr hat mich der Hockeysport an sich begeistert. Dieser dynamische, technisch anspruchsvolle und ereignisreiche Sport hat mich gepackt. In einem guten Spiel fallen oft zwischen vier bis sechs Tore, und das in gerade mal 60 Minuten. Permanent gibt es aufregende Kreissituationen für den Zuschauer, und der Ball ist ohne Unterbrechung im Spiel, das wird zum Beispiel durch Regeln wie den Self-Pass gefördert (der gefoulte Spieler darf einen Freischlag direkt wieder ausführen). Auch deshalb und durch das Interchanging ist das Tempo eines Spiels viel höher als in anderen Team-Ballsportarten. Zudem ist das technische Niveau und die Hand-Augen-Koordination unwahrscheinlich hoch bei den Spielern, da es gar nicht mal so einfach ist, die kleine Murmel mit dem Stück Kunststoff sauber zu treffen. Ich empfinde es als Augenschmaus, wenn Weltklassespieler bei höchster Geschwindigkeit den Ball führen, Gegner umspielen und dabei auch noch den Blick für den Mitspieler haben. Und dann sind da ja auch noch die Taktik und das Spielverständnis. Damit meine ich zum einen die Taktik, die man vor dem Spiel als Team bespricht, und zum anderen den Taktik-IQ, welchen man in den Spielmomenten haben muss. Dieses Gefühl, sich auf die ständig wandelnden Situationen immer wieder einzustellen und anzupassen, ist meine absolute Faszination im modernen Hockey. Ich meine das Gespür für »freien Raum« im Zweikampf, ob ich als Spieler zum Beispiel nach links oder rechts gehe. Oder: Spiele ich nach hinten raus oder entscheide ich mich für die riskante Offensivlösung durch den Gegenspieler? Aber auch der strategische Ansatz als Mannschaft: Wo ist der freie Raum für einen Angriff? Wo ist gleich, nach zwei oder drei Pässen, dann der Platz, um als Team auf der Seite durchzubrechen, wie kann man den Gegner dazu bewegen, dass er von seiner Taktik abrückt? Wie kann man den Gegner in Situationen bringen, die schlecht für ihn sind? Dadurch, dass in diesem schnellen Spiel jederzeit neue Spielsituationen entstehen, kann man vor dem Anpfiff zwar viele teamtaktische Dinge besprechen, und man erhält wertvolle Informationen und Ideen, aber das Entscheidende ist immer die Umsetzung auf dem Platz. Das zu beherrschen, zu verstehen und auf den Platz zu bringen, verstehe ich unter »Gefühl für den Moment«. Dieses Gefühl ist durch das verhältnismäßig kleine Spielfeld, durch die wahnsinnig starke Athletik der Spieler, durch den schnell laufenden Ball und die technischen Herausforderungen weitaus intensiver als in allen anderen Team-Ballsportarten, die ich kenne.

Was ich erst im Laufe meiner Laufbahn zu schätzen gelernt habe, ist das Training. Ich kann zum Glück sagen, dass ich schon in jungen Jahren meist viel trainiert habe. Allerdings habe ich am Anfang nicht verstanden, wie wichtig gutes Training für die unmittelbare Performance am Wochenende und die generelle Mentalität einer Mannschaft ist. Mir war natürlich bewusst, dass Fleiß und Disziplin dazu führen, dass der Einzelspieler im Team besser wird und dementsprechend auch die Mannschaft davon profitiert. Aber mir war nicht bewusst, wie wegweisend die sogenannte »Trainingsmentalität« für den gemeinsamen Teamerfolg ist. Man benötigt innerhalb der Truppe nicht unbedingt Pausenclowns, tolles Offensivhockey oder starke Standards. Klar, ohne die wird's verdammt eng. Aber nach meiner Erfahrung steht und fällt der Erfolg mit der Trainingseinstellung. Dabei gehts nicht um eine oder zwei verkorkste Einheiten, sondern immer um Phasen. Ich habe es bislang noch nie erlebt, dass Mannschaften eine gute Trainingseinstellung haben und sich trotzdem am Wochenende dauerhaft unter Wert verkaufen. Im Gegenzug habe ich es allerdings schon erlebt, dass schwache Trainingsphasen auch zu schlechten Spielen am Wochenende führen. Gutes Training ist die Basis für den Teamerfolg. Klingt einfach, ist es aber nicht. Denn der Prozess zu gutem Training ist unwahrscheinlich komplex.

Aus persönlicher Erfahrung kann ich sagen, dass es viel schwieriger ist, Champion zu sein, als Champion zu werden. Nach einer erfolgreichen Saison, vielleicht sogar einer Meisterschaft, verändern sich meistens die Trainingseinstellung und das gesamte »Commitment« der Mannschaft, wie man es auf Neudeutsch so schön sagt. Auf einmal ist man an der Spitze, hat sein Ziel erreicht. Nun wird man von den anderen gejagt, muss einen neuen Antrieb finden, benötigt neue Aufgaben, neue Ziele. Manche Spieler sind mit dem Erreichten zufrieden und nehmen ein paar Prozentpunkte raus. Manche Spieler verändern ihre Prioritäten. Hockey ist auf einmal nicht mehr an erster Stelle, geschweige denn unter den Top Drei, sondern findet sich hinter vielen anderen Dingen am Ende der Liste. Dieser Prozess, diese komplexe, aber spannende Suche nach neuen Wegen, ist für mich aktuell einer der wichtigsten Gründe, warum mich Hockey so fasziniert.

Noch ein kleiner Rückblick ins Jahr 2002: Damals stand ich als zehnjähriger Bub in meinem Heimatverein Spalier für den frischgebackenen Weltmeister, Florian Kunz. Es waren Hunderte Menschen gekommen, und die Ankunft ist für mich eines der eindrucksvollsten Hockeyerlebnisse meiner Kindheit. Ich erinnere mich noch sehr genau an die Reden. Flo wurde zu seinem 30. Geburtstag gratuliert, Flo wurde in dem Jahr zum Welthockeyspieler gewählt, und Flo brachte als Kapitän und Finaltorschütze den WM-Pokal mit nach Deutschland. Nebenbei, der Autor des Buches, Philipp Crone, war damals ebenfalls Teil der WM-Mannschaft, aber dazu im Buch später mehr. Wie gesagt, es war ein unglaubliches Erlebnis, das den Wunsch in mir weckte, irgendwann ebenfalls Hockeyweltmeister zu werden. Bisher ist dieser Wunsch leider noch nicht in Erfüllung gegangen, aber dieses Jahr haben wir wieder die Chance. Vielleicht klappt es ja im Dezember. Von der WM 2018 abgesehen, ist das ultimative Ziel und der ständige Fokus: Olympia. Im Jahr 2016 durfte ich das schon einmal erleben – es war bombastisch. Dieses Ereignis alleine ist jeden Aufwand wert. Im Olympischen Dorf neben all diesen anderen Top-Athleten zu leben ist magisch. An einem Tag stand Golfer Martin Kaymer bei uns im Zimmer und hat eine gute Stunde mit uns geplaudert. Am nächsten Tag haben wir mit den deutschen Handballern einen Nachmittag vor der Konsole verbracht und FIFA gezockt, saßen neben diversen NBA-Stars, Angelique Kerber hat einen (weil man mit 'nem Deutschland-Shirt rumgelaufen ist) vor ihrem olympischen Finale an den Ordnern vorbei ins Stadion geschleust und man konnte mittags Novak Djokovic beim Tennistraining zugucken. Alles vollkommen surreal!

Dabei die Konzentration und den Fokus auf seine eigene Aufgabe, nämlich die bestmögliche Platzierung im Turnier zu erreichen, nicht zu verlieren, fiel mir trotzdem nicht schwer. Denn sobald man eine Teambesprechung hatte oder auf dem Weg ins Stadion war, war alles drum herum völlig egal. Es ging um: Hockey. Schließlich hatten wir nie das Ziel, bei den Olympischen Spielen »nur« Teilnehmer zu sein, sondern waren in Rio, um zu gewinnen. So kamen auch die guten Ergebnisse der Vorrunde zustande. Wir verloren kein Spiel und zogen als Gruppenerster in die KO-Runde ein.

Dort spielten wir unser Viertelfinale gegen Neuseeland. Wir wussten, dass wir Neuseeland schlagen müssen, aber K.-o.-Spiele sind immer sehr eigen, und so lagen wir, trotz klarer Feldüberlegenheit, im letzten Viertel 0:2 hinten. Knappe acht Minuten vor Schluss gelang uns der Anschlusstreffer. Was dann folgte, werde ich mein Leben lang nicht vergessen. Bis 47 Sekunden vor Schluss stand es 1:2. Doch dann bekamen wir eine kurze Ecke, und uns gelang tatsächlich in letzter Minute der 2:2-Ausgleich. Doch damit war das Spiel noch nicht beendet. Sondern wir erkämpften uns ca. 12 Sekunden vor Schluss ein letztes Mal den Ball und fuhren einen Angriff über die rechte Seite. Durch den Zeitdruck konnten wir den Aufbau nicht mehr klar ausspielen, und uns blieb nichts anderes übrig, als den Ball vors Tor zu peitschen ... Aus irgendeinem Grund ging diese Flanke durch vier neuseeländische Spieler durch, und der einzige deutsche Spieler, der im Kreis stand, Florian Fuchs, bekam am langen Pfosten den Ball und drückte ihn ins Tor, 3:2. So haben wir das Spiel gedreht und zogen ins Halbfinale der Olympischen Spiele ein.

Die verwandelte kurze Ecke durch Mo Fürste zum zwischenzeitlichen 2:2 war schon die Gefühlsexplosion schlechthin. Was beim Tor zum 3:2 in mir los war, kann ich nicht wirklich beschreiben. Ich wusste einfach nicht wohin mit meinen Emotionen. Die einen fielen auf die Knie, die anderen sprangen an den Zäunen hoch, die Nächsten umarmten alles und jeden, der ihnen in den Weg kam. Ein paar waren so geschockt, dass sie einfach nur still dastanden – es war der absolute Wahnsinn. Genau dieses Gefühl werde ich höchstwahrscheinlich so nie wieder erleben. Nur K.-o.-Spiele in einem Mannschaftssport können einem solche Erlebnisse ermöglichen.

Am Ende des Turniers fuhren wir – stolz wie Oskar – mit einer Bronzemedaille nach Hause, und ich kann es kaum erwarten, noch einmal Teil der deutschen Olympiamannschaft zu sein. Tokyo 2020.

An meinem Text merkt man, dass die Sichtweise und die Gründe, warum Hockey für mich so besonders ist, sich im Laufe der Jahre erweitert und teilweise auch verändert haben. In der Jugendzeit drehte sich hauptsächlich alles um Freundschaften, Spaß und eine familiäre Verbundenheit im Club. Nach wie vor sind das für mich ganz wichtige Werte und Eigenschaften, die den Hockeysport ausmachen. Doch je älter ich wurde, desto mehr übernahmen leistungssportliche, hockeyspezifische Dinge wie das Streben nach Teamerfolgen, die persönliche Entwicklung und die einzigartigen Teamdynamiken das Kommando und machten den Großteil meiner Motivation aus.

Trotz all dem habe ich zum Glück nie den wahren Grund, weshalb ich mich als Kind und Jugendlicher für Hockey entschieden habe, vergessen. Ich spiele Hockey, weil es der Sport ist, der mir mein Leben lang am meisten Spaß bereitet hat. Der mich sowohl als Sportler, aber vor allem auch als Mensch geprägt hat und ich bin überglücklich, dass ich mein großes Hobby so erfolgreich gestalten kann, dass ich es – für einen gewissen Zeitraum – als »Profi« betreiben darf.

Zur Person:
Mats Grambusch, Jahrgang 1992, wurde mit der Nationalmannschaft unter anderem Europameister und Bronzemedaillengewinner von Rio, mit seinem Verein Rot-Weiß Köln gewann er mehrfach den Europapokal und den Deutschen Meistertitel. Der Mittelfeldspieler ist derzeit Vize-Kapitän der Nationalmannschaft.

MENSCHEN, DIE HOCKEYGESCHICHTE GESCHRIEBEN HABEN

1. GRUND

Weil Carsten Fischer der erste deutsche Hockey-Star war

Die Glatze. Carsten Fischer war der erste Hockey-Star, der unwillkürlich alle Eigenschaften einer modernen Identifikationsfigur auf sich vereinte. Fischer war Verteidiger, besser: Libero. Damals, in den 90er-Jahren, als man noch mit Libero spielte. Und warum beginnt nun dieses Buch mit diesem Mann, der heute als Chirurg arbeitet und noch immer ab und an auf dem Platz steht? Weil viele Leute sofort den Namen Fischer sagen, wenn sie an Hockey denken. Die jüngere Generation sagt vielleicht nun auch Fürste, Stapenhorst oder Rühr oder Altenburg, Spieler und Trainer der heutigen Nationalmannschaft, aber der erste war Fischer. Zum einen, weil er sehr auffällig war, eben die Glatze. Aufgrund einer Diabetes-Erkrankung hatte er schon früh in seiner Karriere keine Haare mehr. Während im Handball ein Stefan Kretschmer bekannt wurde, weil er einer der ersten volltätowierten Sportler war, und Fußballer noch nicht alle den gleichen Haarschnitt hatten, sondern durch verschieden schlimme Frisuren auffielen, gab es beim Hockey eben diesen Fischer, den man sofort und von Weitem wiedererkannte. Fischer hatte Silber als junger Spieler in Los Angeles gewonnen, Silber dann auch vier Jahre später in Seoul, als sein Team unerwartet gegen Großbritannien im Finale verlor. Zu dem Zeitpunkt war dieser Spieler bereits eine Marke, hatte aber einen Makel. Den, kurz vor dem größten Ziel gescheitert zu sein. Und das als Mitglied von Uhlenhorst Mülheim. Fischer entstammt einer Spielergeneration in einem Club der kleineren Stadt Mülheim an der Ruhr. Von den Nicht-Sympathisanten, von denen es zur Glanzzeit des Vereins so einige gab, wurden die Spieler gerne auch »die Mülleimer« genannt. Wobei sich der gemeine Hockeyspieler noch nie darum geschert hat, ob ein Gag nun besonders raffiniert ist, Hauptsache er wirkt.

Fischer gewann als Libero mit seiner Vereinsmannschaft einen Deutschen Meister-Titel nach dem anderen, den Europacup der Landesmeister ebenso in Serie, stellte mit seinen Mitspielern das größte Aufgebot in der Nationalmannschaft – nur der größte Erfolg für einen Hockeyspieler, die olympische Goldmedaille, fehlte. Als die deutschen Männer mit dem glatzköpfigen Libero in Barcelona die Goldmedaille gewannen, schien es, als ob Fischer mit einem strahlenden Erfolg aufhören würde. Das tat er auch, zunächst.

Drei Jahre später jedoch hieß es auf einmal: »Die Glatze ist zurück!« Rechtzeitig, um sich noch einmal auf Olympia vorzubereiten. Die anderen Nationen hatten Angst, denn Fischer war nicht nur ein guter Verteidiger im Zweikampf, er war auch der Spieler mit dem wohl härtesten Schlag seiner Zeit. Er schlug präzise flache Pässe über 70 oder 80 Meter, in Bundesligaspielen begleitet von sorgfältig durchdachten Sprüchen (»War der zu hart?«), das konnte Fischer wie vor und nach ihm kein Zweiter.

Der Spieler Fischer hatte einen Hang zum einfachen Humor (»Mein Schläger ist im Eimer.« – »Dann hol ihn wieder raus.«) und zum martialischen Gestus. Nachwuchsspielern, die nach langen Trainingseinheiten Blasen an den Fingern hatten und bei dem Gedanken an das nächste Training, bei dem sie den Schläger wieder mit aller Kraft festhalten mussten, bereits das Gesicht verzogen, riet er: »Durch den Schmerz durchgreifen.« Das tat er selbst auch immer. Fischer schonte sich nicht und erst recht keinen Gegner. Er wirkte eher wie jemand, der aus »Braveheart« auf einen Hockeyplatz gefallen ist.

Die Geschichte von Fischers Hockeykarriere geht dann aber nur so mittelgut aus. Denn der Mann wurde Opfer des schnellen Wandels in diesem Sport. 1992 wurde seine Mannschaft Olympiasieger, vier Jahre später jedoch hatte sich das Hockey weiterentwickelt. Fischer war von Bundestrainer Paul Lissek, mit dem er zusammen in Barcelona triumphiert hatte, reaktiviert worden, zusammen mit seinem treuen Manndecker Volker Fried, Verteidiger und Kapitän der Gold-Mannschaft von 1992. Es ist bis heute unklar, ob Fried nicht in manchem Spiel mehr auf seinen Mit-Verteidiger aufgepasst hat als auf seinen Gegenspieler. Fried war unter anderem dafür zuständig, Fischer vor allzu gewagten Traumpässen oder kleineren Dribblings zu bewahren.

1996 in Atlanta wurde der amtierende Olympiasieger Deutschland mit seinen reaktivierten Altstars im Halbfinale von den Niederlanden besiegt, mit zwei Toren von jungen Nachwuchsspielern, von denen noch die Rede sein wird: dem Eckenspezialisten und ebenfalls Braveheart-tauglichen Hünen Bram Lomans und dem späteren ersten internationalen europäischen Hockey-Superstar Teun de Nooijer, mutmaßlich auch der erste Hockey-Millionär in diesem Amateursport. Deutschland spielte mit einem ähnlichen Personal und kaum veränderten Taktiken im Vergleich zu Barcelona und wurde geschlagen. Auch im Spiel um Platz drei. Fischer beendete seine Karriere mit dem 4. Platz.

2. GRUND

Weil Natascha Keller
die deutsche Fahne tragen durfte

Der Aberglaube ist im Sport, speziell im Mannschaftssport und ganz speziell im Hockey, sehr verbreitet. So hatte Natascha Keller vor den Olympischen Spielen von Athen zu ihrer Torhüterin Louisa Walter gesagt, dass sie bei diesem Turnier gewinnen würden. Schließlich hätten ihr Bruder und ihr Vater es auch geschafft, auch jeweils im dritten Anlauf. Wenn ihr jemand gesagt hätte, dass sie in dem ganzen Turnier nicht ein Tor erzielen würde, sie, die beste deutsche Stürmerin der Hockeygeschichte, ob sie es dann wohl auch geglaubt hätte? Aber an diesem Beispiel sieht man auch, dass Stürmer auch Spiele und sogar Turniere mitentscheiden können, wenn sie nicht treffen. Natascha Keller war eine überragende Spielerin, weil sie spielte wie ein Junge und später so, wie Männer Hockey spielen. Das lag nicht an ihrer physischen Konstitution, die war normal athletisch, es lag an ihrer Schnelligkeit. Sie konnte mit dem Ball am Schläger so schnell dribbeln, ausholen und schlagen, passen oder die Richtung wechseln, wie man das sonst nur im Männerhockey sieht.

Das liegt sicher auch daran, dass im Hause Keller, so will es die Überlieferung, die Kinder Natascha und der vier Jahre jüngere Florian schon kurz nach dem aufrechten Gang auch zum aufrechten Bälle-Bolzen in der Lage waren.

Dass die Berlinerin dann erst einmal Tennis spielte, viermal Stadtmeisterin wurde, ehe sie sich ganz auf das Hockeyspielen konzentrierte, zeigt auch, dass es hier wohl durchaus eine Art vererbtes Ballgefühl gibt. 1993, als sie 15 Jahre alt war, spielte Keller zum ersten Mal bei der Erwachsenenmannschaft des Berliner Hockey Clubs BHC mit, sie wurde in ihrer ersten Bundesligasaison Torschützenkönigin mit 15 Treffern. Ein Jahr später wurde ihre Mannschaft bereits das erste Mal Deutscher Meister im Feldhockey, danach folgte die Hallenmeisterschaft und 1996 zum ersten Mal Olympische Spiele, in Atlanta wurde Deutschland Sechster.

Keller spielte in der Nationalmannschaft in den folgenden Jahren so, als ob sie auf dem heimischen Flur nur mal schnell um ein paar Legosteine herumkurven würde. Es gibt bis heute wohl keine Spielerin im Frauenwelthockey, die technisch so umfassend geschult war wie Natascha Keller. In einer Szene des olympischen Finales von Athen bekommt sie nach einem Ballgewinn ihrer Mannschaft am gegnerischen Schusskreis den Ball, die Gegenspielerin steht keine Schlägerlänge neben ihr. Statt den Ball anzunehmen, wie es die allermeisten Spieler machen würden, schlägt sie ganz leicht mit dem Schläger unter den Ball, sodass der einen halben Meter weit in einem kleinen Bogen springt – genau über den Schläger der Verteidigerin, die den ganz automatisch zum Abwehren auf den Boden gelegt hat. Aber Keller ist schneller und im Kopf eine Sekunde weiter. Der Ball fällt ihr wieder vor den Schläger, und beinahe ist sie auch noch der Torhüterin einen Schritt voraus. Nach drei Schritten ist die niederländische Torhüterin vor ihr, und wieder antizipiert Keller, was als Nächstes kommt. Sie rechnet damit, dass der Torwart sich auf den Boden wirft, und versucht den Ball deshalb noch anzulupfen und in einem Lob ins Tor zu spielen. Zwar verhindert die Torhüterin diesen Ball, Keller hätte ja sonst doch ein Tor geschossen bei diesem Turnier, aber in der nächsten Sekunde springt der Ball zu Kellers Mitspielerin Gude, die ihn zum 2:0 ins Tor schießt.

Auch die letzte Offensivaktion dieses Spiels, eineinhalb Minuten vor dem Ende, beschreibt die Spielerin Keller gut. Sie ist in einem Konter im Dribbling, hat wie fast immer den Ball leicht mit dem Schläger angehoben, sodass er vor ihr immer wieder leicht aufhüpft, dann ein schneller Richtungswechsel um 90 Grad nach links, dann will sie noch einen nach rechts nachlegen, der Ball wird ihr aber weggespielt, im Fallen passt sie ihn zu Mitspielerin Nadine Ernsting-Krienke, die noch eine gute Torchance hat. Der damalige Bundestrainer Markus Weise sagte anschließend, dass Keller »in der Drangperiode der Holländerinnen das überragend gelöst« habe. Er meinte, dass sie immer anspielbar war. Es ist ja das eine, als Stürmer den Ball auf dem Weg zum Tor nicht zu verlieren, aber das andere, den Ball im Mittelfeld zu bekommen und auf dem Weg irgendwohin, vielleicht auch zur Seite oder nach hinten nicht zu verlieren.

Keller war eine Stürmerin mit allen Eigenschaften eines Ausnahmespielers, ausgenommen Egoismus. Am Ende spielte die 1,74 Meter große Berlinerin 18 Jahre in der Nationalmannschaft in 425 Länderspielen, mehr als drei Mal so viele wie Fußball-Rekordnationalspieler Lothar Matthäus bestritten hat. In jedem zweiten Spiel schoss sie durchschnittlich ein Tor, insgesamt 209.

In ihrem letzten Nationalmannschaftsjahr gab es dann noch einen Höhepunkt. Die Ehre, als Fahnenträgerin in London einlaufen zu dürfen. Michael Vesper, Chef de Mission des deutschen Olympia-Teams, sagte in dem Zusammenhang über Keller zur Tageszeitung *taz*: »Nicht überheblich, leistungsorientiert, bodenständig und erfolgreich.« Auch Tischtennisspieler Timo Boll oder Gewichtheber Matthias Steiner standen zur Wahl. So wurde Keller nach zuletzt der Kanutin Birgit Fischer 2000 in Sydney die vierte Frau, die mit der deutschen Fahne die Mannschaft ins Olympiastadion führte.

Eine Medaille wurde es in London zwar nicht mehr, aber Titel hat Keller ja dann doch auch ausreichend gewonnen. Nach dem Olympiasieg in Athen sagte sie dann noch zu Torhüterin Walter, dass sie eigentlich nicht daran geglaubt habe, was sie da sagte. Und es stimmt, bei allem Aberglauben, man muss als Keller nicht drei Mal an Olympia teilnehmen, bis man gewinnt. Florian Keller, der Bolz-Partner aus der Kindheit, hat es gleich beim ersten Mal, 2008 in Peking, geschafft.

3. GRUND

Weil Peter Trump einen winzigen Ort namens Frankenthal bekannt machte

Es gibt kaum eine Hockey-Biografie auf dem deutschen Buchmarkt. Zuletzt hat Moritz Fürste eine von sich schreiben lassen, ansonsten noch das Buch von Peter Trump. Dieser Spieler prägte mit anderen eine Hockey-Ära in Deutschland, und weil der erste Teil dieses Satzes arg nach schlechtem PR-Deutsch klingt, hier sofort noch im gleichen Satz die Erklärung: Trump wurde in dem kleinen Ort Frankenthal, der noch nicht einmal eine eigene Halle hatte, 1969 völlig überraschend mit seiner Mannschaft Deutscher Meister, wurde Nationalspieler und 1972 mit 21 Jahren Olympiasieger, wieder völlig überraschend gegen den Favoriten Pakistan. Frankenthal gewann Deutsche Meistertitel in Serie und 1984 den Europapokal. Dabei hätte Trump eigentlich gar kein Hockey spielen dürfen.

Zunächst ist es selbst in einem winzigen Ort von Vorteil, direkt neben dem Hockeyplatz aufzuwachsen, wie es bei Peter Trump, Jahrgang 1950, der Fall war. Allerdings galt in den 1960er Jahren Hockey ähnlich wie Tennis als elitäre Sportart. Trumps Vater sagte zum Sohn: »Das ist kein Sport für dich, viel zu elitär, da treffen sich die Bessergestellten, die Betuchten.« Mit diesem Image hat die Sportart noch immer zu kämpfen, allerdings deutlich weniger als noch Mitte des vergangenen Jahrhunderts. Trump trainierte einmal heimlich bei der Turn Gemeinschaft Frankenthal mit, mit einem Holzschläger auf Naturrasen, und als der Trainer dann beim Vater vorsprach, durfte der Sohn doch mitspielen. Mit 16 war er der jüngste Spieler im Kader der ersten Erwachsenenmannschaft, damals benötigte man noch ein ärztliches Attest, um in dem Alter schon zum Erwachsenen-Spielbetrieb zugelassen zu werden. Heute darf man von 16 Jahren an automatisch bei den Erwachsenen spielen.

Trump spielte also bei den Erwachsenen, die sich im Jahr 1969 für die Deutsche Meisterschaft qualifizierten. Und das, obwohl der Verein ja gar keine Hockeyhalle zur Verfügung hatte. Der Nachbarverein und spätere große Rivale Bad Dürkheim »war bereit, uns mit Trainingsstunden in seiner Halle auszuhelfen«, schreibt Trump in seiner Biografie. Dienstags und donnerstags konnten Trump und Co von 22.30 Uhr bis 0.30 Uhr die Halle nutzen. Eine Halle mit Steinboden, aber immerhin mit Banden. 1969 im Winter hatte die Mannschaft dann erstmals einheitliche Trainingsanzüge und sich für die Endrunde der besten acht Teams qualifiziert. Das war in etwa so, als würde heute im Fußball Ansbach im Endspurt der Meisterschaft gegen den FC Bayern und Dortmund antreten. In den Gruppenspielen gewannen und verloren die Spieler aus Frankenthal, aber weil Favorit Mülheim im letzten Gruppenspiel nur unentschieden spielte, stand Frankenthal auf einmal im Finale gegen Berlin.

Zum Mittagessen gab es für jeden Spieler zwei Bier und dann bei der Rückkehr zum Finale am Nachmittag in der Halle eine Überraschung: Das Spiel wurde im Fernsehen übertragen, und weil es damals noch ein Schwarz-Weiß-Fernsehen war und kein 8D-Livestream in Full Colour, mussten Trump und seine Mitspieler die Trikots wechseln. Eine Mannschaft spielte in hellen, eine in dunklen Trikots. »Die Rückennummern wurden mit Sicherheitsnadeln befestigt«, schreibt Trump. Und die Mythenbildung will es, dass der Berliner HC eigentlich nicht zu schlagen war. Rekordnationalspieler Carsten Keller, dessen Kinder auch jedes für sich eine erstaunliche Karriere machen sollten, spielte da mit, dazu weitere Nationalspieler. Aber zur Halbzeit stand es 3:3, und als Berlin zu Beginn der zweiten Hälfte in Führung ging, erzielte der 18-Jährige aus Frankenthal erst das 4:4 und nach einem Solo das 5:4. Dann kam der Torwart aus dem kleinen Ort in der Pfalz in den Fokus. Damals wurde noch nicht mit Helm gespielt, Keeper hatten lediglich Kopfmasken. Zunächst wehrte Torwart Werner Bastian einen Schuss mit der rechten Augenbraue ab, als er sich in den Ball warf. Er musste behandelt werden, und das Gesicht wurde gekühlt. Ein paar Minuten später warf er sich wieder in einen Torschuss und wurde an der linken Augenbraue getroffen. Aber es stand 6:5 für Frankenthal, und Bastian hielt mit zwei fast zugeschwollenen Augenbrauen durch bis zum Schlusspfiff. Die erste Deutsche Meisterschaft. Für Trump und Frankenthal der Auftakt für eine jahrelange Dominanz des Teams, vor allem im Hallenhockey. Und eine Halle wurde dann auch bald gebaut, und später, im Jahr 2011, eine weitere, sie heißt Peter-Trump-Halle.

4. GRUND

Weil Britta Becker die erste Werbe-Hockeyspielerin wurde

»Leistungssport ist ... die nächste Generation herauszufordern.« Das ist ein Satz, den Britta Becker für den Jubiläumsband der Stiftung Deutsche Sporthilfe gesagt hat. Dazu muss man wissen, dass in diesem Foto-Buch 40 Leistungssportler aus 40 Jahren zu Wort und Bild kamen. Darunter waren Athleten wie Steffi Graf, Dirk Nowitzki, Timo Boll oder Uli Hoeneß ebenso wie die unvermeidliche Rosi Mittermaier, dazu Birgit Fischer oder Jochen Schümann. In jedem Jahr wurde ein Athlet ausgewählt, der in dem Jahr besonders erfolgreich war und allgemein auch als Vorbild gilt. Das Buch hat den Titel *Vorbild*. Britta Becker ist auf Seite 52 mit einem nachdenklichen, freundlichen und zugleich fordernden und skeptischen Blick zu sehen. Die Spielerin aus dem kleinen Ort Rüsselsheim, das man als Opel-Stadt in Deutschland kennt, ist eine Art Carsten Fischer der weiblichen Hockeyseite. Sie brachte alles mit, was ein Athlet haben muss, um als Figur und Repräsentant für seinen Sport bekannt zu werden. Sie spielte auffallend gut Hockey, technisch sehr versiert, und war eine attraktive junge Frau, was auch kein Nachteil war. Damit erfüllte sie die Voraussetzungen, um bekannt zu werden, so funktionierte und funktioniert eben unsere Gesellschaft. Sie wurde zum Gesicht ihres Sports, und da es eben ein sehr hübsches Gesicht war, sie dann auch noch einen einprägsamen Namen hatte, merkte man sich das: Hockeyfrauen? Britta Becker. Dass sie später noch bekannter wurde, nicht nur durch ihre Erfolge, lag dann an der ersten Promi-Ehe im deutschen Hockeysport, Becker heiratete den Moderator Johannes B. Kerner.

Zunächst weist Beckers Karriere Parallelen zu der von Trump auf. Sie wuchs direkt neben dem Hockeygelände des RRK Rüsselsheim auf, und der Start im Verein war schwierig. Der damalige

Coach Berti Rauth, später auch Trainer der Nationalmannschaft, war nach ihren ersten Versuchen nicht sehr angetan von ihren Hockey-Perspektiven und wollte sie nicht noch einmal einladen zum nächsten Training. Sie kam trotzdem. Zu Beginn ihrer Karriere hieß die Prämisse also eher nicht, die nächste Generation herausfordern, sondern die vorangegangene in Form von Trainer Rauth. Sie debütierte wie die meisten großen Talente, bereits mit 16 Jahren in der ersten Mannschaft des RRK und wurde kurz darauf bereits in die Nationalmannschaft berufen. Bis zum Jahr 1995 gewann sie mehrere Vereinstitel mit dem Rüsselsheimer Hockey Club, 1990 den Europameistertitel im Hallenhockey, der sie in das besagte *Vorbild*-Buch brachte, und 1992 bei den Olympischen Spielen in Barcelona die Silbermedaille. In der Verlängerung verlor Deutschland mit 1:2 gegen Spanien. Während Fischer, die Glatze, Gold gewann, hatte Beckers Mannschaft mit Silber ebenfalls einen großen Erfolg gefeiert. Die Rüsselsheimerin wurde drei Jahre später die erste Hockeyspielerin, die wirklich ins mediale Rampenlicht trat, abseits des Hockeyfelds. Der Manager Norbert Pflippen, der 1995 auch Lothar Matthäus vermarktete, hatte in einem Magazin ein Foto von Britta Becker entdeckt, zu dem es hieß: 21 Jahre alt, hat schon 110 Länderspiele. Pflippen dachte sich, dass man diese Sportlerin doch wohl vermarkten können müsse. Er nahm sie unter Vertrag und von da an war sie für Mode-Shootings genauso unterwegs wie für Nationen-Turniere. Star-Fotograf Jim Rakete fotografierte sie für ein Duschgel am Strand, in der Wüste wurde sie für einen Sportausrüster postiert. Becker betonte allerdings immer: »Ich bin kein Model, das Hockey spielt, sondern in allererster Linie eine Hockeyspielerin, die Werbeverträge hat und für Modeaufnahmen zur Verfügung steht.« Im Jahr 1996 gab es dann einen Höhe- und einen Tiefpunkt für Becker. Sie lernte Johannes B. Kerner kennen, den Moderator, die beiden wurden ein Paar, waren 20 Jahre zusammen und bekamen vier Kinder, ehe sie sich 2016 im Sommer trennten. Aber 1996 erlebte Becker auch die Schattenseiten der großen Bühne. Bei den

Olympischen Spielen in Atlanta wurden die Frauen nur Achte, von den Werbeverträgen Beckers brachen einige weg. Sie entwickelte sich nicht zu einem Lautsprecher und einer Selbstvermarkterin, wie man es in der Glitzerwelt sein muss, um zu bestehen und zu bleiben. Die Rüsselsheimerin blieb eine zurückhaltende, eher schüchterne Person, die auch nach der Enttäuschung von Atlanta weiterspielte, mit ihrem Verein sieben Mal hintereinander den Europapokal gewann. Erst nach den abermals enttäuschenden Spielen von Sydney und einem Beinahe-Comeback 2004 zu Olympia in Athen beendete Becker ihre Karriere. Sie hatte bis dahin drei Mal die Hallen-Europameisterschaft gewonnen, 117 Tore in 231 Länderspielen erzielt und elf Deutsche Meistertitel erreicht. Im *Vorbild*-Buch sagt Becker: »Ich bin in meiner aktiven Zeit auf jüngere Spielerinnen, die sehr gut waren, zugegangen. Auch wenn sie noch nicht ganz oben waren, habe ich ihnen gesagt: Ich freue mich darauf, wenn wir zusammen Nationalmannschaft spielen.« Ein paar Mal ist das dann auch eingetreten. Mittlerweile sind nun ihre ältesten Kinder auf dem Sprung in die Jugend-Nationalmannschaften.

5. GRUND

Weil Christoph Eimer der beste deutsche Spieler aller Zeiten ist

Allein diese Kapitelüberschrift kann allen, die andere Spieler als beste Spieler ansehen, viel Wind ins Segel pusten. Und wenn ich dann auch noch dazu schreibe, dass Christoph zu meiner Zeit gespielt hat, wir uns über Jahre ein Zimmer geteilt haben, zusammen in Rom für einen italienischen Verein gespielt haben und bis heute sehr eng befreundet sind, dann muss die Begründung für diese Überschrift schon umso fundierter sein. Natürlich gibt und gab es Spieler, die besser dribbeln konnten, die besser im Torschuss waren, die besser im eins gegen eins verteidigen konnten (ich zum Beispiel, zumindest eine Zeit lang), die weiter schlenzen, härter schlagen, schneller laufen, besser stoppen oder auch zügiger ihre Schuhe binden konnten.

Jedoch wenn man für jede Unterdisziplin, die im Hockey eine Rolle spielt, Punkte vergeben würde und diese am Ende zusammenzählen würde wie beim Zehnkampf, käme aus meiner Sicht niemand auf eine größere Punktzahl als Christoph Eimer. Und falls mein Urteilsvermögen am Ende doch durch Sympathie und historische Verklärung und Mystifizierung beeinträchtigt sein sollte, bitte ich um Nachsicht.

Die Frage nach dem besten Spieler ist ja ohnehin nur halb realistisch, halb Quatsch und dann auch noch ein bisschen philosophisch. Nachdem ich mich als wichtigsten Spieler für den Erfolg seiner Mannschaften ja ohnehin schon für einen nie spielenden Spieler ausgesprochen habe, Ersatztorwart Christian Schulte bei den Turnieren zwischen 2002 und 2008, wird auch als bester männlicher Spieler aller deutschen Hockeyzeiten kein offensichtlicher Spieler infrage kommen. Was wäre offensichtlich? Ein Rekordtorschütze? Ein Rekordnationalspieler? Ein Doppelolympiasieger? Der weltbekannteste deutsche Spieler, derzeit wohl Moritz Fürste? Ein Spektakelspieler wie Oliver Domke, Andreas Becker, Christopher Zeller oder derzeit Christopher Rühr?

In meinen Augen ist der Spieler der beste, der auch der beste Alleskönner ist. Denn nichts hilft einer Mannschaft in jeglichen Spiel- und Turniersituationen weiter als solche Spielertypen. Und wenn sie dann auch noch besonnen sind, wie es Christoph Eimer durchaus meistens war, dann sind sie erst recht wertvoll.

Christoph begann seine Karriere als mittlerer von drei Brüdern in Neuss und erzählte mir einmal, wie er als Kind nach Spielen, die seine Mannschaft haushoch verloren hatte, immer zur Mutter oder zum Vater kam und gefragt habe, wie das Spiel ausgegangen ist. Von herzlichster Naivität bis zu höchster Effizienz dauerte es bis ins Jahr

1998. Christoph Eimer wurde von Bundestrainer Paul Lissek für die WM 1998 in Utrecht berufen, ebenso wie sein älterer Bruder Martin. Christoph spielte da schon so, dass ihn jeder Video-Analyst liebte und ihn jeder Fernsehredakteur ignorierte. Der machte einfach keine Fehler. Aber auch nichts Spektakuläres.

Christoph, der Mittelfeldspieler, konnte verteidigen wie ein Verteidiger. Er konnte dribbeln wie ein Stürmer und war im Torschuss so gefährlich wie ein Stürmer. Er konnte weiter schlenzen als die meisten und fast so hart schlagen wie ich. Was er so gut konnte wie nach oder vor ihm wohl keiner mehr, egal ob sie Blunck oder Hauke heißen: den Ball im Mittelfeld behaupten. Behaupten, das klingt immer so beiläufig. Man muss sich das im Hockey so vorstellen. Verliert ein Mittelfeldspieler den Ball in der eigenen Hälfte, geht das mit einem Konter oft so schnell wie höchstens noch bei den Großballern des FC Barcelona in perfekten Momenten. Und so ein Ball ist beim Hockey schnell verloren. Wird er unsauber gespielt, nicht in die Vorhand, sondern in die Rückhand, sind die zwei bis drei lauernden Gegenspieler des Mittelfeldmannes schnell da und erobern den Ball. Christoph konnte unnachahmlich den Ball behaupten und auch in höchster Not in einen ruhigen gegnerleeren Spielfeldbereich führen. Auch hier bin ich sicher nicht ganz frei von Subjektivität: Wie oft war ich froh, wenn drei australische Stürmer in kreischgelben Trikots auf mich zusprinteten und ich nicht wusste, was ich tun sollte, dass ich einfach den Ball zu Christoph spielen konnte, der ihn dann weiterverarbeitete, als ob er beim Laufen gar keinen Ball mit dem Schläger führen müsste, sondern einfach so in ruhige Gefilde laufen würde.

Hinzu kommt, dass der beste Spieler auch nicht dauernd verletzt sein darf, kein mentaler oder gruppendynamischer Pflegefall sein darf und im besten Fall eher eine integrierende als exaltierte Rolle in einem Spielerverbund einnimmt. Die Spektakelspieler gehören crone-empirisch mit höherer Wahrscheinlichkeit zu den Zumutungen eines Teams als die unauffälligen Spielertypen. Wenn Christoph nicht gerade in einem Training mal den Geduldsfaden komplett daheim vergessen hatte oder sich das ein oder andere Mal ungerecht behandelt fühlte, was dann der nächstbeste Ball auszubaden hatte, dann war das der Spieler, der den Unterschied machte, und hinterher konnte niemand sagen warum. Außer allen, die mit ihm zusammenspielten.

6. GRUND

Weil Markus Weise als einziger Trainer Goldmedaillen mit verschiedenen Mannschaften gewonnen hat

Ich habe ein schlechtes Gedächtnis. Das ist zunächst einmal wenig hilfreich beim Schreiben dieses Buches. Es führt unter anderem dazu, dass ich immer wieder nachlesen muss, nachfragen, nachschauen. In meiner eigenen Nationalmannschaftszeit habe ich wahrscheinlich, grob geschätzt, mindestens eintausend Besprechungen erlebt. Keine dieser Besprechungen ist mir wirklich in Erinnerung geblieben, nur eine, vor dem WM-Finale im März 2002 in Kuala Lumpur. Oft ist es bei wichtigen Besprechungen aus meiner Erfahrung eher so gewesen, dass es besonders schwer war, Dinge aufzunehmen oder sie sich zu merken, weil ja das große Spiel bereits im Kopf alles andere verdrängte, und hinterher ohnehin, ob es nun eine schlimme Niederlage oder ein toller Sieg war. Bei dieser Besprechung in einem der ebenfalls Tausenden hässlichen Hotelzimmer, die ein Nationalspieler im Laufe seiner Karriere zu Gesicht bekommt, weiß ich eines noch ganz exakt: das Gefühl, mit dem ich aus diesem hässlichen Zimmer wieder rausgegangen bin.

Zunächst war schon die erste Überraschung, dass nicht der Bundestrainer Bernhard Peters die Abschlussbesprechung leitete, sondern sein Co-Trainer, Markus Weise. Peters, dieser bis zur

Skurrilität akribische Trainer, ließ auf einmal Weise ans Steuer? Ja, weil er um die Wirkung wusste. Denn obwohl alle Spieler Peters respektierten bis mochten, wusste er, dass es in einem entscheidenden Moment einen Impuls braucht, der nicht von ihm kam, der die Routine aus Vorbereitung, Nachbereitung, Ecken-für-Besprechung, Ecken-gegen-Besprechung und andere Rituale durchbrach. Deshalb stand Weise nun also vor der Mannschaft, der Mann, der bis dahin immer Ergänzungen und Einwürfe brachte.

Weise hatte ein Plakat vorbereitet, auf dem unter anderem vier Säulen aufgezeichnet waren und dazu noch ein paar Dinge, die es den Spielern ermöglichte, sich seine Rede und seine Botschaft besser zu merken, die aber in diesem Buch (in diesem Moment spontan vom Autor festgelegte FSK: ab sechs Jahren) nichts verloren haben.

Die Auslage war so, dass der Finalgegner Australien durch das Turnier gestürmt war und Favorit für das Spiel. Und dann kam Weise und machte aus 18 konzentrierten und zu allem entschlossenen Spielern 18 überzeugte Spieler. Es ging nicht um Taktik, es ging um die Gruppe, den Zusammenhalt und all das, was immer etwas komisch klingt, wenn man es zum Beispiel auf Buchseiten wie dieser liest. Die Bilder von »einen Kopf größer« und Ähnlichem beschreiben nur unzureichend Weises Fähigkeit, das Richtige im richtigen Moment zu sagen. Timing und Inhalt konnte er derart perfekt kombinieren, dass es an diesem Märznachmittag in einem stickigen Hotelzimmer von Kuala Lumpur auf einmal einen Konsens gab: Wir gewinnen.

Das Spiel selbst lief zunächst ordentlich an uns vorbei, die Australier wirkten viel schneller und fitter, gingen in Führung. In der Halbzeit dachte Christoph Eimer, wie er mir später sagte, »dass mir dermaßen die Düse (*völlige Erschöpfung, frei übersetzt*) ging, dass ich nicht wusste, wie ich die zweite Halbzeit überstehen soll«. Ganz einfach: mithilfe der vier Säulen.

Wer Weise später bei seinen riesigen Erfolgen direkt miterlebt hat, berichtete von der Gabe der Ansprache. Selbstverständlich ist auch Markus Weise kein Trainer, den immer alle uneingeschränkt toll fanden. Aus meiner Sicht darf das ein Trainer auch gar nicht sein. Aber wenn mir Wilhelm Widenmayer, Teamarzt der Nationalmannschaft 2012 in London, erzählte, dass Weise in der Vorrunde oft und viel Schach gespielt habe und vor allem sein Co-Trainer Stephan Kermas und Co die Arbeit übernahmen, dann kann ich mir, nachdem ich jegliche Verklärung abgezogen habe, durchaus vorstellen, dass Weise all das mit voller Berechnung tat. 2004 überzeugte er die Frauenmannschaft vor dem Endspiel gegen die Niederlande, dass sie dieses Team schlagen kann. Im Klartext hat er es geschafft, die Spielerinnen davon zu überzeugen, dass sie eine Mannschaft schlagen werden, die besser ist als sie selbst. Denn es war vorher klar, dass Holland die stärkste Mannschaft in diesem Turnier war. »Über sich hinauswachsen« bekommt da eine ganz reale und konkrete Bedeutung. Und dabei spielen viele Aspekte eine Rolle, etwa das Momentum, wenn der Gegner auf einmal spürt, und er spürt es, dass eine Mannschaft davon überzeugt ist, das Spiel zu gewinnen. 2008 waren es ebenfalls fast übermächtige Niederländer im Halbfinale und 2012 dann die Australier.

Beim Endspiel 2012 saß ich auf der Pressetribüne, als Experte für das ZDF. Am Ende kam das Kommando aus der Regie, dass man nach dem Abpfiff nicht zu einer anderen Sportart schalten werde, sondern Réthy und ich bis zur Siegerehrung weiterkommentieren sollten. Fernsehmenschen sprechen in solchen Momenten gerne von »Wasser treten«, wenn man nichts zu sagen hat, aber etwas sagen muss. Wir hatten nach ein paar Minuten schon alle Geschichten, die aus dem Spiel entstanden waren und die wir noch auf unseren Spickzetteln hatten, erzählt. Aber noch stand kein Deutscher auf einem Podium. Und in dem Moment habe ich dann eben von der Besprechung 2002 erzählt und meiner Erfahrung mit diesem Trainer. Ich habe dann, um das noch einmal zusammenzufassen, Weise so beschrieben, als einen Trainer, der in der Lage ist, Spieler stärker zu reden und zu einem Team zu reden. Sinngemäß habe ich das versucht, so auf den Punkt zu bringen: »Ich bin damals aus dem Raum gegangen und hatte das Gefühl, James Bond, McGyver und Hulk Hogan in einer Person zu sein.«

7. GRUND

Weil Michael Peter als Beckenbauer des Hockeys galt

Wenn ein Spieler den Namen Beckenbauer erhält, war das bis vor wenigen Jahren eine klare Auszeichnung. Bei Michael »Michi« Peter war das noch der Fall. Er gehörte mehr als zehn Jahre zur Nationalmannschaft, gewann 1972 die Olympischen Spiele in München, machte weit mehr als 200 Länderspiele (262) und wurde auch als einer der Ersten bezahlt, zumindest war eine großzügige Fahrtkostenerstattung in den 70er-Jahren durchaus schon eine Art Bezahlung. Heute ist es üblich, als Minimum in fast allen Bundesligavereinen.

Peter galt als Beckenbauer, weil er sich ebenfalls sehr elegant über den Platz bewegte. Und das muss man in gebückter Haltung anders als beim Fußball erst einmal schaffen. Ebenfalls hatte er eine Eigenschaft, die Spielern auf der Position des Libero offenbar häufig anhaftet: die Lust zum Risiko. Carsten Fischer, Olympia-Libero von 1992, war berüchtigt für seine langen Pässe, die aber auch in regelmäßigen, meist langen, Abständen in Kontern mündeten. Und auch in meiner Zeit als Libero der Nationalmannschaft, der da natürlich schon längst modern Innenverteidiger hieß, gab es gerade bei meinen Vereinskollegen berechtigte Ängste, ob der Mann mit der Nummer vier gleich wohl einen Traumpass erzwingen wollen würde, diese Pässe bekamen sogar einen eigenen Namen, und zwar nicht Beckenbauer unter den Traumpässen. Michael Peter scheute das Risiko nicht. Er dribbelte zum Beispiel bei der Weltmeisterschaft 1981 wenige Sekunden vor dem Ende des Spiels gegen Neuseeland an der eigenen Torlinie entlang, es stand 2:1 für Deutschland. Alles ging gut, Deutschland gewann, aber solche Aktionen sieht kein Mitspieler gern.

Peter stammte aus Heidelberg und spielte dort, aber auch eine Zeit lang für Stuttgart und zwischen 1969 und 1985 für Deutschland in eben 262 Spielen. In Stuttgart erhielt er 1000 Mark, eine sehr hohe Summe im Jahr 1982. Zum Vergleich, heute wären 500 Euro für einen Nationalspieler sehr billig, fast ein Ramsch-Preis, wenn es der Spieler wissen will und zu den monetär potenten Vereinen geht. Peter, zuletzt auch Kapitän der Nationalmannschaft, erreichte mit seinem Team 1982 nach Siegen in den Gruppenspielen gegen Argentinien, Neuseeland und Polen sowie einem Unentschieden gegen Spanien und einer Niederlage gegen Pakistan das Halbfinale gegen Australien. Die deutsche Mannschaft hatte dabei Glück. Nach dem letzten Training vor dem Halbfinale fuhr das Team mit dem Bus zurück ins Hotel, als sie auf einem Nebenplatz sahen, wie die Australier Siebenmeter übten. Trainer Klaus Kleiter und Torwart Christian Bassemir hockten sich daraufhin in ein Gebüsch in Bombay und beobachteten, welcher Spieler in welche Ecke schoss. Im Spiel führte erst Deutschland durch Heiner Dopp, Terry Walsh glich aus und erzielte Australiens Führung, die Dopp acht Minuten vor dem Ende wieder ausglich. In der Verlängerung führte erst Australien, Deutschland glich aus. 3:3. Siebenmeterschießen. Bassemir hielt die Hälfte der zehn Siebenmeter Australiens. Deutschland erreichte das Finale, und auf dem Rückweg nach dem Spiel ließ Kleiter das gesamte Team wieder anhalten, vor der katholischen Kathedrale in Bombay. Die Mannschaft versammelte sich vor dem Altar und sang – Kleiter ist ein sehr guter Sänger – *Großer Gott wir loben dich.*

Das Finale verlor das Team um Michi Peter trotzdem chancenlos mit 1:3 gegen Pakistan. Und doch sollte das Jahr 1982 ein gutes für das deutsche Hockey werden, das erst an den ersten Januartagen mit dem Vize-Weltmeistertitel in Indien gestartet war. Paul Lissek gewann mit den Junioren die Junioren-Weltmeisterschaft in Malaysia und begann so den Umbruch im deutschen Hockey, der nach zwei Silbermedaillen dann zehn Jahre später zum Olympiasieg von Barcelona führen würde.

8. GRUND

Weil mit Max Weinhold ein guter Feldspieler der erfolgreichste Torwart wurde

Wenn Max Weinhold, ein Berg von einem Mensch, in der Feldsaison auf dem Feld stand, waren seine Fähigkeiten nicht immer gleich zu sehen. Da sind die Torhüter meist ausschließlich mit dem Abwehren eines Torschusses beschäftigt. Aber in der Hallensaison muss ein Torwart mehr mitspielen, und das ist beim Hockey ganz besonders schwierig. Manuel Neuer kann im Fußball genauso mitspielen wie ein Feldspieler, Max Weinhold im Hockey allerdings nicht, denn er hat seinen Schläger nur in einer Hand, in der rechten. Die Linke ist in einen Schaumstoffkasten gepackt, um damit schmerzfrei die Plastikbälle abwehren zu können, die mit bis zu 150 Stundenkilometern aufs Tor geschossen werden. Weinhold kickte den Ball oft, wie es die anderen Torhüter machen, aus dem Torbereich. Aber manchmal, relativ regelmäßig und nach dem Olympiasieg in Peking vielleicht auch ein wenig, weil es da schon sein Markenzeichen war, spielte er den Ball auch mit dem Schläger. Oder er führte den Ball mit einer Hand am Schläger, spielte einen Gegenspieler aus, spielte außerhalb des Schusskreises. Das alles zeigte nur noch mehr, wie gut sein Gefühl für Ball und Schläger war, wie gut das Raumgefühl, das vor allem gute von nicht so guten Feldspielern unterscheidet und das einem Torwart beim Torwartspiel sehr nützlich sein kann. Dabei war Weinhold sein ab und an unorthodoxes Spiel auch oft als Arroganz ausgelegt worden, und in der Nationalmannschaft war man sich nicht sicher, wie sehr der junge Torwart ein Risiko sein könnte. Dass er sagenhaft gut auf der Linie hielt, daran bestand kein Zweifel. Bundestrainer Markus Weise entschied sich dann 2008 für Weinhold, obwohl der bis dahin meist nur dritter Torwart war, und auch deshalb gewann Deutschland in Peking die Goldmedaille. Noch 2005, ein Jahr vor der Heim-Weltmeisterschaft in Mönchengladbach, sagte ihm der damalige Bundestrainer Bernhard Peters, dass er nicht mit ihm plane. Zu risikoreich sei sein Spiel. Weinhold sagte damals: »Mir macht es Spaß, mitzuspielen und auch mal unkonventionelle Entscheidungen zu treffen. Ich werde auch in Zukunft nichts an meiner Spielart ändern.«

Max Weinhold wirkte immer ein wenig wie einer, der bei den B-Knaben gegen seinen Willen ins Tor gestellt wurde. Bekam er ein Gegentor, holte er den Ball gelangweilt und desinteressiert aus dem Tor. Was für eine Aussage an den Gegner: Schau her, ist mir völlig egal, dass ihr ein Tor geschossen habt. Und was für eine Wirkung hat es auf eine Mannschaft, wenn der Torwart in kniffligen Situationen plötzlich einen Gegner ausspielt oder den Ball zumindest mit einer Hand am Schläger zur Seite führt? Weinhold schaffte es oft, ob bewusst oder unbewusst, eine derartige Zuversicht durch seine Lässigkeit auszustrahlen, dass es einen sehr beruhigenden Effekt auf sein Team hatte. Er bewies das eindrucksvoll im olympischen Finale 2008 gegen Spanien.

Vier Jahre später stand eine andere Mannschaft mit dem gleichen Torwart im Tor im Finale von London. Der Gegner waren die Niederlande. Deutschland führte, es gab Strafecke für Holland, und der Spezialist Van der Weerden traf. Was tat Weinhold? Gelangweilt spielte er den Ball aus dem Tor, nahm den Helm ab, trank einen Schluck und hielt beim Stand von 2:1 für Deutschland einfach noch ein paar Bälle, die ein Standardreporter sofort mit »Glanzparade« beschreiben würde. So wurde aus dem hoch talentierten Mann, der beinahe an seiner lässigen Art gescheitert wäre (und an seiner zunächst lässigen Einstellung zum Trainingsaufwand im Leistungssport) zum erfolgreichsten Hockeytorwart Deutschlands.

9. GRUND

Weil Michael Green auf und neben dem Platz brillierte

Michael Green war zu seiner aktiven Zeit ein Phänomen. Einer der besten Abwehrspieler, der gleichzeitig irre fair spielte, das gab es außer Per Mertesacker im Fußball (und natürlich mir, ahem), nicht oder kaum. Man hat ja als Trainer immer wieder Spieler vor sich mit Inselbegabungen, wobei das wahrscheinlich das falsche Wort in dem Zusammenhang ist. Denn Insel und Michael Green passen überhaupt nicht zusammen. Wenn Green nicht auf dem Platz jemanden durch Manndeckung aus dem Spiel nahm oder dem Mann, wenn er doch angespielt wurde, kurz danach den Ball wegnahm, kommunizierte er mit gefühlt allen Spielern aus allen Nationen, die in der Nähe waren. Also eine Art universaler Integrationsbeauftragter mit Spezialgebiet Damen-Teams und Lateinamerika. Es war dann auch keine Überraschung, dass der Mediziner nach der Karriere im Hockey-Weltverband aktiv blieb und als Arzt dort bei Turnieren dabei war.

10. GRUND

Weil Martin Häner der immer grimmige erfolgreiche Sympathieträger ist

Ich mag Martin Häner wahrscheinlich deshalb so gerne, weil er ähnlich unbeholfen auf dem Platz wirkt wie ich früher. Hölzerne

Bewegungen, fast pinocchioesk. Und dabei schaut er immer grimmig, ich glaube auch so wie ich die meiste Zeit. Als Innenverteidiger muss man eben dauernd Unzufriedenheit verbreiten, sonst arbeiten die Stürmer erst recht nicht in der Verteidigung. Ich mag Häner, weil er immer seinem Club treu geblieben ist, dem nicht so schillernden Berliner Hockey Club. Weil er die Aura eines Anführers verbreitet, ohne irgendwelche Gorilla-Posen aufbieten zu müssen. Es ist eher eine Art fliegend leichte Eleganz. Der dann sogar Stürmer wie der geniale aber so unberechenbare Christopher Rühr folgen.

Gut gebrüllt, Möwe.

11. GRUND

Weil mit Paul Lissek die Trilogie der genialen Trainer begann

Die Legende besagt, dass der Trainer Paul Lissek Spieler besser machen konnte, als sie waren. Zum Beispiel bei der Junioren-Weltmeisterschaft 1985 im Halbfinale gegen Pakistan. Manche nannten ihn auch einen Magier. Lissek ist mittlerweile 70 Jahre alt und trainiert noch immer, derzeit in China. Die Legende, das ist beim Hockey immer die Kombination aus Erzählungen der Zeitzeugen und gleichzeitig fortschreitender Zeit, die jeweils die damaligen Geschichten in einem immer noch besseren Licht erscheinen lassen.

Zunächst begann seine Trainerkarriere wie die der meisten, als Spieler. Lissek, in Limburg an der Lahn geboren, wo es später ein Hockey-Leistungszentrum geben sollte, das vor allem aus einem Hockeyplatz und einer Jugendherberge bestand (mehr ist auch gar nicht nötig), begann in Limburg, wechselte dann nach Frankfurt, spielte 49 Mal für Deutschland, nahm an mehreren Weltmeisterschaften teil, wurde mit seinen Vereinen Frankfurt 80 und Rot-Weiß Köln mehrfach Deutscher Meister, ehe er wieder nach Limburg zurückkam und dort bald als Spielertrainer fungierte. 1978 startete seine Karriere als Coach beim Hockey-Bund. Als Nationalspieler hatte der 24-jährige Stürmer Lissek unter anderem einen Europameistertitel 1970 gewonnen, wurde allerdings erst spät eingewechselt. Damals galten auch im Hockey noch so hirnrissige Wechsel-Regeln wie heute noch beim Fußball. Lissek spielte im letzten Gruppenspiel gegen Italien und schoss das Tor zum 6:0, auch im Halbfinale durfte er spielen. Aber meistens, wenn es darauf ankam, etwa im Endspiel gegen die Niederlande (wen sonst?), saß Lissek auf der Bank. Vielleicht dachte er sich ja irgendwann mal: Wenn schon Bank, dann richtig. Und wurde Coach. Im Jahr 1982 gewann Lissek seinen ersten Titel, mit den Junioren wurde er Weltmeister in Kuala Lumpur, das Team drehte einen 0:1-Pausenrückstand gegen Australien noch furios in einen 4:1-Sieg. Unter den Spielern waren zum Beispiel Carsten Fischer, der zwei Strafecken verwandelte, oder der spätere Nationalmannschaftskapitän Volker Fried und Andreas Keller aus der Keller-Dynastie. Von da an gewann Lissek 13 Endspiele in Folge, mit den Junioren zum Beispiel auch bei der Junioren-WM 1985 in Vancouver. Dort traf die Mannschaft im Halbfinale auf Pakistan. Der damalige Manager und spätere Manager zu Lisseks Zeit als Männer-Trainer war Hans Baumgartner. Und der erzählte später gerne davon, wie man im Halbfinale gegen eine schier übermächtige Mannschaft aus Pakistan antrat. Auch noch zu meiner Zeit gab es bei asiatischen Mannschaften häufig Spieler, die am 1. Januar Geburtstag hatten. Das ist zwar kein Beweis für Schummelei, aber zumindest ein Hinweis darauf, dass der Eindruck, die Spieler aus Indien und Pakistan könnten früher deutlich älter gewesen sein bei Junioren-Turnieren und veränderte Pässe vorgezeigt haben. Lissek, so berichten Spieler und Baumgartner, hielt bei der Abschlussbesprechung eine derart überzeugende Rede, dass auf einmal alle Spieler daran glaubten, Pakistan schlagen zu können. Und es dann einfach taten.

Lissek traf Entscheidungen, die später zu einer Art Markenzeichen des deutschen Hockey werden sollten. Als Damenbundestrainer arbeitete er erstmals sehr eng mit Bernhard Peters zusammen, zu der Zeit Juniorinnen-Trainer. Peters hatte mit seinem Stil der Akribie und Disziplin die Mannschaft zu Juniorinnen-Weltmeistern gemacht, worauf Lissek einfach sieben Wochen später fast die gesamte Juniorinnen-Mannschaft zur Frauen-Nationalmannschaft mitnahm und sie die zweite Champions Trophy in Frankfurt spielen ließ. Schon damals prophezeiten Beobachter, dass hier bereits ein Team zu sehen war, das der Deutschen, das in Barcelona drei Jahre später weit kommen würde.

Im Herbst 1990 kam es dann zu einer der etwas dunkleren Kapitel im deutschen Hockey. Am 31. Oktober 1990 trafen sich 30 deutsche Hockey-Nationalspieler in Mülheim und diskutierten über die Trainersituation. Die Lage war so, dass die Generation um Fischer und Fried das Gefühl hatte, immer knapp an einem Titel vorbeizuschrammen. Silber 1984, Silber 1988, und gerade erst hatte das Team von Bundestrainer Klaus Kleiter das Halbfinale bei der Weltmeisterschaft in Lahore, Pakistan, gegen die Niederlande in der Verlängerung mit 2:3 verloren. Nicht, dass Silbermedaillen nicht zählen würden und kein Erfolg wären, aber ein Spieler, der immer wieder Zweiter und Dritter wird, der wird wahnsinnig, dafür gibt es viele Beispiele. Und ganz offensichtlich war das Team der Meinung, dass auch der Trainer eine Mitschuld, wenn man das so sagen kann, am Verpassen eines großen Titels trug. In Mülheim stimmten 26 Spieler gegen eine weitere Zusammenarbeit mit Klaus Kleiter, vier enthielten sich. Zwar konnte die Mannschaft keinen Trainer entlassen, aber der Hockey-Bund tat letztlich das einzig Vernünftige in so einem Moment: nachgeben. Paul Lissek, den eben viele schon von den Siegen bei Junioren-Weltmeisterschaften kannten, übernahm. Und gewann als Erstes mit seinem Team wieder gegen die Niederlande, mit der genialen EM-Ecke. Die Herren gewannen nach 1978 erstmals wieder ein großes Turnier. Andreas Keller, Kapitän des Teams zu der Zeit, sagte damals über den Trainerwechsel und Klaus Kleiter: »Wir alle haben seine Menschlichkeit geschätzt. Aber in sportlichen Belangen war, nicht zuletzt auch aufgrund von Abnutzungserscheinungen, das Vertrauen als Basis für den absoluten Erfolg verloren gegangen.«

Ich selbst habe Lisseks Art, rigoros auf junge Spieler zu setzen, auch am eigenen Leib mitbekommen. Mein erstes Länderspiel durfte ich im Jahr 1996 machen, direkt nach dem Olympiazyklus, zu einem Zeitpunkt, an dem im Amateursport Hockeyspieler meistens ihre Karrieren beenden und Plätze frei werden in den Teams. 1999 bei der Europameisterschaft in Padua, Italien, war ich mit 22 Jahren noch immer relativ jung, doch Lissek nominierte diesmal so junge Spieler, dass mit Matthias Witthaus der bis dahin jüngste Nationalspieler auf dem Platz stand, er war 16. Dazu waren Tibor Weißenborn mit 18 und Florian Keller mit 17 Jahren dabei. Das Turnier lief, wie Europameisterschaften damals oft abliefen: klare Ergebnisse in den Gruppenspielen, schwere Spiele im Halbfinale und Finale. Im Finale spielten wir gegen die Niederlande, es ging in die Verlängerung und ins Siebenmeterschießen. Und wer trat an zum Siebenmeter? Ein 17-Jähriger, ein 18-Jähriger und ein 21-Jähriger. Verschossen hat bloß der erfahrene Christian Mayerhöfer, im Sudden Death trifft Sascha Reinelt auch seinen zweiten Versuch und macht Deutschland zum Europameister, mit einer Mannschaft, die im Schnitt 22 Jahre alt ist.

Allerdings erging es Lissek gegen Ende seiner Trainerlaufbahn als Coach der deutschen Männermannschaft so wie anderen Trainern vor und nach ihm: Er hatte mit einigen Spielern Erfolge gefeiert und verließ sich dann auf sie. Obwohl bereits nach dem Olympiasieg 1992 Spieler wie Fischer oder Fried aufgehört hatten und Lissek auch bereits junge Spieler wieder eingebaut hatte, etwa Florian Kunz oder Björn Michel, bekam er dann auf einmal doch Angst vor dem eigenen Jung-halten-Konzept. 1995 gewann eine verjüngte Mannschaft die Europameisterschaft in Dublin, trotzdem bekam es

Lissek mit der Angst und holte Fischer und Fried im Olympiajahr zurück ins Team. Bei den Olympischen Spielen in Atlanta spielten daraufhin Fischer und Fried in der Innenverteidigung, beide 35. Es reichte nicht für eine Medaille. Im Jahr 2000 setzte er ebenfalls auf viele erfahrene Spieler, auch im Tor. Die Mannschaft, an sich gut genug, um das Halbfinale zu erreichen, hätte im letzten Gruppenspiel gegen Großbritannien ein Unentschieden gebraucht. Doch wie schon im gesamten Turnier kamen die Spieler, auch ich, nicht an ihre Leistung heran, die es gebraucht hätte. Am Ende verloren wir trotz einer 1:0-Führung noch mit 2:1 gegen die Briten. Unter anderem deshalb, weil der erfahrene Torwart einige Übungen des neuen Torwarttrainers nicht mitmachen wollte. Dadurch kam es zu einer geradezu tragischen Situation. Im Vorfeld trainierten die beiden Torhüter, der junge und vielversprechende Clemens Arnold, der dann später auch in der sehr erfolgreichen Zeit unter Bernhard Peters meistens im Tor stand, und der erfahrene Christopher Reitz, 1992 als Ersatzmann bereits Olympiasieger und ebenfalls einer der Besten seiner Zeit. Die lag allerdings (im Nachhinein ist man ... und so) bereits hinter ihm. Im Training wollte Torwarttrainer und Videomann Werner Wiedersich regelmäßig folgende Situation trainieren: Der Torwart ist aus dem Tor rausgelaufen, und nun setzt der gegnerische Stürmer zu einem Heber an, sodass der Ball in hohem Bogen über den Torwart fliegt. In dem Fall war das Ziel des Trainings, dass der Torwart nicht seinem Reflex folgt und im Rückwärtslaufen zurück zum Tor sprintet, um den Ball zu halten, wenn er runterfällt. Wiedersich hatte erkannt, dass es schneller geht, wenn der Torwart sich um umdreht und dann vorwärts zum Tor läuft. Auch wenn er am Anfang etwas Zeit verliert, ist der Keeper trotzdem insgesamt in der Situation schneller. Immer mal wieder trainierte Wiedersich das mit den beiden Torwarten. Arnold machte mit und verinnerlichte die Bewegung. Reitz war der Meinung, dass er das nicht brauche. Ob er nicht überzeugt war oder einfach der Meinung, dass er als Torwart ausgereift war in seinen Abläufen, das weiß ich nicht. Es wäre auch beinahe egal gewesen, hätten die Briten nicht in der zweiten Halbzeit eine Strafecke bekommen, bei der Reitz genau diesen Ablauf gebraucht hätte. Christian Mayerhöfer lief raus als erste Welle und schaffte es, den Ball mit dem Schläger abzulaufen. Die Briten hatten zu dem Zeitpunkt mit Calum Giles einen Schlenzspezialisten. Der Ball von Giles ging also an Mayerhöfers Schläger, aber statt irgendwohin zu springen, machte er einen hohen Bogen. Reitz war einige Meter aus seinem Tor rausgelaufen, er stand immer relativ weit vor dem Tor, was zwar seine Reaktionszeit verkürzte, aber eben auch den Winkel. Der Ball flog also von Mayerhöfers Schläger einen hohen Bogen. Reitz schaute auf den Ball und begann, in kleinen Schritten zurückzulaufen, rückwärts. Er schaffte es nicht, eineinhalb Sekunden später fiel der Ball exakt zwischen der Latte und seinem Handschuh ins Tor. An dieses Bild kann ich mich gut erinnern, ich stand als Linienmann direkt daneben. Natürlich war da auch eine Menge Zufall dabei, dass dieses Tor entstand, aber am Ende war es eben auch das Festhalten an Altem und Alten, was der Mannschaft eine mögliche Medaille verwehrte. Das Tor zum 1:2 war dann ebenfalls eine Ecke, die Giles auf die Handschuhseite des Torwarts schlenzte, auf Brusthöhe. Reitz kam nicht an den Ball ran und auch ich nicht, obwohl ich als Linienmann genau diese Situation mit der Ballmaschine und in Hunderten Abläufen trainiert hatte. Ob das Turnier anders ausgegangen wäre, wenn Lissek mehr auf Junges und Neues gesetzt hätte? Kann man nicht sagen. Aber die Erfahrung zeigt, dass meistens dann Mannschaften erfolgreich waren, die etwas Neues probierten, die mutig waren, die zwar immer ein paar erfahrene Spieler im Team hatten, aber auch junge unerfahrene.

Die zuvor weinenden Niederländer, die buchstäblich mit Tränen in den Augen im Gruppenspiel davor vom Platz gingen, weil sie gegen Pakistan verloren hatten und sie bei einem Punktgewinn der Deutschen nicht im Halbfinale wären, jubelten auf einmal. Sie wurden am Ende sogar Olympiasieger.

12. GRUND

Weil Gaby Reimann Rekordnationalspielerin wurde

Gaby Reimann war im Jahr 1990 mit 209 Länderspielen Rekordnationalspielerin und hatte bis auf eine olympische Goldmedaille alles gewonnen. Sie sagte zu dem Moment, als sie mit dem Hockey in der Nationalmannschaft aufhörte: »Wenn ich keine Kinder gewollt hätte, hätte ich bis 45 weitergespielt.« Sie gewann Silber bei Olympia und zwei Mal den Weltmeistertitel. Beim zweiten, 1981 in Argentinien, verwandelte sie den entscheidenden (in dem Fall selbstverständlich auch:) letzten Siebenmeter zum 4:2. »Ich galt immer als besonders nervenstark«, sagt sie. Sie startete ihre Karriere in Viersen in Nordrhein-Westfalen als Gaby Appel und zog dann am Ende ihrer Karriere für Beruf, Partner und Kinder nach Hamburg. »Wenn die Nationalmannschaft nach 13 Jahren das erste Mal ohne einen zu einem Turnier fährt, dann ist das ein schreckliches Gefühl«, sagte sie. Heute betreibt die 60-Jährige in Hamburg eine Naturheilpraxis und ist noch immer auf dem Hockeyplatz. Zum einen, um ihre Kinder beim Spielen zu sehen. Und um selbst zu spielen bei den Senioren. »Ich schieße noch immer schöne Tore – wenn auch im Stehen.«

13. GRUND

Weil Christopher Rühr wunderbar schnell (und) aufbrausend ist

Es gibt einen Lauf von Christopher Rühr, bei einem World-League-Finalturnier in Argentinien gegen Argentinien. Es ist ein Rühr-Lauf. Schnell, sehr schnell, den Ball an der Rückhand, läuft Rühr an der linken Auslinie entlang, ein Argentinier verfolgt ihn, noch einer kommt dazu, sie kommen aber nicht so richtig mit. Rühr läuft weiter, in den Kreis, Richtung Tor und Richtung Torauslinie, spitzer Winkel, der Torwart kommt raus, die beiden, mittlerweile drei Verteidiger, die nicht so richtig hinterherkommen, schauen von halb hinten zu, wie Rühr sich den Ball kurz vor dem Aus auf die Vorhand zieht und in dem Moment, als der Torwart rauskommt und auf ihn zurutscht, mit einem leichten Schrubben des aufgeklappten Schlägers den Ball über den Keeper lupft, sodass er elegant ins Netz fällt. Das ist Rühr. Bis vor einiger Zeit war allerdings auch der Ausraster bei gefühlten Ungerechtigkeiten der Schiedsrichter Rühr. Und dann hat er sich aber eben schon zu einer Führungsfigur entwickelt, einer, die in den wichtigen Momenten in Erscheinung tritt und nicht in den Schatten. Im olympischen Viertelfinale gegen Neuseeland waren es seine Aktionen, die zum Sieg ganz am Ende führten, bei Rot-Weiß Köln lief er im Finale des Europapokals, der sogenannten EHL, bei den Ecken als Abwehrspieler raus und in den Schuss. Er lief sie ab, wie man da sagt, mit dem Körper. Er brach sich einen Finger dabei, kurz vor dem Ende, er wollte unbedingt gewinnen. Er hat etwas Hulkiges an sich, Christopher Rühr. Wenn er will, hat er irre Kräfte und Fähigkeiten, die manchmal durch Provokationen freigesetzt werden. Aber er muss immer darauf achten, oder auch seine Mitspieler, dass er bei aller Kraft und Macht und Fähigkeit nichts zerstört. Immer im grünen Bereich eben.

14. GRUND

Weil Maartje Paumen fast jeden Rekord gebrochen hat

Die niederländische Strafeckenschützin Paumen hat eine eigene Webseite, auf der ihre Erfolge aufgelistet sind. Sie gewann zwei Goldmedaillen bei Olympia, zuletzt Silber in Rio, wurde zwei Mal

Weltmeisterin, drei Mal Europameisterin und so weiter. Bei solchen Auflistungen ist allerdings immer kaum zu sagen, welche Rolle ein Spieler oder eine Spielerin nun wirklich gespielt hat bei den Erfolgen. Bei Paumen steht dann noch ganz am Ende, unter »Vermischtes« quasi, dass die Spielerin, die im Jahr 1985 in Geleen geboren wurde, »beste olympische Torschützin aller Zeiten« ist.

Paumen, das muss man schon dazusagen, nicht, um diese Auszeichnung abzuwerten, sondern um sie einzuordnen, war Verteidigerin und eben Eckenschützin. Nach stürmenden Strafeckenschützen wie zum Beispiel Björn Michel oder Christopher Zeller in der deutschen Männermannschaft ist der Beruf des Eckenschützen natürlich sehr bequem für die Torschützenliste. Aber »beste olympische Torschützin aller Zeiten«? Ich selbst habe zwei Mal bei Olympischen Spielen teilgenommen und erlebt, wie sehr so ein Turnier und das Drumherum auf die eigene Leistung und oft die Lockerheit samt Spielfreude Einfluss nehmen kann. Und gerade ein Eckenschütze ist wahrscheinlich im Hockey der Spieler neben dem Torwart, der mental am besten präpariert und stark sein muss. Denn die nüchternen Zahlen sind ja so: Spiele, und noch häufiger wichtige Spiele, werden sehr oft durch Strafecken entschieden, einfach deshalb, weil die Teams in diesen Begegnungen oft gleich stark sind und dann eben die berühmte Tagesform entscheidet. Bei einem Eckenschützen heißt das, dass er den Ball genau neben dem Pfosten versenkt mit dem Schlenzball, oder eben – weil er nur ein kleines bisschen abgelenkt ist oder über die Tragweite eines Fehlschusses nachdenkt – den Ball an den Pfosten knallt. Paumen knallte ihn selten an den Pfosten. Ein paar Beispiele.

Im olympischen Finale der Frauen 2008 spielte der Silbermedaillengewinner von 2004, die Niederlande, gegen China. Paumen hatte bis dahin elf Eckentore geschossen, die gesamte Mannschaft hatte 14 Tore erzielt. Und als das Spiel begann, hatte Holland in den ersten Minuten gleich zwei Strafecken, die Paumen nicht verwandeln konnte. Was denkt eine solche Spielerin da? Vielleicht:

Es kommt auf mich an, es muss klappen, sonst verlieren wir gegen den Gastgeber und werden wieder nur Zweiter wie vor vier Jahren. Null zu null zur Halbzeit, dann Strafecke 20 Minuten vor dem Ende, schlecht herausgegeben. Paumen wird angespielt, gleich zwei Verteidiger laufen auf sie zu, sie passt weiter, Schuss, Nachschuss, Tor.

Im olympischen Finale 2012, das Holland auch deshalb erreichte, weil Paumen im Halbfinale zwei Mal ausglich, bevor es nach dem 2:2 gegen Neuseeland ins Penaltyschießen ging, gewannen die Niederlande mit 2:1, das erste Tor fällt nach einem Nachschuss nach einem Ecken-Schlenzball von Paumen, das zweite Tor schießt Paumen direkt, rechts oben, präzise, 16 Minuten vor dem Ende. Es war Paumens 14. Tor bei Olympischen Spielen, und in Rio traf sie weiter, auch im Halbfinale gegen Deutschland und im Finale gegen Großbritannien, das im Penalty-Schießen gegen die Niederlande gewann. Am Ende hieß es in einer Zeitungsmeldung der *FAZ* im November 2016, als Paumen zurücktrat: »Hockey-Torhüterinnen auf der ganzen Welt werden aufatmen: Die niederländische Strafeckenspezialistin Maartje Paumen beendet nach zwölf Jahren in der Nationalmannschaft ihre internationale Karriere. Die 31 Jahre alte Abwehrspielerin war mit ihren 195 Toren in 235 Länderspielen maßgeblich an den Olympiasiegen 2008 und 2012, den WM-Titeln 2006 und 2014 sowie den EM-Titeln 2005, 2009 und 2011 beteiligt.« Dass sie zwischen 2008 und 2016 in jedem Jahr bis auf 2012 die Toptorschützin in der besten Hockey-Frauenliga der Welt war, in der niederländischen Hoofdklass, und zehn Mal die Meisterschaft und neun Mal den Europapokal gewann.

15. GRUND

Weil Hugo Budinger zu einer Redewendung wurde

Hugo Budinger war ein Pionier. Der Mann stellte nach allem, was man weiß, die Weichen für die Entwicklung des erfolgreichen deutschen Männerhockeys. Denn mit Männerhockey ging es nun mal los. Budinger war zunächst Dozent an der Deutschen Sporthochschule und bereits zehn Jahre lang Sportwart beim Hockey-Bund, eher er auch Bundestrainer wurde. Weil es sonst keinen gab. Ein hauptamtlicher Bundestrainer war Ende der 60er-Jahre nicht denkbar. Budinger hatte selbst erfolgreich gespielt und bei den Olympischen Spielen von Melbourne 1956 mit der deutschen Mannschaft Bronze gewonnen. Budinger hatte maßgeblich noch als Funktionär dazu beigetragen, im Jahr 1969 die Bundesliga einzuführen, und das Sichtungssystem, das bis heute Maßstäbe setzt, wurde in seiner ersten Form ebenfalls von Budinger eingeführt.

Im Jahr 1973, die deutschen Männer waren 1972 erstmals Olympiasieger geworden, waren die Strukturen im Hockey noch immer so amateurhaft, dass es keinen hauptamtlichen Trainer gab. Der Kölner Horst Wein, der später durch seine Lehrbücher und als erfolgreicher Trainer bekannt werden sollte und dessen Sohn Christian ebenfalls einige Jahre in der Nationalmannschaft spielte, war zwar Kandidat für den Trainerposten gewesen, aber man konnte sich nicht einigen. Wein, ehemaliger Nationalspieler, wurde dann eben von Budinger ersetzt. Der war als Aktiver Spielmacher gewesen, hatte eine gute Technik und wollte es noch einmal wissen. Er war mit der BRD 1964 an der DDR-Hockeynationalmannschaft gescheitert, was bedeutete, dass die damalige DDR an Olympia in Tokyo teilnehmen durfte. Auch 1968 konnte Budingers Team bei Olympia keine Medaille gewinnen. Werner Delmes war dann zwischen 1969 und 1973 Bundestrainer, wurde Olympiasieger und hörte wieder auf, Budinger sprang ein. Das Team erreichte den dritten Platz bei der WM 1973 in Amsterdam, hinter Indien und den Niederlanden, besiegte aber wieder, wie im Olympia-Finale '72 von München, Pakistan mit 1:0. Wieder war Eckenschütze Michael Krause erfolgreich, sein Tor fiel zwei Minuten vor dem Ende. Im Halbfinale hatte es zuvor zwischen Deutschland und den Niederlanden nach fünf Verlängerungen unentschieden gestanden. Erst dann kam es zum Siebenmeterschießen, als es schon dämmerte. Deutschland verlor, gewann dann aber doch noch eine WM-Medaille, Budingers Amtszeit endete also tröstlich. Und obwohl ihm kein großer Sieg mit seinen Teams gelang, hat er das deutsche Hockey wahrscheinlich weiter gebracht als die meisten anderen, die je im DHB gearbeitet haben.

16. GRUND

Weil Moritz Fürste Carsten Fischers Nachfolger wurde

Moritz Fürste ist der legitime Nachfolger von Carsten Fischer. Es mag manche geben, die Fürste anstrengend finden, wie er sich vor, während und vor allem dann nun nach den Olympischen Spielen von Rio vermarktet hat. Es mag auch Berechnung gewesen sein, sich am Ende des Halbfinals, das die Deutschen deutlich mit 5:2 gegen Argentinien verloren hatten, in eines der Tore zu setzen und möglichst gedankenschwer zu wirken, die Spider-Cam über dem Kopf hat das gut eingefangen. Auf der anderen Seite ist es nun mal so: Wer gehört werden will, wer eine Sportart bekannt machen will, der muss dieses Spiel mit der Öffentlichkeit und der Wahrnehmung und den Medien spielen. Fürste kann dieses Spiel so gut wie seine Rolle im Mittelfeld zu seinen besten aktiven Zeiten. Wenn der ein oder andere moniert, dass etwa bei Olympia in London 2012 zu Beginn von ihm vor allem gute Posts und wenig gute Pässe kamen, dann muss man anerkennen: Der Mann wusste offenbar, was er tut respektive sich leisten kann. Immerhin hat er dann unter anderem im Halbfinale ein Eckentor geschossen und auch sonst gut gespielt. Man könnte sogar so weit gehen, dass nur ein polarisierender Star, und das ist Fürste mittlerweile längst über den Hockeysport hinaus, dass nur solche Figuren, die manch einen begeistern, andere faszinieren und wieder andere anstrengen, so eine Aufmerksamkeit bekommen können, dass sie sich Star nennen dürfen. Fürste hat dem Hockey alles zu verdanken, angefangen bei seinem Heimatclub UHC Hamburg, bei dem ich auch einige Monate gespielt habe, mit Fürste zusammen damals. Der Verein fing die Familie auf, als der Vater beim Fährunglück der Estonia ums Leben kam. Mutter und beide Söhne fanden noch einmal mehr einen Halt in diesem Club. Andersrum ist es nun so, auch wenn Fürste sich weiter wunderbar vermarktet und nun andere Sportarten mit einer Firma etablieren will, dass der Hockeysport Fürste auch viel verdankt. Nie ist ja der Sport bekannt, immer seine Sportler. Und was in den 90er-Jahren Fischer war, weniger durch markige Posts und Kommentare, sondern vor allem durch auffallend physisches Spiel und vor allem natürlich seine Glatze, das ist heute der Instagram-Fürste. Ein Botschafter, ob seine Botschaft vor allem er selbst oder sein Sport und dessen Werte ist, das darf jeder für sich selbst beurteilen.

17. GRUND

Weil Tobias Hauke nicht vom Ball zu trennen ist

Wenn Trainer davon sprechen, dass ein Spieler ihrer Mannschaft ganz gut sei, aber eben kein Messi, dann benutzen sie im Hockey meistens derzeit den Namen von Tobi Hauke. Erst neulich habe ich das von einem Coach in meinem Verein gehört. Guter Spieler, aber natürlich kein Tobi Hauke. Das Kompliment beinhaltet mehrere Facetten. Hauke vereint viele Stärken, hat aber natürlich auch Schwächen, die eine Zeit lang beim Penalty-Schießen zu Tage traten. Ein Führungsspieler, der das Spiel macht, der beinahe so umfassend ausgebildet ist in allen Techniken wie der GröSpaZ, der Größte Spieler aller Zeiten, Christoph Eimer. 2008 Olympiasieger, 2012 Olympiasieger, gewann mit seinem Verein Harvestehuder THC das Triple aus Landes- und Deutscher Meisterschaft, war Welthockeyspieler 2013. Seine Stärke sind das Kleben und Geben. Kaum ein anderer Spieler ist so schwer vom Ball zu trennen wie Hauke, kaum ein anderer spielt im nächsten Moment so gute weil gefährliche Pässe. Es ist dann fast schon eine Art Hauckey, der Sport, den man beim HTHC betreibt. Abgestimmt und abgerichtet auf den einen Spieler, der selbst dann, wenn es jeder weiß und der Gegner ihn aus dem Spiel zu nehmen versucht, das Spiel noch bestimmt. Mittlerweile spielt Hauke, der die Rückennummer 13 trägt, seit 13 Jahren in der Nationalmannschaft.

18. GRUND

Weil Dieter Klauß DDR-Rekordnationalspieler ist

Am 25. Mai stand ein Artikel in der DDR-Zeitung *Neues Deutschland,* das damals den Zusatz führte, »Organ des Zentralkomitees der sozialistischen Einheitspartei Deutschlands«. In dem Organ der Einheitspartei heißt es an diesem Frühlingstag: »Die DDR-Hockeynationalmannschaft der Männer reist am heutigen Mittwoch in die VR (Volksrepublik) China und bestreitet bis zum 10. Juni sechs Vergleiche gegen Mannschaften der Gastgeber, darunter auch offizielle Länderspiele. An der Spitze des 16-köpfigen DDR-Aufgebots steht der 106-fache Nationalspieler Dieter Klauß (Empor Leipzig-Lindenau).«

Klauß spielte insgesamt 145 Mal für die DDR und ist damit Rekordnationalspieler. In seinem Verein, der heute HCLG Leipzig heißt, kamen nach dem Zweiten Weltkrieg gleich drei vormalige Hockeyvereine zusammen unter ein Vereinsdach. Sie entstanden ursprünglich in den 1920er-Jahren, als Leipzig eine sogenannte Hockeyhochburg war. Kurz nach Kriegsende war Hockey nur auf kommunaler Ebene in der sowjetischen Besatzungszone erlaubt, ab 1946 über die Kreisgrenzen hinaus. 1947/48 bildeten sich »Sparten-Hockey« in den Ländern, so auch in Thüringen. Die erste und einzige Meisterschaft der sowjetischen Besatzungszone wurde am 12. Juni 1949 in Köthen ausgetragen. Nach mehrmaligem Wechsel des Vereinsnamens hieß der Club zur Wende Lindenau Leipzig, ehe er sich danach das modische Buchstaben-Präfix HCLG zulegte. Und Klauß war einer der prägenden Spieler des Vereins.

Über den DDR-Rekordnationalspieler gibt es in Archiven nicht so viele Einträge. Das könnte auch daran liegen, dass der Hockeysport in der damaligen DDR zwar von den Hockeyspielern mit Leidenschaft gespielt wurde, dass aber die sozialistische Einheitspartei dem Sport nicht so viel abgewinnen konnte. Ebenso wenig und aus dem gleichen Grund wie auch die VR China, die Sportart hatte schlichtweg einen zu schlechten Kosten/Nutzen-Faktor. Wie es schon im Bericht steht, brauchte man ja eine große Anzahl von Spielern, um etwas zu erreichen, mindestens 16. Die Rechnung war also einfach, und da muss man noch gar nicht über das Thema Doping oder gar Staatsdoping nachdenken: Ein Hammerwerfer schlägt bei der Betreuung und optimalen Ausbildung mit einem Bruchteil, exakt 1/16, einer Hockeymannschaft zu Buche. Am Ende steht, im besten Fall, eine Goldmedaille. Ob das jetzt Hammerwerfen (eine aus DDR-Flaggensicht natürlich ohnehin bessere Sportart) oder Gewichtheben ist.

Der wichtigste Tag in Klauß' Karriere war wohl das erste und einzige offizielle Länderspiel zwischen zwei deutschen Hockeymannschaften. Denn vereinbarungsgemäß nicht mit in die Statistik eingegangen waren die acht Vergleiche im Rahmen der innerdeutschen Olympia-Ausscheidungsspiele 1960 und 1964. Nachdem das Internationale Olympische Komitee im Vorfeld der Spiele 1968 zwei deutsche Olympiadelegationen zugelassen hat, will es der Zufall, dass beim Hockeyturnier in Mexiko City die Mannschaften aus Ost- und Westdeutschland in die gleiche Vorrundengruppe gelost werden. Im vierten von sieben Gruppenspielen kommt es dann zum Duell. Die aus Spielern des DHB bestehende Westmannschaft geht mit guter Zwischenbilanz (zwei Siege, eine Niederlage) gegen das aus Vertretern des DHSV bestehende Ost-Team (bis dahin zwei Unentschieden, eine Niederlage) an den Start. In einer umkämpften, bisweilen auch hart geführten Partie siegt der Favorit aus dem Westen mit 3:2 (1:1).

Das Turnier endet für beide Mannschaften mit einer Enttäuschung. Die medaillenambitionierte West-Auswahl verliert ihr Halbfinale unglücklich mit 0:1 nach Verlängerung gegen den späteren Olympiasieger Pakistan und wird schließlich Vierter, die DDR-Auswahl kann ihr gutes Abschneiden von Tokio 1964 (5.) nicht wiederholen und muss mit Platz elf unter 16 Startern vorliebnehmen. Eine Platzierung mit einschneidender Nachwirkung. Der Hockeysport wird vom Politbüro des Zentralkomitees der Staatspartei SED endgültig in die Kategorie der nicht mehr Medaillen versprechenden Disziplinen abgeschoben und per »Leistungssportbeschluss« des DTSB vom 8. April 1969 ebenso wie die Sportarten Basketball, Moderner Fünfkampf, Wasserball, alpiner Rennsport und Eishockey in der staatlichen Förderung drastisch eingeschränkt.

Klauß bestritt zwischen 1967 und 1990 insgesamt 145 Länderspiele, davon sechs in der Halle.

19. GRUND

Weil Christopher Zeller der schnellste und treffsicherste deutsche Stürmer war

Wenn Christopher Zeller mich ausspielen wollte, musste er mich gar nicht ausspielen. Er ist einfach an mir vorbeigelaufen. Da Zeller aus München stammt und dort bei einem kleinen Verein namens MTV mit dem Hockey begann, ehe er vom Naturrasen auf den Kunstrasen und zum MSC München wechselte, habe ich ihn eine lange Zeit erlebt. Zwischen 2003 und 2012, zwischen einem seiner Europameistertitel und dem zweiten Olympiasieg, war Zeller eine Zeit lang der beste Stürmer, den es im Hockey gab. Gleichzeitig spielte auch der Australier Jamie Dwyer, ein sympathischer Dribbler, oder auch Teun de Nooijer, ein sympathischer niederländischer Stürmer, Spielmacher und Dribbler. Aber Zeller war besser. Und dabei habe ich ihn naturgemäß oft wohl kritischer gesehen als Dwyer und Nooijer. Die haben mir ja immer zu schaffen gemacht in Länderspielern, während Zeller nicht oft genug treffen und erfolgreich dribbeln konnte aus meiner Wahrnehmung. Die EM 2003 in Barcelona war da schon bezeichnend. Da stellte sich im Finale ein 19-Jähriger hin und traf erst den ersten Siebenmeter im Siebenmeterschießen, und dann in der Verlängerung des Siebenmeterschießens den zweiten auch noch. Zeller zeigte da, was er später noch oft zeigen würde: Nervenstärke. Und da er auch Eckenschütze war, tat das besonders gut. Im WM-Turnier 2006 wurde Zeller zu einem Star, so, wie man das im Hockey werden kann. Noch weitgehend ohne soziale Netzwerke, einfach indem er gut spielte, sympathisch zurückhaltend blieb und dann am Ende im Finale auch noch Matchwinner war. Er erzielte nach einem Solo, das in keinem Trainingsplan stand, das 1:0. Zeller dribbelte, und zwar einfach durch die Mitte und an diversen Australiern vorbei. Am Ende stand es eine Viertelstunde vor dem Ende 3:3, und nach einem Pass seines Bruders Philipp, der in der Verteidigung spielte, machte Zeller das, was er im Training immer mit mir machte, mit seinem Gegenspieler: Er nahm den Ball an, sprintete los und lief einfach an allen vorbei über die linke Seite, an seinem Gegner, am nächsten Verteidiger, am herausstürzenden Torwart. Nach fünf Ballberührungen war der Ball im Tor, 4:3. Zwei Jahre später erzielte Zeller dann sein wohl wichtigstes Tor, den 1:0-Siegtreffer im Finale des olympischen Turniers in Peking gegen Spanien. Dabei brauchte er nur eine Ballberührung in diesem Moment, es war eine Ecke. Anlaufen, Ball beschleunigen, täuschen, diese Ecke war gar nicht so sehr platziert, sie schlug halbhoch im Tor ein. Zeller lief nach seinem Tor wie immer in solchen Momenten mit ernstem Gesicht und ausgebreiteten Armen langsam zur Seite. Und der Hockeynachwuchs dachte sich einmal mehr: So gut und so cool im wichtigen Moment will ich auch mal sein.

20. GRUND

Weil Luciana Aymar die bis heute bekannteste Hockeyspielerin der Welt ist

Luciana Aymar sagte einmal, dass es schon immer ihr Traum gewesen sei, seit sie Hockey spielte, einmal vor einem vollen Stadion mit der Nationalmannschaft um den Weltmeistertitel zu spielen. Aymar sagt das zu Beginn eines Kinofilms über sie, unterlegt sind ihre Worte mit Bildern, wie sie als beste Spielerin des Jahres 2013 ausgezeichnet wird, in einem vollen Stadion mit lauter argentinischen Fans, im Dezember 2013, noch wenige Monate bis zur Weltmeisterschaft in den Niederlanden. Aymar wird aufgerufen, sie hat Tränen in den Augen.

»Als ich davon träumte, spielte ich noch auf Naturrasen«, sagt sie. Auf Volleyballfeldern, Fußballfeldern, wohin sie kam, sie dribbelte mit Ball und Schläger. So ging es los. »Der Traum schien mir unerreichbar.« Dann die Weltmeisterschaft 2014, das war am Ende dann ihre fünfte, im Alter von 36 Jahren.

Mit acht Jahren fing die Spielerin, die wohl bis heute der größte Hockeystar dieses Planeten sein dürfte, mit dem Hockey an. Im Fisherton Club, einem Sportverein in ihrer Heimatstadt Rosario, war sie ein dünnes Mädchen, schüchtern, »mit knubbeligen Knien«, sagt eine damalige Mitspielerin. Ihr erster Trainer, genannt »die Ratte«, brachte ihr das Dribbeln bei, stundenlang musste sie dribbeln, Vorhand, Rückhand, tausendfach. Sie spielte bald bei den Älteren mit, dann sollte sie zum ersten Mal nach Buenos Aires fahren, wo die besten Spielerinnen zusammen trainierten. Sie fuhr im Bus hin und her, mit Heimweh auf den langen Fahrten, aber: immer Hockey. Und wenn sie in Buenos Aires schlief, dann in dreckigen Unterkünften, »manchmal mit der Matratze auf dem Boden und Kakerlaken im Zimmer«. Sie kam schnell in die Nationalmannschaft, 1998 bei ihrer ersten Weltmeisterschaft in Utrecht, Niederlande, fiel sie das erste Mal so richtig auf. Am Ende wird Argentinien hinter Deutschland Vierter. Aymar gibt erste Interviews. Es folgt Olympia in Sydney, wie immer sind die Argentinierinnen die Mannschaft, die bei der Fahrt zu den Spielen im Bus und beim Gang zum Platz ausdauernd sang. Allerdings verloren sie die ersten Spiele sang- und klangvoll, es blieben drei Gruppenspiele gegen die stärksten Gegner. 3:1 gewann das Team gegen die Niederlande. Und auf einmal standen sie im Finale, gegen Australien, in Sydney. Der Gastgeber gewann, Argentiniens Frauen waren aber so gut wie seit Jahrzehnten nicht. Beim nächsten Finale ein Jahr später, eine Champions Trophy, gewinnt Argentinien mit Aymar erstmals einen Titel. Zum ersten Mal wird sie mit Maradona verglichen, die Konkurrenz beschreibt sie als schnell, explosiv und cool. Ein Jahr später wird Argentinien nach Siebenmeterschießen gegen die Niederlande erstmals Weltmeister, Aymars Traum hatte sich erfüllt, und es sollten noch einige weitere Höhepunkte folgen.

Die Weltmeisterschaft 2010 in Argentinien, in Aymars Geburtsstadt Rosario, zeigte der Hockeywelt, was in Südamerika plötzlich los war mit dieser schnellen, sympathischen und erfolgreichen Spielerin. Sie erzielt gegen China ein Tor, das dem von Messi und Maradona ähnelt, nach einem Dribbling über den halben Platz. Im Finale hat Holland keine Chance, Argentinien gewinnt mit 3:1. Eine Siegesfeier in der Stadt auf dem zentralen Platz, leuchtende Kinderaugen, die zu ihr aufschauen, wenn sie durch ein Fanspalier läuft. Im Jahr 2012 dann noch einmal Olympische Spiele. Aymar ist – wie immer – aufgeregt. Diesmal darf die zweimalige Weltmeisterin und Silbermedaillengewinnerin von Sydney die Fahne tragen. Aymar ist der Star aus Argentinien. Was sie sagt, hat Gewicht bei Tausenden jungen Frauen in Südamerika, die diesen Sport betreiben. Sie spricht oft davon, wie viele Opfer sie und andere Hochleistungssportler immer wieder bringen müssen. Es bleibe eben viel weniger Zeit für andere Dinge, »für Liebe, Freundschaften, die Familie«. Gerade für Argentinier, bei denen die Familie einen so hohen Stellenwert hat, scheint das wichtig. »Ich dachte: Jetzt werden wir wahrgenommen, jetzt kennt man uns.« Sie mit der Fahne. Geschafft, Hockey wird wahrgenommen, »die Menschen unterstützen und lieben uns, das ist unglaublich.«

Die Weltmeisterschaft in den Niederlanden im Jahr 2014, die letzte für Aymar, beginnt mit einem ungefährdeten 4:1 gegen Südafrika, Aymar dribbelt, die Tore fallen nach Strafecken. Im zweiten Spiel gegen die USA schießt sie zehn Minuten vor dem Ende aus spitzem Winkel den 2:1-Treffer, das Spiel endet 2:2. Dann das Gruppenspiel gegen Deutschland, Argentinien in Rosa. Argentinien führt zwei zu null, als Aymar, die alle nur Lucha nennen in Argentinien, mit einer Muskelverletzung raus muss. Argentinien gewinnt 3:0. Aymar lässt sich von ihrer Mutter und ihrer Schwester trösten. Zum ersten Mal bei einem Turnier ist Aymar verletzt, mit 36. Das nächste Gruppenspiel gegen England verfolgt sie von der Bank, mit der Schlussecke erzielt Argentinien das 2:1 und erreicht so das Halbfinale. Sie kann wieder spielen, mit einem dicken Verband, aber die Mannschaft verliert gegen die Niederlande klar, mit 0:4. Aymar bricht bei der Pressekonferenz in Tränen aus. Als sie sich wieder gefasst hat, sagt sie, dass sie trotz der Niederlage das letzte Spiel genießen werde. Es ging gegen die USA. Angriff Argentinien, argentinische Rückhand, halbhoch, am langen Pfosten steht Aymar und fälscht den Ball ab, technisch perfekt und schwierig. Aymar geht raus, »Ich kann nicht mehr.« USA gleicht aus. Aymar kommt zurück auf das Feld, schießt das 2:1 gegen Ende der ersten Halbzeit. Am Ende bleibt es bei diesem Ergebnis. Aymar schießt Argentinien zu Bronze, in ihrem letzten Spiel. Und dann doch nicht. Im November 2014 spielt sie wieder, Champions Trophy in Argentinien. Als würde Maradona noch einmal das weiß-blaue Trikot überstreifen, wird sie gefeiert, es ist eine Art Abschiedsturnier oder -tournee.

Das Team erreicht das Finale, Aymar und ihre Mitspielerinnen müssen gegen Australien spielen. Noch einmal, diesmal wirklich, tritt Aymar als Löwin an, als Teil der las Leonas. Australien geht in Führung, Argentinien gleicht aus, es geht ins Penaltyschießen. Aymar trifft, ihre Torhüterin hält, und das ganze Stadion singt: »Lucha! Lucha!«

Heute ist Luciana Aymar noch immer eine landes- und weltweit bekannte Figur. »Der Sport hat sich durch Lucha verändert«, sagt eine Mitspielerin, und zuletzt wird in einem riesigen Trikot mit ihrer Nummer, der 8, der Legende gehuldigt. »Ich habe schon immer davon geträumt, diesem Sport, den ich so liebe, die gleichen Chancen zu geben wie anderen Sportarten.« Da hätte sie ja nirgendwo besser damit anfangen können als in Argentinien.

21. GRUND

Weil Michael Knauth im richtigen Moment Mut zeigte

Manchmal sind die Gesten, die man in den Spielpausen zeigt, wichtiger als die Aktionen während des Spiels. Gerade bei Torhütern. Michael Knauth konnte wie kein Zweiter Gegentore ignorieren. In einem Bundesligaspiel Mitte der 90er düpierte ihn ein junger Abwehrspieler (nicht ich) mit einem Heber vom Schusskreisrand. Was tat Knauth? Als ob nichts gewesen sei. Langeweile verbreiten. Michael Knauth war der beste Torwart der Welt Anfang der 90er-Jahre. Warum? Weil er es schaffte, dass sich die Stürmer und alle anderen mit ihm beschäftigten. Und zwar nicht nur, dass ein Stürmer, wenn er über links in den Kreis lief, kurz aus dem Augenwinkel schaute, wo der Torwart Knauth jetzt gerade steht. Sondern die Spieler hatten im Kopf, dass hinter der Maske Knauth ist. Ich selbst habe das, zwar ganz selten, auch erlebt. Wenn ein Torhüter das schafft, muss er nicht mehr ganz so viel tun. Denn ein Stürmer, der auch nur einen Bruchteil seiner Konzentration an die Person im direkten Duell verliert, hat verloren.

Knauth hatte sich selbstverständlich einen Namen gemacht. Ein ruhig stehender Keeper, der das Prinzip des Winkel-Verkürzens und Stehenbleibens zur Vollendung gebracht hatte. Bei den Olympischen Spielen in Barcelona 1992 war da eine laute, anweisende Säule im deutschen Tor. Er parierte auch in einigen kniffligen Momenten. Die wohl wichtigste Parade war die im Halbfinale gegen die so starken Pakistani, als es kurz vor Schluss noch einmal eine Strafecke gab gegen Deutschland. Dem Team war klar, dass die Pakistani dann wahrscheinlich schlagen würden, weil sie das zu der Zeit immer taten, wenn es eng wurde. Zum ersten Mal in der Hockeygeschichte lief ein Torwart bei einem olympischen Turnier bei der Ausführung der Strafecke bis zum Schusskreis raus und warf sich in den Schuss. Ein harter Schuss aus nächster Distanz. Nicht nur, dass er sich hätte verletzen können. Die Aktion hätte auch negativ in die deutsche Hockeygeschichte eingehen können. So wurde Knauth der Torhüter mit der Goldmedaille von 1992.

22. GRUND

Weil ein pakistanischer Spieler mit der falschen Handhaltung in die Nationalmannschaft kam

Es gibt schon immer skurrile Spieler und Angewohnheiten im Hockey. Von einem Feldspieler, der immer einen Helm trug und dafür eine extra Genehmigung hatte wegen einer früheren Kopfverletzung. Andere Spieler hatten Schläger, fast bis auf den Durchmesser einer Hockeykugel am Griff verbreitert. Spieler mit riesigen Fingern eben. Im Übrigen darf man den Schläger nicht beliebig verändern. Er muss am Ende immer noch durch einen genormten Metallring passen. Dann wiederum tragen manche Spieler am Schläger Devotionalien und Motivationalien. Rekordnationalspieler Matthias Witthaus zum Beispiel hatte den Lippenstiftabdruck eines Kusses seiner Freundin einige Zeit auf dem Schläger – den er nach jedem Tor küsste. Ein australischer Juniorennationalspieler hatte an der rechten Hand nur drei Finger und war trotzdem ein ausgezeichneter Techniker. Und dann gab es den vielleicht beeindruckendsten Spieler, dessen Name mir leider entfallen ist. Und da es eine mir überlieferte Geschichte ist, besteht die leichte Gefahr einer Legendenbildung. Aber dieser Legende nach hatte Pakistan, die stolze Nation, auch einmal einen Nationalspieler, der auf der Position des linken Verteidigers spielte und die Hände am Schläger falsch herum hielt. Nicht die rechte Hand unten und die linke oben, sondern andersherum. Er spielte immer mit der Rückhand, nur wenn es gar nicht anders ging, benutzte er die Vorhand. Jeder

Kindertrainer, der den jungen Spielern die Schlägerhaltung beibringt, sollte sich seinen Namen dringend nicht merken. Eigentlich gut, dass er mir nicht einfällt.

23. GRUND

Weil Jay Stacey an der Bar und im Schusskreis überzeugen konnte

Stacey war zu seiner aktiven Zeit ein Spieler, der das Klischee eines australischen Vertreters dieser Sportart perfekt verkörperte. Athletisch, energisch, im besten Sinne rücksichtslos auf dem Platz. Ein Stürmer mit roten Haaren, der im Alter von 20 Jahren zum ersten Mal bei Olympia 1988 in Seoul dabei war, dann 1992 Silber, 1996 und 2000 Bronze gewann. Er spielte 319 Mal für sein Land, war bis 2014 damit Rekordnationalspieler aus Down under, erzielte dabei jede Menge Tore, weil er zu der seltenen Spezies der stürmenden Eckenschützen gehörte. Im Spiel um Platz drei bei der Weltmeisterschaft 1998 hatte ich eine besondere Begegnung mit ihm. Er schoss eine Ecke, ich stand auf der Linie. Der Ball ging an mir vorbei, ich konnte ihn nicht stoppen, es klatschte, das Spiel ging weiter. Im Nachhinein bin ich mir sicher, dass der Ball im Tor war und am ganz äußersten hinteren Teil des sogenannten Bretts eingeschlagen war, das hört sich manchmal nicht so tief an, sondern klingt fast wie ein Pling, eben etwa so wie der Ton, den man hört, wenn der Ball an den Pfosten geschlagen wird. Der Schiedsrichter ließ weiterspielen, Stacey protestierte, aber es gab noch keinen Videobeweis und so zählte das Tor nicht. Ich bin mir sicher, dass der Ball im Tor war, vielleicht hätten wir dann dieses Spiel nicht gewonnen.

Stacey war in einer weiteren Hinsicht typisch australisch. Er ging in einen Pub, sobald sich die Gelegenheit bot. Zum Beispiel direkt nach dem Spiel damals gegen uns. Und so war es beinahe folgerichtig, dass er nach seiner Karriere erst einmal einen Pub in Australien aufmachte. Heute ist er Trainer.

24. GRUND

Weil Nike Lorenz die wohl dribbelstärkste Innenverteidigerin aller Zeiten ist

Wenn man einer Spielerin den Bewegungsablauf eines männlichen Spielers attestiert und zuschreibt, klingt das im schlimmsten Fall diskriminierend. Aber, mal alle physiologischen Details des männlichen und weiblichen Körpers außer Acht lassend: Männer schlenzen deutlich härter als Frauen beim Hockey, weil sie mehr Kraft haben, aber auch, weil sie sich zum Beispiel beim Eckenschlenzball besser bewegen. Lorenz hat also einen Bewegungsablauf wie ein Mann. Das ist dann geradezu schön und ästhetisch anzusehen, wenn die Spielerin anläuft, den Schläger an den Ball nimmt, noch einmal leicht abspringt, um dann ganz tief runter zu gehen, den Ball am Schläger hinter den Körper fallen zu lassen, ihn dann mit Kraft und Körperdrehung zu beschleunigen, dass er am Ende gerade in den linken oberen Winkel fliegt. Es gibt Eckenschützinnen, deren Schlenzball eine Kurve macht. Der von Lorenz nicht. Und wenn sie nun ab und an auch noch ein bisschen weniger risikoreich aus dem eigenen Viertel rausdribbeln würde (was im Übrigen kein männlicher Verteidiger so machen würde), dann bin ich als miserabler Eckenschlenzer, aber früher mal ganz passabler Verteidiger auch restlos begeistert.

25. GRUND

Weil Julia Müller als Langzeit-Legionärin erfolgreich war

Julia Müller war eine der Spielerinnen, die sich schon sehr früh für einen radikal professionellen Ansatz in ihrem Sport entschieden. Sie kam zum Hockey, weil ihre Großeltern die Gastronomie beim HTHC in Hamburg führten, war als Spielerin dann eben bei dem Verein in den gelb-schwarzen Farben und wechselte bereits im Jahr 2007 im Alter von 22 Jahren für einige Monate nach Spanien. Kurz zuvor hatte sie den Sprung in den Kader der Frauen-Weltmeisterschaft verpasst, ein Moment, den sie später als prägend bezeichnete. Von diesem Moment an arbeitete sie noch zielstrebiger und schaffte sich das beste sportliche Umfeld, das es in Europa gibt: Sie wechselte in die niederländische erste Liga, die bis heute beste der Welt. Sie sagte über diesen Wechsel dem *Hamburger Abendblatt*: »Der Stellenwert, den die nationale Liga hat, ist viel höher als der der deutschen Bundesliga. Diesen Fokus auf den Sport, das professionelle Training, das könnten wir uns von den Niederlanden abschauen.« Dort spielte die Verteidigerin und Eckenschützin in verschiedenen Vereinen, darunter in Laren und Kampong Utrecht. Sie schaffte es 2008 in den Olympia-Kader und war von da an Stammspielerin. Müller ist, wie auch Tina Bachmann, eine athletisch so durchsetzungsfähige, weil auch robuste Spielerin mit einem starken Schlag und Schlenzball, wie es das nur selten gibt, auch in der Hoofdklass in den Niederlanden. 2013 wurde sie Kapitänin der Nationalmannschaft, Bundestrainer Jamilon Mülders sagte zu der Entscheidung damals: »Ich wollte jemanden mit klarer Sicht auf die Dinge, Anerkennung im Team, die mein verlängerter Arm auf dem Feld sein kann, ohne mir im Vieraugengespräch nach dem Mund zu reden.« Das Team um Mülders und Müller gewann die Europameisterschaft 2013 und bei den Olympischen Spielen 2016 in Rio Bronze. Im

Halbfinale erzielte Müller, gegen die Niederlande, sogar die Führung zum 1:0, am Ende gewann die Mannschaft aus den Niederlanden dann aber noch nach Penaltyschießen.

26. GRUND

Weil Klaus Michler der eleganteste linke Verteidiger war

Klaus Michler hat viele Karten provoziert. Er lief in einem normalen Zweikampf als Linksverteidiger neben seinem Gegenspieler, üblicherweise ein schneller Rechtsaußen, dribbelstark. Der Rechtsaußen läuft, wie zum Beispiel bei Olympia 1992 in Barcelona, Michler läuft mit, den Schläger in der Linken, die Rückhand aufgedreht, sodass er rechts von vorne an den Ball kommt, und irgendwann, wenn sich eine kleine Lücke auftut, spielt Michler dem Stürmer den Ball aus der Vorhand-Ballführung nach innen. Hundert Mal, tausend Mal, mindestens. Oft waren die Gegenspieler nach einem halben Spiel schon sehr entnervt, dass sie wütend Regelverstöße begingen. Der spätere Arzt Michler hatte dann längst den Ball wieder nach rechts gepasst. Klaus Michler, ein Beispiel für elegantes Verteidigen, vielleicht der eleganteste Verteidiger zusammen mit Michael Green im deutschen Hockey, kein Guido Buchwald wie ich, eher ein Hummels. Weniger elegant war nur der Abend des olympischen Finals in Barcelona. Da hat Michler einmal das Wichtigste aus den Augen verloren – und gleich nach wenigen Stunden seine Medaille verloren.

27. GRUND

Weil Bernhard Peters einer der erfolgreichsten und außergewöhnlichsten Trainer im Welthockey war

Vor einigen Jahren hat Bernhard Peters ein Buch über Führung geschrieben, es heißt *Führungsspiel*. Alles, was ich über diesen Mann zu sagen habe und wie ich ihn beschreiben würde, habe ich damals in einem Nachwort formuliert: Am Anfang hatte ich Angst vor ihm. Er war groß, ich war klein, er hatte keinen Humor, ich war albern, er war Trainer der Mannschaft, in die ich wollte: die U21. Ehrlich gesagt, mochte ich ihn nicht besonders. Aber das war egal. Denn wo er war, waren Siege und erste Plätze, und das wollte der 14-jährige »kleine Dicke« (Peters hockeyzeitlebens über Crone) Verteidiger aus München auch. Später, als U21-Kapitän, konnte ich ihn schon besser leiden, und als er 2001 Bundestrainer wurde, war ich begeistert. Am Ende sind wir Freunde geworden. Vielleicht liegt das auch daran, dass wir uns sehr ähnlich sind: Wir hatten beide zu Karrierebeginn wenig Talent, dafür umso mehr Ehrgeiz. Wie diese Kombination einen Menschen verändern kann, habe ich mir 16 Jahre lang aus nächster Nähe angesehen. Vom unsicheren, verkrampften Lachlegastheniker bis zum souveränen Fußball-Sportdirektor, an dem die branchenüblichen hektischen Niederlagenreflexe abprallen; der stattdessen nüchtern in seinem großen Erfahrungsschatz kramt und ruhig analysiert und verbessert. Mein Start mit ihm war dabei alles andere als vielversprechend.

Als ich ihn kennenlernte, konnte Bernhard nämlich nicht lachen und war chronisch unzufrieden. Fast schien es, als suche er immer nach Dingen, über die er unzufrieden sein konnte, nur um nicht fröhlich sein zu müssen. Alles war Hockey, Übungen, Video, Kohlenhydrate, dynamische Ballannahme, Analyse, Verbessern, Optimieren. Und wenn es einmal gar nicht anders ging, entstand ein leicht verzerrtes Grinsen in seinem Gesicht, ein bisschen wie das des versäuerten Joker von Batman. Aufgesetzt. Dieses Grinsen entwickelte sich in der Mannschaft weiter. Manche Spieler konnten es irgendwann genauso gut wie Bernhard, da hatte der allerdings schon längst das erste Mal wirklich gelacht. Und zwar über mich. Das war 1993. Bernhard war gerade mit der U21-Mannschaft Weltmeister geworden. Selbst die Weltmeister waren mit seinem kalten Führungsstil unzufrieden gewesen. Bei einer Besprechung sprach er nun zu 16 ehrfürchtigen Jugendspielern, das Du war schon zu der Zeit Standard. »Und dann müsst ihr ... hep, hep, hep muss der Ball laufen.« Pause. Der kleine Crone: »Ich dachte, das heißt immer ›Zack, zack, zack‹ bei dir und nicht ›Hep, Hep, Hep‹?« Stille. Bernhards Blick hebt sich. Seine Augen gucken böse. Er denkt: Jetzt muss ich ärgerlich sein. Ich denke: Gleich wird er ärgerlich sein, und ich nie wieder für Deutschland spielen. Doch dann: Ein Lachen! Zwar noch etwas unbeholfen, aber eindeutig kein Grinsen, sondern ein Lachen. Ich behaupte, dass das sein erster Schritt in die kommunikatorische Zivilisation war. Noch voller Dankbarkeit, macht mich Bernhard zum Kapitän der U21 bei der WM 1997.

Siegesgewohnt verloren wir das Halbfinale. Bernhard veränderte sich durch diese Erfahrung. Ich spielte von da an in der A-Mannschaft, und als ich Bernhard 2001 bei seinem Antritt als Herren-Coach in Indien wieder erlebte, war er ein anderer. Aus einem akribischen, notorisch nörgeligen Experten war ein selbstkritischer offener Trainer mit einem ersten Schuss Lockerheit geworden. Er hatte sein taktisches Spielkonzept perfektioniert. Das gab ihm Sicherheit im Fachlichen und auch im Umgang mit den Spielern, und die gab er an uns weiter. Da stand plötzlich ein Trainer auf dem Platz, der für jede noch so knifflige und ausweglose Spielsituation eine Lösung zu haben schien. Jedes Problem, das während eines Spiels auftreten kann, hatte er im Kopf schon durchgespielt. Und dann führt der Trainer auch noch einen Spielerrat ein. Mitbestimmung? Eigentlich logisch, dass er bei uns Rat suchte, denn manche hatten schon zehn Jahre Erfahrung in der A-Nationalmannschaft

– er noch keine als verantwortlicher Cheftrainer. Statt Monarchie wie bei seinem Bundestrainervorgänger nun also Demokratie? Na, ein bisschen. Er hatte letztlich doch immer die absolute Mehrheit. Dazu kam eine neue Mannschaftsaufstellung. Bernhard sagte mir vor dem Flug nach Delhi, dass ich auf der Position des Innenverteidigers spielen werde. Das hatte ich bis dahin noch nie gespielt, von nun an immer. Es war die ideale Position für meine Fähigkeiten. Indien im Frühjahr 2001 war für die Mannschaft wie ein Kulturschock, ein interner.

Vor lauter mentaler Sicher- und Überlegenheit spielten wir ein Jahr lang alle Gegner an die Wand. Erst während der WM 2002 in Malaysia verloren wir wieder ein wichtiges Match, das Gruppenspiel gegen Spanien. Aber Bernhard hatte uns zusammen mit dem Sportpsychologen Lothar Linz selbst darauf vorbereitet, im Vorfeld alle Szenarien durchgespielt. Wir sind sogar einmal in der Vorbereitung um fünf Uhr morgens aufgestanden, nur um den Ablauf für ein frühes Gruppenspiel bei der WM um acht Uhr zu üben.

Die letzte Besprechung vor dem Endspiel: Was wird Bernhard sagen? Er spricht kurz zur Einleitung, dann plötzlich schweigt er. Weil nämlich Co-Trainer Markus Weise die Besprechung leitet. Das hatte er vorher noch nie gemacht. Wir waren alle verblüfft – und hörten umso aufmerksamer zu. Bernhard hat das geahnt und bewusst eingesetzt. Er, der alles unter seiner Kontrolle haben wollte, gab sie vor seinem wichtigsten Spiel aus der Hand. Das war mutig und wurde belohnt. Markus hielt eine fünfminütige Motivationsrede, danach war das Team so heiß wie noch nie. Die Australier schienen das zu spüren; als wir kurz vor der Halbzeit den Ausgleich zum 1:1 schossen, waren sie eigentlich schon geschlagen, wir gewannen 2:1.

Mit dem ersten Titelgewinn begann die schwierigste Zeit. Die anderen Mannschaften stellten sich taktisch auf unser Spiel ein, und wir mussten versuchen, unseren Vorsprung zu halten. Bernhard hatte zum Beispiel als Erster die Torhüter mit Ballmaschinen, die für den Baseballsport konzipiert waren, beschossen, um ihre

Reflexe zu trainieren. Wir hatten – subjektiv gesehen – die zwei weltbesten Torhüter. Nun standen Ballmaschinen auch auf dem Trainingsplatz der Holländer.

Bei der Europameisterschaft 2003 in Barcelona schien unser Vorsprung schon weg zu sein. Bis dahin war unsere Stärke zum einen das kontrollierte und konstruktive Aufbauspiel – als Antwort setzte uns Spanien jetzt schon in unserem eigenen Viertel unter Druck, und wir konnten den Ball oft nur in die gegnerische Hälfte schlenzen, destruktiv. Zum anderen hatte der Gegner bei dessen Ballbesitz eine Strategie entwickelt, unserer zwei Jahre vorher eingeführten Pressingtaktik zu entgehen. Mit Mühe und viel Glück retteten wir uns im Finale ins Siebenmeterschießen. Da allerdings präsentierte Bernhard gerade noch rechtzeitig die nächste Innovation, die uns den Titel sicherte.

Torwart Nummer eins, Clemens Arnold, macht im Finale das beste Spiel seines Lebens, hält mehrere Strafecken gegen Ende des Spiels und dadurch das Unentschieden fest – und wird dann ausgewechselt. Für das Siebenmeterschießen stand plötzlich der Zweimetermann Christian Schulte, die Nummer zwei, im Tor. Im Training hatte »Schüti« fast jeden zweiten Siebenmeter gehalten. Er war unsere Waffe. So einen Wechsel hatte es noch nie gegeben. Man stelle sich vor, Jürgen Klinsmann hätte im Viertelfinale der Fußball-WM vor dem Elfmeterschießen gegen Argentinien plötzlich Oliver Kahn ins Tor gestellt.

Die Spanier hatten einen kleinen Keeper erwartet, da stand jetzt aber ein Riese im Tor und hielt drei Siebenmeter. Clemens Arnold war trotz seiner hinderlichen Torwartausrüstung als Erster nach dem letzten gehaltenen Siebenmeter bei »Schüti« und überrannte ihn. Bernhards Plan war wieder aufgegangen. Und von diesem Moment an lief es nicht mehr rund.

Es war klar, dass wir in Athen 2004 Gold holen wollten. Allerdings spielte die Mannschaft nicht so gut wie in den Jahren zuvor. Warum, das weiß bis heute – ehrlich gesagt – keiner so genau. Wir hatten die

Trainingsvorgaben erfüllt, ließen uns vom Olympia-Drumherum nicht irritieren und hielten uns an die Ernährungspläne.

Mit der Niederlage im Halbfinale gegen Holland hatte keiner gerechnet. Wir versammelten uns nach dem Spiel in der Kabine, es war schaurig. Eine große Enttäuschung. Und auch Bernhard wirkte etwas ratlos. Selbst der Gewinn von Bronze, für alle die erste olympische Medaille, war nur ein schwacher Trost. Jetzt sollte sich einiges ändern. Aus dieser Niederlage, auch noch gegen den großen Rivalen (es gab für ihn nichts Schöneres, als Holland zu schlagen), lernte Bernhard wohl am meisten.

Sein Innovationsmotor lief 2005 wieder auf Hochtouren. Neue Gesichter im Betreuerstab, neue Spieler, neue wissenschaftliche Methoden, neue Taktikvarianten, noch mehr Demokratie und auch ein neuer Bernhard. Eine herbe Niederlage hatte dieser jetzt also auch hinter sich, und den schwer erträglichen Ruf der Unbesiegbarkeit abgelegt. Die Enttäuschung von Athen hatte ihn erst wirklich locker gemacht.

Einige erfahrene Spieler hörten nach Olympia aus beruflichen Gründen auf. Zu dieser Zeit wurde mein Verhältnis zu Bernhard noch enger. Immer wieder kamen aufmunternde und fordernde SMS, in zwei Varianten: Es gab die Massen-SMS à la: »Wir müssen jetzt im Winter richtig Gas geben. Ich verlasse mich auf dich.« Oder: »Wer soll im Sommer bei der EM in Leipzig auf dem Treppchen ganz oben stehen?« Die identische Nachricht schickte der ökonomische Peters einfach an alle Spieler. Eine kurze Quer-SMS zu einem Mitspieler bestätigte das: Hast du auch die Motivationsnachricht bekommen? Ja. Ein dezenter Hinweis bei einem der folgenden Lehrgänge beendete das Phänomen. Und dann gab es einmal noch diese SMS: »Wir können auf alle verzichten, nur auf einen nicht.« Die hatte Wirkung auf mich.

Bernhards Drang zum Neuland zeigte sich in allen Bereichen, er ließ sich sogar dazu hinreißen, zu »skypen«. Diese Form des Internet-Chattens kam gerade auf, und er nutzte sie sofort aus, um die Spieler nun auch auf diesem Weg neben Brief, Telefon und SMS an ihre Trainingspläne zu erinnern und immer wieder neu zu motivieren. Und das bei seiner chronischen Technikschwäche. Daher stammt auch sein Spitzname: »Eters«. Denn dieses »Eters« bekam jeder zu hören, der ihn auf dem Handy anrief. Bernhard sprach einfach schon seinen Namen, noch während er auf die Annahmetaste drückte. Er hörte ungeduldig ein paar Sekunden zu, erinnerte einen dann in Stakkato-Sätzen an aktuelle Trainingspläne, endete mit einem »Hau rein!« und hatte schon aufgelegt, bevor man sich verabschieden konnte. Er freute sich über seinen neuen Namen, zu diesem Zeitpunkt konnte er schon längst genüsslich über sich selbst lachen.

Der Mut zu Neuem zahlte sich aus – bei der WM 2006 in Gladbach. Bernhard gab noch einmal alles, sprang sogar einmal über seinen Schatten, beim Alkohol. Er und Bernhard waren keine Freunde, die Mannschaft dagegen manchmal umso mehr. Dabei hat er doch so viel gelernt in seiner Zeit als Trainer. Nur beim Bier nicht. Er hat – ich glaube bis heute – nicht begriffen, wie wichtig Alkohol, Fett und Zucker für eine Mannschaft sind. Denn nichts schweißt ein Team so eng zusammen wie eine durchzechte Nacht. Da spricht nach drei Bier der Schüler mit dem erfolgreichen Immobilienmakler über seine Ex-Freundin und der fertige Arzt mit dem Zivi über Berufsaussichten. Und wenn wir dann das Abschlusstraining am nächsten Morgen zusammen überstanden haben, alle mit grünlichen Gesichtern, dann kann der nächste Gegner heißen, wie er will. Er hat keine Chance. Irgendwann hat Bernhard das stillschweigend akzeptiert und ignoriert, aber nie goutiert.

Als ich bei einem Flug neben Bernhard saß und in den Plastikbecher voller Tee eineinhalb Tütchen Zucker schüttete, guckte er mich an, als ob ich seine Familie beleidigt hätte, drückte kopfschüttelnd eine Süßstoffpille in seinen Tee und begann mich aufzuklären. Es war für die ganze Mannschaft der Höhepunkt einer WM-Vorbereitungswoche, als Bernhard uns nach einer Paddeltour am Ufer mit einem Kasten Pils empfing. Wir haben es ihm hoch angerechnet. Auch wenn das Bier lauwarm war. Er kennt sich in dem Thema ja nicht so gut aus.

Allerdings gab es vor der WM auch Missstimmung, Bernhard telefonierte oft mehrmals während eines Trainings. Parallel zur WM-Vorbereitung plante er schon sein Engagement in Hoffenheim. Das kam nicht gut an, nervte. Nach einer Sitzung mit den Führungsspielern hat er beim Training sein Handy ausgemacht.

Manchmal haben wir vom Fußball gesprochen, gerade bei den Lehrgängen musste er wohl die ganzen neuen Perspektiven und Eindrücke auch loswerden. Und zu diesem Zeitpunkt ging unser Verhältnis schon weit über selbst das hohe Niveau einer typischen Peters-Spieler-Beziehung hinaus. Immer interessierte ihn auch die private und berufliche Situation seiner Spieler, versuchte auch da in schwierigen Situationen zu helfen. Ob aus wahrem Interesse oder in dem Wissen, dass alle Lebensbereiche auf die sportliche Leistung Einfluss haben, das bleibt sein Geheimnis.

Bei einem Lehrgang war ich geknickt wegen einer Frauengeschichte ohne Happy End. Bernhard und ich saßen zusammen bei einem Cappuccino (er mit Süßstoff, ich mit ausnahmsweise wenig Zucker) und er hat mir erzählt, wie er seine Frau Britta kennengelernt hatte. Stolz enthüllte er seine innovative Eroberungstaktik. Zur ersten Verabredung habe er ihr – tata – einen Strauß Blumen mitgebracht. Hätte er so viel Innovation im Sport an den Tag gelegt, wir wären in Gladbach punktlos untergegangen.

So richtig hatte da keiner mit uns gerechnet. Und auch wir selbst erst im Laufe des Turniers. Aber als vor dem Finale das Fanblocküberspannende Transparent »Danke Bernhard« ausgerollt wurde und jeder sehen konnte, dass der Coach um seine Fassung rang, haben wir geahnt, dass wir auch dieses Spiel noch gewinnen werden. Damit wurde aus Bernhard endgültig ein großer Trainer. Der zweite und dritte Titel ist wichtiger als der erste, für einen Spieler genauso wie für einen Coach. Denn nur an dauerhaftem Erfolg kann man sehen, ob das, was man macht, wirklich gut ist. Einen Tag später trennten sich die Wege von Bernhard und dem Spieler, auf den er nicht verzichten konnte, die Wege zweier Freunde.

Am 16.9.2007 bekam ich eine SMS von Bernhard. Was will er denn jetzt schon wieder? Sich beklagen, dass der Saisonstart von Hoffenheim schiefgegangen ist? Seine kratzende Stimme spricht: »Hupe, weißt du, was heute für ein Tag ist?« – »Nein« – »Du Eierbär, *(er ist eine Koryphäe auf dem Gebiet der Schimpfwort-Neologismen)* heute vor einem Jahr sind wir Weltmeister geworden.« Der Rest waren ein paar Weißt-du-noch's und Lachen. Ich schreibe ihm jetzt regelmäßig ein: »Wer soll am Ende der Saison auf einem Aufstiegsplatz stehen?«

28. GRUND

Weil Teun de Nooijer der erste Hockey-Millionär wurde

Der erste Hockey-Millionär. Wir waren uns sicher, die deutschen Spieler, dass Teun de Nooijer der erste wirklich kommerziell erfolgreiche Star dieses Sports sein würde. Bislang waren die Helden wie etwa Shabaz aus Pakistan Spieler, die wie der Stürmer in ihrer Heimat verehrt wurden und die pro forma in einer staatlichen Institution angestellt waren. Aber De Nooijer kam aus den Niederlanden, dem Land, das Hockey am besten vermarktet, er war ein junger lockenköpfiger Stürmer, ein sympathischer Kerl, der zeit seines Hockeylebens nie ein böses Foul oder unfaire Aktionen auf dem Platz zeigen würde. Und dieser weitgehend unbekannte Spieler trat plötzlich in Atlanta auf den Plan. Im Halbfinale gegen Deutschland dribbelte er sich durch die deutsche Verteidigung, am Ende gewannen die Niederlande. Im Finale gewannen die Niederlande gegen Spanien, es waren zwei Überraschungsfinalisten, die Niederlande waren zum ersten Mal in einem olympischen Finale seit 1952 und gewannen dann zum allerersten Mal Gold im Männerhockey. In Atlanta gewann er seine erste Goldmedaille und lernte Philippa Suxdorf kennen, eine deutsche Nationalspielerin, die er heiraten und mit ihr eine Familie gründen würde. Zwei Jahre später, 1998, bei der Heim-Weltmeisterschaft in Utrecht, Niederlande, erzielte De Nooijer, er war mittlerweile der groß vermarktete Star, das Siegtor im Finale gegen Spanien im Golden Goal nach einem Eckennachschuss. Und wieder zwei Jahre später, in Sydney, gewannen die Niederlande wieder Gold, zwei Siege hintereinander, das war bislang nur den Indern gelungen und sollte später den deutschen Männern gelingen. De Nooijer spielte insgesamt bei fünf Olympischen Spielen mit, in Athen schoss er, wieder gegen Deutschland im Halbfinale, das Tor zum 3:1, gewann Silber, in Peking war es Platz vier nach dem Ausscheiden gegen Deutschland im Halbfinale nach Siebenmeterschießen, in London Silber hinter Deutschland. Nach mehr als 400 Länderspielen, allen Titeln, die man gewinnen kann, hörte der Stürmer auf, gegen den ich in fast allen Länderspielen zwischen 1997 und 2006 spielen musste, wenn wir auf Holland trafen. Ein Spieler, der gleichermaßen passen wie dribbeln wie schießen konnte und das auch fast immer richtig entschied. Kein egoistischer Zocker, kein Pass-Stürmer, sondern ein sehr schlauer Entscheider, der durch seine Schnelligkeit viele Spiele entscheiden konnte. Er war auch deutlich schneller als ich, was zwar keine Kunst war, für mich und die meisten anderen Verteidiger allerdings oft ein ziemliches Problem. Einmal falsch stehen, und De Nooijer musste wie Zeller nur an einem vorbeilaufen. Und da er die allermeiste Zeit in der niederländischen Liga spielte, wo er neun Mal Meister wurde, war er auch ein gut bezahlter Athlet. Schon früh, also Ende der 00er-Jahre, wurden und werden hier sechsstellige Beträge bezahlt und Verträge über mehrere Spielzeiten abgeschlossen. Nach insgesamt 16 Jahren in der Nationalmannschaft war De Nooijer damit also einer, wenn nicht der Topverdiener im Hockey, auch ohne fürstliche Monatsgagen aus der indischen Liga, die erst nach seinem Rücktritt eingeführt wurde.

29. GRUND

Weil Matthias Witthaus Rekordnationalspieler ist

Und das sagt der, den Witthaus verdrängt hat. Für eine kurze Zeitspanne durfte auch ich diesen Titel tragen, nach Björn Michel und Christian Mayerhöfer. Wobei man da nicht Rekordnationalspieler heißt, sondern meistens »Lothar Matthäus des Hockeys« oder bei den noch witzigeren Menschen »Loddamaddäus des Hoggis«. Insofern war es dann nicht so schwer, die Auszeichnung an Witthaus weiterzugeben. Und ich habe seine Karriere zum Teil auch sehr nah verfolgt. Wie er als 16-Jähriger und bis dato jüngster Spieler bei der Europameisterschaft 1999 in Padua teilnahm, über unsere gemeinsame Zeit bis 2006, bei der er zum Beispiel im Halbfinale der Weltmeisterschaft 2002 gegen Korea ein wichtiges Tor erzielte, und dann noch einmal bis zu Olympia 2012, wo er wieder im Halbfinale gegen den Turnierfavoriten Australien traf. Witti, das ist sein Spitzname, war ein Stürmer und ist nun sportlicher Leiter und Herrentrainer beim gerade in die erste Liga aufgestiegenen Hamburger Polo Club. Witthaus war ein Sturm-Allrounder, der keine Schwächen hatte, außer beim Abwehrverhalten, also ein ganz normaler handelsüblicher Stürmer eben. 359 Länderspiele, zwei Goldmedaillen, zwei Weltmeistertitel auf dem Feld. Im ersten Endspiel von Padua noch mit blondierten Haaren und bereits ein paar Torchancen, am Ende dann mit angepasster Elder-Statesman-Frisur und Toren in den wichtigen Momenten.

30. GRUND

Weil Maike Stöckel und der Videobeweis keine Freunde wurden

Maike Stöckel war als Spielerin eine von denjenigen, die immer spielten, immer auf einem konstanten Niveau, und ansonsten nicht allzu sehr auffielen. Im Grunde also eine Spielerin, die jede Mannschaft unbedingt braucht, wenn sie erfolgreich sein will. Sie spielte in ihrer Karriere mit mehr als 200 Länderspielen in diversen Ländern und auf diversen Positionen, was in der Nationalmannschaft durchaus ungewöhnlich ist. Nach einem eher enttäuschenden olympischen Turnier 2012, dem EM-Sieg 2013 und wiederum einem sehr enttäuschenden Weltmeisterschaftsturnier 2014 in den Niederlanden, wo Stöckel zu dem Zeitpunkt aktiv war, beendete Stöckel ihre Karriere nach zwölf Jahren in der Nationalmannschaft. Es war kein Ende, wie man es sich wünscht, aber Jahre mit Dutzenden Lehrgängen jede Saison machen Kopf und Körper eben nicht beliebig lange mit. Am Ende zog sich Stöckel im letzten Entscheidungsspiel auch noch eine Platzwunde zu.

Bei der Hallen-EM 2002 debütierte Maike Stöckel, doch es sollte noch fünf Jahre dauern, bis sie einen Titel erringen konnte. 2007 gewann Deutschland die Europameisterschaft in Manchester. Bei den Olympischen Spielen in Peking 2008 wurden die deutschen Frauen Vierte, ebenso bei der WM zwei Jahre später, zwischendurch wurde Stöckel 2009 und 2011 Vize-Europameisterin.

Olympia in London war wohl die schwierigste Erfahrung für Stöckel und die deutsche Frauenmannschaft. Um überhaupt noch eine kleine Chance auf das Weiterkommen zu haben, hätte die Mannschaft von Bundestrainer Michael Behrmann mit mehr als drei Toren Unterschied gegen Neuseeland gewinnen müssen. Was vermessen klang, angesichts der vielen Torchancen aber durchaus möglich gewesen wäre: Die Deutschen trafen ja sogar zweimal, durch Maike Stöckel in der 33. und Julia Müller in der 48. Minute. Beide Treffer aber wurden nicht anerkannt, nachdem die Schiedsrichter die Zeitlupen studiert hatten. »So habe ich mir mein letztes Turnier nicht vorgestellt«, sagte Natascha Keller, »es fällt jetzt schwer, die richtigen Worte zu finden.« Einmal schien ein Schuss von Maike Stöckel endlich ins Tor zu fliegen, da hielt Celine Wilde einen Meter vor dem Tor noch ihren Schläger hin; und schlug den Ball über das Tor. Natascha Keller fasste es wunderschön zusammen: »Wir hatten das Quäntchen Glück nicht drauf.«

Damit hatten viele aus dem Team Mühe. Bundestrainer Michael Behrmann beklagte, dass für die wegweisende Partie Schiedsrichter aus Australien und Argentinien angesetzt worden waren – zwei Nationen, die ebenfalls in dieser Gruppe spielten. Außerdem haderte er mit der Oberschiedsrichterin, der die Deutschen vor Turnierbeginn eine besonders raffinierte Ecken-Variante vorgestellt hatten – mit der Frage: »Ist das legal so?« Die Antwort hatte gelautet: »Ja.« Als genau diese Variante gegen Neuseeland zum Treffer von Julia Müller führte, wollte davon aber niemand mehr etwas wissen. Mit Verweis aufs Regelbuch wurde den Deutschen erläutert: »So geht es nicht!« Behrmann ließ all das kochen: »Wenn da nicht jemand mal anfängt, Ordnung reinzubringen, macht es keinen Spaß, das Drumherum zu steuern.«

Stöckel wiederum schwor, beim nicht anerkannten ersten Tor, das aus einem Flangen-Pass entstanden war, tatsächlich im Schusskreis den Ball noch berührt zu haben. »Ich war mit der Hand dran. Und die Hand gehört zum Schläger«, sagte sie, »ich würde auch zugeben, wenn es anders gewesen wäre. Aber die Schiedsrichterin hat mich ja noch nicht einmal gefragt.« Die Schiedsrichterin vertraute alleine auf die Videoaufzeichnungen, auf denen zumindest von einer grundlegenden Richtungsänderung nichts zu erkennen war. Statt auf Umwegen weiter ging es für die Deutschen so schnurgerade ins Turnier-Aus. Die Stürmerin wurde am Ende ihrer Karriere, wie es vielen Spielern im Herbst der Laufbahn ergeht, weiter nach hinten beordert. In Den Haag spielte sie im Mittelfeld.

Den zweiten EM-Titel hatte die deutsche Mannschaft auch der Spielerin aus Bielefeld zu verdanken, sie traf im Penaltyschießen gegen Belgien im Halbfinale.

REGELN UND STANDARD-SITUATIONEN

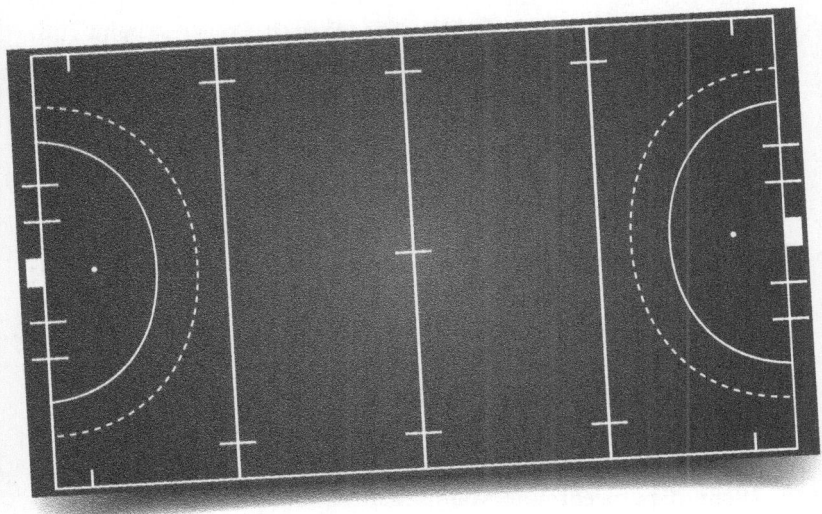

31. GRUND

Weil die Strafecke die komplizierteste Standardsituation aller Ballsportarten ist

Hockey ist die Ballsportart mit der für Außenstehende verwunderlichsten Standardsituation. Spieler stellen sich um den Schusskreis auf, während andere ins Tor gehen, dann wird der Ball von der Grundlinie ins Feld gespielt, und im gleichen Moment laufen Angreifer und Verteidiger los. Die einen vom Kreisrand Richtung Tor, die anderen vom Tor zum Kreisrand. Und bevor sie vermeintlich aufeinanderprallen, ist der Ball meistens schon von der Grundlinie zum Kreisrand gepasst und von dort aufs Tor geschossen worden. Eine irre Choreografie aus Menschen, die in jedem Spiel einige Male mit fast identischem Ablauf zu sehen ist. Freistöße beim Fußball, bei denen ein paar Spieler eine »Mauer« bilden, ebenso beim Handball, das ist nichts im Vergleich zur Strafecke beim Hockey. Und dann ist diese Ecke auch noch ein Moment, der oft Spiele entscheidet.

Das olympische Finale 2008, die Deutschen siegen 1:0, das Tor fällt durch eine Ecke, wie die Strafecke auf Hockey-Deutsch kurz genannt wird. Oder zuletzt beim olympischen Halbfinale der Männer zwischen Deutschland und Argentinien in Rio: Argentinien gewinnt, weil die Mannschaft in der ersten Halbzeit drei Ecken zugesprochen bekommt und die Eckenspezialisten um den Schützen Gonzalo Peillat drei Tore erzielen. Das Spiel endet 5:2.

Die Strafecke heißt so, weil sie für die abwehrende Mannschaft eine Strafe ist, wie zum Beispiel auch der Foulelfmeter im Fußball. Wenn die abwehrende Mannschaft ein unabsichtliches Foul begeht innerhalb des eigenen Schusskreises, gibt es Strafecke, oder auch nach einem absichtlichen Foul innerhalb des eigenen Viertels. Dann dürfen bei der Standardsituation nur noch fünf Spieler das eigene Tor verteidigen. Die angreifende Mannschaft bekommt den Ball an der Torauslinie. Meist sind sieben oder acht Angreifer rund um den Kreis versammelt, die versuchen, ihre Überzahl auszunutzen. Die restlichen Spieler der verteidigenden Mannschaft müssen bis zur Mittellinie zurück und dürfen erst wieder ins Spiel eingreifen, wenn der Ball von der angreifenden Mannschaft, vom sogenannten »Rausgeber«, von der Torauslinie ins Spiel gebracht wurde. Das führt zu sehr standardisierten Abläufen. Statt wie beim Fußball den Ball über eine Mauer zu zirkeln, versuchen die Mannschaften, mit einer maximal harten Herausgabe auf einen Spieler, der am Kreisrand wartet, um den Ball kurz vorzustoppen, eine Situation zu erzeugen, bei der es in den meisten Fällen am Ende ein Duell gibt: Schütze gegen Torwart. Eine gut ausgeführte Strafecke ist eine Aneinanderreihung perfekter Bewegungsabläufe, und wenn am Ende der Ball im linken oberen Eck des Tores knapp neben dem Innenpfosten einschlägt, dann hat dieses Schauspiel, bei dem eine Bewegung auf die andere abgestimmt ist., die Anmutung einer Tanzchoreografie oder einer hochkomplexen Artistennummer mit Ball.

32. GRUND

Weil es so lustige Regeln wie das Sperren gab

Lange vor dem Kunstrasen und dem Selfpass gab es die Zeit, in der die Schiedsrichter noch das Sperren gepfiffen haben. Eine Regel, die es so auch nur in der Ball-Mannschaftssportart Hockey gab. Sie schwarz auf weiß zu erklären ist ungefähr so schwierig, wie sie einzuhalten. Im Prinzip ging es darum, dass man das vermeiden wollte, was heute zu 70 Prozent auf dem Platz passiert: dass der Spieler mit Ball diesen durch seinen Körper abschirmt. Indem der Ballführende also heute seinen Körper zwischen Ball und Gegenspieler stellt wie beim Fußball, Basketball und auch ein wenig beim

Handball, sichert er den Ball und sorgt dafür, dass der Gegner nur sehr schwer an den Ball kommt. Früher war genau das verboten. Lief da also zum Beispiel ein Spieler mit Ball auf der linken Seite der Spielfelds Richtung Tor, der Gegner begleitet ihn. Heute ist es üblich, dass man »abdreht«, sprich mit dem Ball nach außen läuft und in einer Kurve wieder zurück. Dabei ist natürlich einmal der Körper zwischen Ball und Gegner. Das wäre früher abgepfiffen worden. Stattdessen musste man den Ball anhalten und mit dem Ball vor dem Körper und dem Körper und Blickrichtung zum Tor des Gegners per Rückhand den Ball nach außen spielen und selbst rückwärts dabei laufen. Verstanden? Eben. Vielleicht wurde die Regel ja auch deshalb abgeschafft.

33. GRUND

Weil die Karten unterschiedliche Formen haben

Es ist ja nicht so, dass die Grüne Karte im Hockey deshalb dreieckig ist, weil sie nur halb so viel wert ist wie eine viereckige Gelbe, was man – Grundschule Geometrie – vielleicht mit der etwa halben Fläche erklären könnte. Nein, denn dann könnte niemand sagen, warum die Rote Karte rund ist. Die Lösung ist einfach: Für Farbenblinde ist in diesem Fall einfach zu erkennen, welche Strafe der Schiedsrichter gegen mich ausgesprochen hat. Dreieck ist die Verwarnung, Vorfahrt achten, aber weiterfahren nach kurzer Pause erlaubt, viereckig bedeutet, den Wagen länger abstellen, und Rund ist Rot, Punkt. Im Übrigen sind die Karten auch keine Karten, wie man das vielleicht denken könnte, im Sinne von Spielkarten aus Karton. Eine Karte ist aus massivem Plastik, mit einer Stärke von etwa den Brillengläsern, die wütende Kartenempfänger den Schiedsrichtern ab und zu wünschen. Wenn sie das dann auch aussprechen, gibt's ne dicke viereckige Karte und keine dreieckige.

34. GRUND

Weil es Videoscreens gab, auf die Schiedsrichter nicht schauen durften

Dies ist ein hinführendes Kapitel. Bei der Hockey-WM 2006 der Männer, über die ich aus Verklärungs- und Selbstmythifizierungsgründen nicht zu viel schreiben sollte (Hach, was war das für ein Turnier ... Schwelg). Es gab bei dieser WM einen großen Videoscreen, wie auch bei den meisten großen Wettbewerben in den Jahren zuvor. Und da kam es immer wieder zu kuriosen Momenten in Zeiten vor dem Videobeweis. Der Schiedsrichter pfeift, das Spiel ist unterbrochen, seine Entscheidung zum Beispiel auf Strafecke wird von den Abwehrspielern nicht verstanden, dann ist auf der Videowand im Stadion die Zeitlupe zu sehen, und alle Zuschauer können erkennen, dass der Ball gar nicht am Fuß des Verteidigers war. Nur der Schiedsrichter, das war die Vorgabe eine Zeit lang, durfte nicht auf den Videoscreen schauen. Kurz: Tausende sehen einen Fehler, raunen, rufen, nur der arme Unparteiische, der schon merkt, dass er da etwas falsch gesehen hat, darf es nicht korrigieren, und die Spieler sind erst recht genervt. Das führte dann auch recht bald zur Einführung des Videobeweises.

35. GRUND

Weil der Videobeweis im Hockey funktioniert

Durch die holprige bis mäßige Umsetzung des Videobeweises bei den Großballern kam die Variante beim Hockey auch immer wieder ins Gespräch, als gelungenes Beispiel. Seit 2008 gibt es den Videobeweis im Hockey, zunächst galt er nur als Hilfsmittel für die Schiedsrichter, die intern nach strittigen Situationen per Funk darauf hingewiesen wurden, dass eine Szene vielleicht noch einmal anders zu beurteilen sei oder im Videobild zu klären. Nach den Olympischen Spielen in London 2012 gab es dann zusätzlich die Möglichkeit für die Mannschaften, den Videobeweis zu fordern. Angelehnt an die Nordamerikanische Football-Liga NFL, in der jedes Team eine Art Joker hat, den sie einsetzen kann, wenn sie sich sicher ist, dass die Referees eine Entscheidung zu ihren Ungunsten getroffen haben, die falsch ist. Daraufhin schauen sich die Schiedsrichter Zeitlupen der Szene an. Wenn sie zu dem Schluss kommen, dass der Einspruch berechtigt war, revidieren sie ihre Entscheidung, und die Mannschaft behält ihren Joker. Liegt das Team falsch, verfällt der Joker für den Rest des Spiels.

Christian Blasch, der aus meiner Sicht beste Schiedsrichter des Landes, sagte in einem Interview, dass es auch im Hockey von der Einführung bis zum reibungslosen Ablauf zwei Jahre gedauert hätte. Gerade die Entscheidung, wann man das technische Hilfsmittel nutzt oder nicht, den Spielern respektive Teams zu überlassen, ist einfach und effizient. Niemand kann sich dann mehr beschweren. In der NFL heißt es dann noch: All scoring plays are under review. Alle Spielzüge, aus denen Punkte resultieren, werden grundsätzlich noch einmal überprüft. Hieße beim Hockey oder Fußball: Jede Szene, die zu einem Tor (vielleicht auch Strafecke oder Siebenmeter in Zukunft?) führt oder zu einem Platzverweis, wird vom Videoschiedsrichter noch einmal auf ihre Richtigkeit geprüft.

36. GRUND

Weil es den sogenannten Stecher gibt

Der Stecher ist nicht eindeutig. Es gibt den Angriffsstecher (das weltweit einzige deutsche Wort mit der Kombination aus ffsst?) und den Abwehrstecher. Die Kombination aus der Regel, Tore nur innerhalb des Schusskreises erzielen zu können, und dem Grundgerät, mit dem der Ball gespielt wird, dem Schläger, hat zu diesen beiden ziemlich einzigartigen Anwendungen im Hockey geführt. Beim Angriffsstecher macht der Hockeyspieler aus der Not, nicht von überall aufs Tor schießen zu dürfen, eine Tugend. Denn der Ball wird eben doch von außerhalb des Schusskreises aufs Tor oder Richtung Tor geschossen, nur wird er dann kurz vor dem Tor noch einmal von einem Angreifer berührt. In Vollendung führt das dazu, dass der Torwart kaum mehr reagieren kann und der Ball dann eben, wenn er ins Tor abgelenkt wird, regelkonform einen Torerfolg darstellt, weil er ja innerhalb des Kreises berührt wurde. Es gibt, gerade in der Halle, Spezialisten, die Vorhand- und Rückhandstecher perfektioniert haben. Und es sind mit die schönsten Tore, wenn nach einem langen Pass der Stürmer den Ball so elegant ablenkt, dass er im Torwinkel landet. Der Angriffsstecher ist ein Grundbestandteil des Hockeys.

Der Abwehrstecher ist ein Relikt. Es gab eine Zeit, zwischen Mitte der 90er-Jahre und Mitte der 00er-Jahre, als der Abwehrstecher trainiert, gefordert und auf höchstem Niveau von den deutschen Teams angewandt wurde. Dabei nutzt man den Schläger als Degen. Der Spieler hält den Schläger in einer Hand, wie ein Fechter seinen Degen, und sticht – daher der Name – dem Gegner den Ball mit dem anderen Schlägerende weg, sodass er ins Aus oder zumindest aus der Reichweite des Spielers springt. Heute ist der Stecher out, was nicht nur ich traurig finde, weil es eines der wenigen Dinge war, die ich gut konnte, sondern auch, weil es dem modernen Verteidiger gut zu Gesicht stünde, den Abwehrstecher im Repertoire zu haben. Vielleicht liest ja einer der Bundestrainer dieses Buch bis zu diesem Kapitel …

37. GRUND

Weil es so viele Regeländerungen gibt

Es gab 2013 im Herbst für die gerade gestartete Hallensaison mal wieder neue Regeln. Das verwundert nicht, ist doch die international höchstdekorierte Ballsportart des Landes seit vielen Jahren dafür bekannt, ihr Regelwerk so oft anzupassen wie Pep Guardiola seine Taktik. Zuletzt galt Hockey einige Zeit als Vorbild, als man den Videobeweis einführte, der auf Anhieb fast problemlos funktionierte. Die damalige Veränderung 2013 war jedoch derart gravierend, dass Spieler und Trainer verzweifelten. Die Zahl der Spieler pro Mannschaft wurde von sechs auf fünf reduziert, aus einem dynamischen Ballsport wurde statisches Hallenschach, mit handballähnlichen Abläufen wie dem Spielen um den Kreis.

Die Frage ist dabei nicht nur immer wieder, warum so kurzsichtig und kurzfristig Regeln verändert werden, sondern auch, warum der Hockeysport zu derart drastischen, verzweifelten Mitteln greift, um vermeintlich attraktiver zu werden. Und wie stark eine olympische Randsportart den Forderungen des allmächtigen Obergremiums IOC nachkommen kann, ohne ihren Charakter zu verlieren.

Hallenhockey ist die (nicht-olympische) Saisonsportart, in der Deutschland die mit Abstand erfolgreichste Nation ist. Bislang spielte man auf einem Handballfeld mit seitlichen Holzbanden, mit jeweils fünf Feldspielern und dazu einem Torwart. Im Winter 2013 hatte jede Mannschaft insgesamt nur noch fünf Spieler. Der Hockey-Weltverband FIH setzte die Änderung durch, mit der simplen Idee: Mehr Platz bedeutet mehr Dribblings, mehr Spektakel, ein munteres Hin und Her.

In der Praxis passierte das Gegenteil: Die Mannschaft, die im Ballbesitz ist, wechselt den Torwart aus, durch permanente fliegende Wechsel, und schafft so eine Überzahl; der Gegner igelt sich am eigenen Schusskreis ein. Diese Variante war schon beim Sechsgegen-sechs-Spiel möglich, allerdings nicht sehr erfolgreich. Denn die Gefahr, den Ball zu verlieren, war gegen fünf Verteidiger viel größer als gegen vier.

Statik statt Dynamik. Manche Teams spielten sich bis zu drei Minuten den Ball zu, bis die vier Verteidiger müde wurden. Dann folgte meist ein Pass über Bande zu einem Spieler in einem Eck des Schusskreises. Der versucht, den Ball vors Tor zu spielen, oder er schießt aus spitzem Winkel. Wird der Ball abgefangen, droht kaum ein Konter, denn die Verteidiger sind ja müde und agieren gegen eine Überzahl. Und schon wiederholt sich das monotone Treiben: Das Team im Ballbesitz wechselt den Torwart aus, das andere wechselt den Torwart ein – dann rollt der Ball wieder drei Minuten rum.

»Ich fürchte, dass diese Regeländerung der Sportart schadet«, sagte Heino Knuf, damals wie heute Sportdirektor des Deutschen Hockey-Bundes (DHB). Sie sei nie getestet worden. »Bei der Entscheidung wurden Trainer und Spieler nicht einbezogen«, sagt Stefan Kermas, damals Assistenztrainer der Männerauswahl und heute Bundestrainer: »Die Spieler wissen aber am besten, was passieren wird.«

Klar ist: Der Weltverband muss Hockey stetig attraktiver machen und attraktiv halten, um zum Beispiel nicht nach den Spielen von Tokyo 2020 wieder auf der Streichliste zu landen wie nach London 2012. Kriterien für olympische Sportarten sind unter anderem, dass der Sport in möglichst vielen Ländern gespielt wird, Hockey gibt es in 140 Staaten, »180 wären gut«, sagt Knuf. Außerdem stört das IOC, dass die Weltspitze sehr klein ist, und natürlich vor allem die geringe Medienpräsenz im Hockey. Also herrscht seit Jahren Regeländerei, um die Zahl der Tore zu erhöhen, was bislang nicht so recht gelingt.

Die Rechnung bei jeder Anpassung: Mehr Tore sind gleich mehr Attraktivität, mehr Zuschauer, mehr TV-Übertragungen. Deshalb gibt es im Feldhockey beispielsweise kein Abseits mehr. Derzeit wird zudem in verschiedenen Wettbewerben nach unterschiedlichen Regularien gespielt, in der Euro Hockey League, in den Ländern oder bei großen Turnieren wie WM und Olympia. Vor einiger Zeit wurde noch die Idee des »Hockey-5« entwickelt, wonach fünf Spieler inklusive Torwart auf Kunstrasen, in Hallen oder wo auch immer gegeneinander spielen können; bei den Olympischen Jugendspielen 2018 wird diese Variante erstmals vertreten sein. Die Idee hier: Länder, in denen kaum Hockey gespielt wird, haben es dabei leichter, den Sport zu etablieren, weil sie weniger Spieler und weniger Infrastruktur benötigen, glaubt man beim Weltverband FIH. So soll die Zahl der Hockey-Nationen steigen, um das IOC zu beruhigen.

»Mit so einer Hallen-Neuerung machen wir uns lächerlich«, sagt Kermas. Das sei alles nur kurzfristig gedacht. Auch Moritz Fürste, Kapitän der Goldmedaillengewinner von London, sagt: »Regeln zu verändern ist wichtig, aber die Athleten nicht einzubeziehen, verstehe ich nicht.«

Aus Sicht von Kermas wäre es allerdings durchaus sinnvoll, »Hallenhockey perspektivisch olympisch zu präparieren«. Der Gedanke dahinter: Falls es hart auf hart geht und Feldhockey vom IOC gestrichen wird, könnte die Hallenvariante als Ersatz bereit stehen. Vorteil: Es fallen viele Tore, es gibt viele Torraumszenen, »und es sind weniger Spieler«. Beim IOC wisse man nie, was die eigentlichen Beweggründe sind, wenn eine Sportart auf den Index kommt, sagt Kermas: »Vielleicht liegt es ja auch daran, dass Hockey mit seinen 16 Spielern pro Nation viel Platz im Olympischen Dorf wegnimmt.« Bei Olympia 2016 in Rio gab es – nächste neue Regel – erstmals ein Viertelfinale. Mehr Spannung, mehr Attraktivität. Und aktuell im Jahr 2018, die Spielzeit wurde längst von zwei Mal 35 Minuten auf vier mal 15 Minuten verändert, experimentiert die Hockey Champions League, genannt EHL, mit der Regel, dass Tore nach Strafecken einfach zählen, Tore aus dem Spiel heraus allerdings doppelt. Ergebnis: Der letzte deutsche Vertreter im Wettbewerb, Uhlenhorst Mülheim, flog im Viertelfinale mit 1:13 gegen den Gastgeber des Vorrundenturniers Rotterdam raus.

38. GRUND

Weil es die runde Seite gibt

Die runde Seite ist für den Hockeyspieler so gewöhnlich, wie sie völlig schleierhaft für einen Nicht-Hockeyspieler ist. »Rund!«, rufen manchmal die Spieler oder Zuschauer, oder »Runde!«, und kürzen dann »runde Seite« einfach mit »Runde« ab. Um den Schiedsrichtern die Überprüfung der korrekten Handhabe des Hockeyschlägers einfacher zu machen, wurde schon zu Beginn des Hockeysports die rechte Seite des Schlägers stark abgerundet. Gespielt werden darf der Ball nur mit der flachen Seite, um dem im Vergleich zum Eishockey relativ ungeschützten Verteidiger ein mehr oder weniger ungefährliches Eingreifen zu ermöglichen. Könnte der angreifende Spieler mit Ball zu beiden Seiten ausholen, hätte der Gegenspieler kaum eine Chance, sich dem Ball zu nähern, ohne nicht permanent Gefahr zu laufen, einen Schläger beim Ausholen abzubekommen. Und das sollte ihm in seinem ziemlich ungeschützten Zustand, zumindest im Vergleich zum Eishockey, besser nicht passieren. Wobei in den allermeisten Fällen, in denen der Schiedsrichter »runde Seite« pfeift und das mit dem Zeigen auf seinen Handrücken andeutet, die Spieler den Ball unabsichtlich an die runde Seite ihres Schlägers bekommen. Falls also demnächst mal wieder eine Regeländerung anstehen sollte, was in diesem Sport ja so häufig passiert wie in keiner anderen Ballsportart, dann wäre der Autor dieses Buches unter anderem dafür, die unabsichtliche runde Seite abzuschaffen. Bis dahin gilt weiter: Das Runde muss ins Eckige, aber nur mit dem Flachen.

39. GRUND

Weil es einen Schusskreis gibt

Es gibt keine andere Ballsportart mit einer solchen Regel: Tore dürfen nur innerhalb eines Schusskreises erzielt werden. Zur Erklärung kann man ganz gut den Handball heranziehen. Es ist eben genau anders. Da wirft man von außerhalb, hier schießt man von innerhalb. Das führt immer wieder zu kuriosen Situationen. Im ersten Gruppenspiel der deutschen Frauen bei den Olympischen Spielen 2008 in Peking kommentierte Béla Réthy im ZDF. Ich war und bin sein Experte, also saßen wir nebeneinander auf der Pressetribüne, als die Deutschen einen langen Pass vor das gegnerische Tor spielten. Kein Stürmer war in der Nähe, der Ball rollte Richtung Aus, die Torhüterin ließ ihn passieren, er klatschte an das Brett im Tor, und bevor ich irgendwie reagieren konnte, hatte Béla »Tor!« gerufen. Nur eine Sekunde und hektisches Fingerschütteln des Experten daneben später führte Béla den Satz fort mit »... war es keins«. So ergeht es wohl jedem, der so eine Situation zum ersten Mal sieht. Ein Torwart, der das Bein hebt wie ein Hund am Laternenpfahl – ein ungewohntes Bild. Wobei auch der Schusskreis eine dieser Zeitraffer-Evolutionen erlebt hat wie so vieles in diesem Sport, der sich schneller ändert als die meisten anderen.

Zu einer Zeit, als man die Spielbälle noch selbst herstellte und in den Vereinen kleine Gartenschuppen auf der Anlage standen, die nach Farbe rochen, wurden in diesen Schuppen nicht nur die Bälle angestrichen. Denn die wurden schnell bei Gebrauch braun und grün, je nach Zustand des Platzes und technischen Fertigkeiten der Teams. Also musste man regelmäßig den gebräunten Ball wieder säubern, neu streichen und ihn dann auf einigen nach oben gerichteten Nägeln zum Trocknen ablegen. Eine meiner frühen Kindheitserinnerungen ist das Betreten eines solchen Ortes beim RTHC Leverkusen, wo ich das Hockeyspielen gelernt habe. So ein

Schuppen war für die D-Knaben des RTHC fast eine Art heiliges Tabernakel. Strahlend weiße Bälle und dazu diese knatternde Maschine. Hockeyspieler, die nach der Einführung des Videobeweises auf die Welt gekommen sind und glauben, dass es im Hockey nur *die* Spielsperren gibt und es nie *das* Sperren gab, werden sich nicht mehr erinnern, aber der Klang dieser Geräte ist so fest verbunden mit der Erinnerung an Hockeyspiele wie der Geruch von frisch gemähtem Gras, auf dem vor einem Jugendspiel am Sonntagvormittag noch der Tau glitzert.

Die Maschine war allerdings keine Maschine, sondern nur eine mechanisch erweiterte Kreide-Vorratsbox. Durch einen Mechanismus wurde bei dem Gerät, das in etwa solche Dimensionen hatte wie ein Spielzeug-Kinderwagen, regelmäßig eine Luke geöffnet nach unten, aus der dann Kreide fiel. Je schneller der Kreidewagen fuhr, desto häufiger ratterte ein Zahnkranz und desto häufiger fiel Kreide. Während also die Jugendtrainer dieses Landes in den 80er-Jahren an den Wochenenden ihre Mädchen- und Knabenmannschaften mit den rudimentären Taktiken vertraut machten, ratterte es auf den Plätzen. Seitenauslinien, Torauslinien, Viertellinien und Mittellinien und eben der Schusskreis. Um den Kreis ordentlich hinzubekommen, hat man dann zum Beispiel am linken Torpfosten ein Seil befestigt, das nach exakt 14,63 Metern am Kreidewagen endete, sodass man mit gespanntem Seil einen Viertelkreis abfahren konnte. Den fuhr der Kreidemann (-frau) von beiden Seiten und verband dann die Viertelkreise am Schusskreisrand mit einer kurzen Geraden. Das Spiel konnte losgehen. Damals noch mit der Regel, dass man den Ball in den Schusskreis flanken konnte bei allen Freischlägen um den Kreis. Später wurde dann ein weiterer gestrichelter Kreis um den Schusskreis gezogen, der heute selbstverständlich in die neueste Generation der Kunstrasenbeläge eingeklebt oder -genäht wird. Er ist unter anderem wichtig, weil eine Strafecke, bei deren Ausführung der Ball außerhalb des gestrichelten Kreises war, nicht mehr Strafecke ist, sondern eine normale Spielsituation. Dann darf man den Ball auch hoch aufs Tor schlagen – vorausgesetzt natürlich, lieber Béla, dass der Ball im Schusskreis ist (ich darf den Kommentator an dieser Stelle veralbern, weil zum einen wieder der Satz greift von Florian Kunz »Es entstehen Freundschaften fürs Leben« und zum anderen ich nie jemanden erlebt habe, der meinen Sport schneller gelernt und verstanden hat als Béla).

Knifflig sind seit Hockey-Urzeiten, also noch vor der Kreide-Zeit, die Situationen, in denen ein Stürmer den Ball am Kreisrand aufs Tor schießt. War er nun innerhalb oder außerhalb. Und hier ist es wie in allen anderen Sportarten auch: Die Linie gehört zu dem Bereich, den sie abgrenzt, dazu. Mittlerweile gibt es zum Glück den bereits erwähnten Videobeweis, der kann da meist helfen.

Der Schusskreis, das ist die heiße Zone, von der bei den selbst ernannten Ballsportexperten immer die Rede ist. Hat der Angreifer hier den Ball, wird es gefährlich. Ein Abwehrspieler muss zum einen noch aufmerksamer verteidigen, weil jeder eigene Fehler wie etwa den Ball an den Fuß zu bekommen zu einer Strafecke führt, und weil der Stürmer ja jetzt den Ball aufs Tor schießen darf. Deswegen sieht man eine Szene im Hockey fast nie: Dass ein Angreifer, der einmal im gegnerischen Schusskreis mit dem Ball ist, diesen wieder verlässt. Das wurde den Jugendlichen bereits zur knatternden Kreidezeit mit als Allererstes beigebracht.

40. GRUND

Weil es die argentinische Rückhand gibt

Die Regel beim Hockey ist simpel: Der Ball darf nur mit der flachen Seite des Schlägers gespielt werden. Das führt dazu, dass durch die Form des Schlägers mit der flachen Seite, der runden Seite und einer gekrümmten Keule am Ende des Schlägers alle Spieler den

Schläger auf die gleiche Weise benutzen. Es gibt niemanden, der den Ball links neben dem Körper führt, alle führen ihn rechts vom Körper, da sie dort mehr flache Keulenfläche am Schläger haben und den Ball besser kontrollieren können. Das ist anders als beim Eishockey, wo der Spieler den Puck mal links neben sich führt, mal rechts. Wo er beim Dribbling den Schläger immer gleich hält und mal die eine Seite und mal die andere benutzt, um den Puck zu bewegen. Die Frage nach dem Grund, warum beim Hockey nur eine Schlägerseite benutzt werden darf, ist hingegen gar nicht simpel. (siehe Grund 38) Es war schon immer so. Schon die ersten Regeln in England sahen das Spielen nur mit der flachen Seite vor, und man kann eben vermuten, dass es schon damals auch darum ging, die zu der Zeit praktisch ungeschützten Spieler ein wenig zu schützen. Indem ein Spieler weiß, wie der Ballführende mit dem Schläger ausholt und dass er das üblicherweise nur von einer Seite her macht, der mit der stärkeren Vorhand, konnte und kann man Verletzungen verhindern. Abwehrspieler näherten sich dann von der Nicht-Ausholseite. Jahrzehntelang war die dritte Frage: Wo beginnt und endet die runde Seite und wo beginnt und endet die flache Seite des Schlägers, eine völlig uninteressante. Als jedoch in Argentinien in den 90er-Jahren auf einmal (der Legende nach ein Spieler, vielleicht waren es auch mehrere) mit der Schlägerkante der Ball geschlagen wurde, stand der Sport vor einem Umbruch. Bis dahin war klar: Ein ernst zu nehmender Torschuss oder Flanke kommt in den allermeisten Fällen nur durch einen Schlag mit der Vorhand zustande. Das bedeutet, dass der Spieler links neben dem Ball steht und mit dem Schläger nach rechts hinten und oben ausholt. Wenn er dann auf den Ball schlägt, trifft er ihn mit einer relativ großen Fläche der flachen Seite. Da man den Schläger, ob Links- oder Rechtshänder, immer gleich hält, nämlich oben mit der linken Hand und unten mit der rechten Hand, kann man sich vorstellen, dass die Vorhand die starke Seite des Hockeyspielers ist. Bis dahin war es selten, dass ein Spieler den Ball mit der Rückhand schlug. Nun kam also der erste Spieler auf die Idee, den Ball links von sich, also auf seiner Rückhandseite, nicht mit der sogenannten »kleinen Rückhand« zu spielen, also mit der kleinen flachen Seite am Ende der Keule, die ganz am Ende des Schlägers zum Ball zeigt, wenn man den Schläger in der Hand um die Schlägerachse um 180 Grad dreht. Ein ernst zu nehmender Torschuss kam da in den seltensten Fällen raus, was dazu führte, dass der Verteidiger so einen Torschuss auch im Schusskreis zulassen konnte.

Die argentinische Rückhand kann man sich so vorstellen: Legt man den Schläger mit der runden Seite auf den Kunstrasen, zeigt die flache Seite ja nach oben. Legt man nun ein wenig oberhalb der Keule einen Ball neben den Schläger auf den Kunstrasen, berührt der Ball etwa auf der halben Höhe seines Durchmessers den Schläger an der Kante. Und da ja der Schläger ein wenig nach oben gewölbt ist durch die runde Seite (so wie bei einer halbierten Orange, die mit der runden Seite nach unten liegt), liegt die Kante des Schlägers nicht knapp über dem Boden, sondern einige Zentimeter darüber. Ungefähr auf der Höhe des halben Balldurchmessers. Diese wissenschaftliche Abhandlung mit feuilletonistischer Schwerlesbarkeit hat nun folgenden Zweck: zu erklären, dass der Ball, wenn er mit der Schlägerkante getroffen wird, ziemlich zentral getroffen wird. Das wiederum führt dazu, dass er stark beschleunigt.

Kurz gesagt: Auf einmal konnte man den Ball links vom Körper führen, dann mit dem Schläger ausholen, mit dem Körper tief runtergehen, den Schläger fast horizontal und ganz flach über den Rasen beschleunigen, sodass er exakt auf Höhe des Balles mit der runden Seite den Boden traf und damit auch mit der Kante den Ball. Das ist ungefähr so, als ob alle Fußballspieler über Jahrzehnte nur den rechten Fuß zum Torschuss nutzten und auf einmal von einem Moment auf den anderen alle auch mit links schießen können. Die Regelhüter des Hockeys mussten nun entscheiden, ob die Kante zur flachen oder runden Seite des Schlägers gehört. Da es aber bis dahin schon immer üblich war, eine Aktion, bei der ein Ball auf die Schlägerkante gefallen war, nicht als runde Seite abzupfeifen, beließen es die Vertreter der Regel-Kommission des Weltverbands dabei. Eine neue Technik war geboren.

Die Folge war, dass der Sport eine seiner dramatischen Wendungen nahm hin zur größeren Attraktivität für den Zuschauer. Bei der Weltmeisterschaft 1998 im niederländischen Utrecht erzielte der deutsche Stürmer Oliver Domke die meisten seiner Tore, die ihn auch zum besten Spieler des Turniers machten, mit der »Argentinischen«. So schnell konnten sich die Verteidiger nicht auf die neue Technik einstellen, wie gute Angreifer sie lernen konnten. Bis heute ist diese Schusstechnik bei vielen Stürmern die bevorzugte, auch weil es für den Torwart beim Ausholen kaum zu sehen ist, wohin der Ball geschlagen wird.

Kurz danach versuchten die nächsten Trick-Erfinder des Hockeys, auch noch die argentinische Vorhand zu etablieren. Nach dem gleichen Prinzip, der Hockeyschläger hat ja zwei Kanten. Doch in diesem Fall schritten die Regel-Experten ein, denn eine argentinische Vorhand wurde als zu gefährlich angesehen, auch weil die schnell nicht nur als Torschuss, sondern auch als harter Pass eingesetzt wurde. Und, wenn man so will, ist bei der argentinischen Rückhand ein wenig mehr der flachen Seite im Spiel als beim Schlagen des Balles mit der Vorhand-Kante.

Es gibt ansonsten kaum Spielzüge oder Techniken, die nach einem Spieler oder einer Nation benannt sind. Wobei ich an dieser Stelle zumindest einen kleinen Beitrag zur technischen Entwicklung geleistet zu haben schien. Als eher grobmotorisch veranlagter Spieler hätte ich nie eine Umspieltechnik erfunden, das ist klar. Aber da ich einen sehr schweren Holzschläger spielte zu meiner aktiven Zeit, war dessen runde Seite auch besonders dick. Das führte dazu, dass ich den Schläger einfach nur mit der Haltung der argentinischen Rückhand über den Boden ziehen musste, um den Ball zentral zu treffen. Diese Technik nennt sich auf der Vorhand Schrubben, und im Jahr 2006 bei der WM in Mönchengladbach hatte ich meine eigene Rückhand-Schrubbtechnik so gut trainiert, dass ich präzise flache Rückhandpässe damit spielen konnte. Einige Spieler von anderen Nationen kamen daraufhin zu mir und meinten, das sei ja jetzt ein Crone-Pass. Wobei sich der Name nicht durchsetzte und in meinem Verein der Crone-Pass eher eine Bezeichnung für einen Passversuch war, bei dem der passende Crone einen sehr weit entfernt stehenden Stürmer anspielen wollte, allerdings dieser unter Traumpass firmierende Versuch kläglich schon am ersten Gegnern scheiterte.

41. GRUND

Weil über den Videobeweis gar nicht mehr diskutiert wird

Genau genommen seit den Olympischen Spielen 2008 in Peking. Davor war die neue Technik bereits in Europacup-Spielen ausprobiert worden. Doch ureigentlich liegt die Entscheidung, warum man im Hockey diese Regel einführte, eher daran, dass es bis dahin immer mal wieder skurrile Szenen in den Stadien gab, streng genommen: peinliche Szenen. Zuschauer sahen auf Monitoren Fehlentscheidungen, die von den Schiedsrichtern, die nicht auf die Monitore schauen durften, nicht zurückgenommen werden durften. Als dann, wie so oft, bei den Europacup-Turnieren, angetrieben durch die innovationsfreudigen Niederländer, erstmals ein Videoschiedsrichter eingeführt wurde, klappte das von Anfang an – so mittel, wenn man ehrlich ist. Auf jeden Fall fielen die peinlichen Situationen weg, in denen Schiedsrichter ihre allen offensichtlichen Fehlentscheidungen nicht mehr zurücknehmen konnten. Und es begann auch im Hockey eine Diskussion über den Videobeweis, allerdings erstaunlicherweise von Anfang an nie mit der Frage, ob er nun gut oder schlecht ist oder wieder abgeschafft gehört. Es ging nur um das Wie, nie um das Ob. Wie ist der Videobeweis am sinnvollsten? (siehe auch Grund 35)

Bald schon wurde der Videoschiedsrichter richtig in Szene gesetzt und mit einer eigenen Kamera sichtbar gemacht auf den Fernsehbildern und auf den Leinwänden im Stadion. Außerdem, eine gut funktionierende Ergänzung, konnte man die Schiedsrichter hören, wie sie die Situation besprachen. Das macht den Videobeweis zum einen interessanter und zum anderen transparenter.

In der nordamerikanischen Football-Liga NFL gibt es zwar auch schon seit vielen Jahren den Videobeweis, allerdings wird hier noch mehr Spektakel veranstaltet. Die Schiedsrichter begeben sich im Stadion in eine Art Mini-Kino, unter einer Abdeckung schauen sie sich zusammen die Bilder an, während für die Zuschauer und Zuseher in allen möglichen Perspektiven die entsprechende Szene wieder und wieder gezeigt wird. Der TV-Experte gibt sein Urteil ab und wartet auf das Urteil der Schiedsrichter.

Natürlich gibt es bis heute regelmäßig Momente, in denen auch der Video-Schiedsrichter falsch liegt. Nachvollziehbar ist das dann, wenn auch die Kameraeinstellungen nicht aufklären können, ob der Ball nun den Fuß des Verteidigers oder den Schläger des Stürmers im Schusskreis berührt hat. Schwierig wird es dann, wenn Schiedsrichter selbst in Zeitlupe klare Vergehen nicht sehen. Auch das passiert, aber immer seltener. Videobeweis muss man lernen, Videoschiedsrichter auch.

Bei den Olympischen Spielen in London 2012 gab es bei den Frauen zum Beispiel im Spiel um Bronze zwischen Großbritannien und Neuseeland eine Szene, bei der ich mich in meiner Funktion als ZDF-Hockeyexperte nicht wohlfühlte. Ganz offensichtlich sah die Videoschiedsrichterin nach einer Strafecke nicht, dass die Britin der Neuseeländerin fulminant auf den Schläger geschlagen hatte. Das hätte einen Siebenmeter zur Folge gehabt für Neuseeland. Was sagt man da als Experte? Es ist ein Dilemma. Eine Sportart, in der es selbst den besten Schiedsrichtern passiert, dass sie klarste Vergehen nicht erkennen? Zum Glück sind solche Momente selten. Und klar ist auch: Die Schiedsrichter müssen viel von sich preisgeben. In schnellen Spielsituationen fragt kein Mensch, warum der Schiedsrichter jetzt Vorteil laufen ließ, der das Stockschlagen nun doch nicht gepfiffen hat. Aber in zehnfacher Superzeitlupe? Alle schauen zu? Da trotz allem eine angemessene Entscheidung zu treffen ist eine hohe Kunst.

Insgesamt hat allerdings der Videobeweis in den vergangenen zehn Jahren dazu geführt, das Verhältnis zwischen Spielern und Schiedsrichtern zu verbessern. Da auch ein Schiedsrichter jederzeit in strittigen Szenen einen Videobeweis anfordern kann, weiß ein Team: Wenn der Mann oder die Frau das so pfeift und kein Video sehen will, dann ist er sich sehr sicher.

Ohne auf die Situation beim Großball zu sehr einzugehen: Beim Hockey hat man innerhalb der zehn Jahre durchaus gelernt, dass Videobeweis nicht bedeuten kann: Immer und in jedem Beweis werden absolut richtige Entscheidungen getroffen. Wichtig ist ja nur, dass keine absolut falschen mehr passieren.

DIE LÄNDER UND ORTE

42. GRUND

Weil Australien eine einzigartige Hockeynation ist

Der australische Juniorenspieler, der an einem warmen Wochentagsnachmittag Mitte der 90er-Jahre nach dem Training seiner Mannschaft vom Kunstrasenplatz in Neuss schlurfte, hatte eine Badekappe auf. Genauer gesagt, war es eine Badekappe, die noch mit einem bunten Irokesen-Kunsthaarbüschel verziert war. Der Spieler, an seinen Namen kann ich mich nicht mehr erinnern, ging zielstrebig auf das kleine Tor am Ausgang zu, wobei man an der Geschwindigkeit seines Ganges nicht erkennen konnte, ob er diese Kopfbedeckung nun mit Stolz oder mit Scham trug. Eine kurze Nachfrage bei einem der anderen Spieler, die sich gerade auf den Weg zum Hotel machten, während die deutsche U21-Mannschaft sich auf den Weg zur Bank machte, um gleich das Training zu starten, ergab: Der Mann mit dem Irokesen-Outfit hatte die dümmste Aktion des Tages geliefert und wurde – wie es bei dieser Mannschaft üblich war – nach dem Spiel gewählt, als bayrisch: Depp des Tages. Als solcher durfte er nun die Badekappe aufsetzen. Einen Tag später erlebte ich in meinem ersten Juniorenländerspiel gegen diese Mannschaft, was es bedeutet, gegen ein Team zu spielen, das ganz offensichtlich in Sachen Motivation, Körpereinsatz und Präsenz auf dem Platz ausschließlich am Anschlag spielte und lebte. So waren sie also, die Australier. Neben dem Platz albern und auf dem Platz auf 180. Bis heute glaube ich, dass die Vertreter dieses Kontinents, die mit dem Hockeyschläger umgehen können, nur in Extremen leben.

Einige Jahre später hatte ich schon mehrere Länderspiele bei den Männern gegen Australien erlebt, in denen man sehr schnell lernen musste, dass es offenbar im australischen Genpool des Homo sapiens die Bereiche für Schlafmützigkeit oder Start-Verpennen nicht gibt – flogen wir für eine Länderspielreise nach Australien.

Über mehrere Stationen an der Ostküste ging es hoch bis nach Cairns, mit Länderspielen an verschiedenen Orten. Die Teams reisten zusammen. Sonst war es zu den Zeiten, als es noch keinen so regen internationalen oder zumindest europäischen Spieleraustausch über Landesgrenzen hinweg gab, eher selten, dass man Spieler anderer Nationen etwas besser kennenlernte als auf dem Platz und bei einem Plausch nach dem Spiel oder bei einer Verletzungspause. So reiste man also durch die Heimat der Australier und lernte deren Eigenheiten kennen. Ich selbst wurde gegen Ende meiner internationalen Karriere mit einer der höchsten australischen Ehren ausgezeichnet: einem veralbernden Spitznamen. Durch meine überschaubare Körpergröße und meine bevorzugte Körperhaltung nannte man mich bei den Spielern von Down under: Brick Shit-House. Das, so erklärte mir einer, sei auf den australischen Feldern üblicherweise ein kleines, aus Ziegeln gemauertes Gebilde, in das sich der Landarbeiter für kleinere und größere Geschäfte zurückzieht. So ein Shit-House ist breiter als hoch, und so sah das offenbar auch aus, wenn der Deutsche mit der Nummer 4 über den Platz lief. In Wahrheit ist jeder Spitzname allerdings eben die höchste Auszeichnung, die eine Nation vergeben kann. Bei den Australiern habe ich später noch einmal ein Lob bekommen, es war nach einem der vielen unwichtigen Test-Länderspiele, diesmal in Krefeld. Ich hatte einen richtig guten Tag und habe beinahe jeden Zweikampf gewonnen. Matthew Wells, mein Pendant als Innenverteidiger auf der anderen Seite, wir kannten uns da schon einige Jahre, kam nach dem Spiel zu mir und sagte: »Cricket Bat Day!« Das bedeutet bei den Australiern, die als mindestens zum Rugby ebenbürtigen Nationalsport ja auch Cricket betreiben, dass man bei jeder Aktion den Schläger noch am Ball hatte. So, wie es beim Cricket der Normalfall ist. Australier, das ist eben Anerkennung, Albernheit und andauernde Attacke.

43. GRUND

Weil Hockey in England zwischen den Extremen liegt

Wer sich über die Kleiderordnung in Wimbledon lustig macht, hat auf der Insel noch nicht Hockey gespielt. Während der zehnten Klasse habe ich vier Monate in Bedford verbracht. Wenn man im Anzug mit Krawatte in die Schule geht, drischt man dem anderen auch nicht so ganz ohne Weiteres den Schlägerschaft in die Rippen. Dachte ich.

Man kann ja im Sport immer sehr viel über ein Land lernen. Und so wie die meisten keine Schlägerschaft-Rüpel waren, sondern geradezu gentlemanartig veranlagt waren (was nicht heißt, dass sie den Ball nicht mit voller Wucht durch einen vollen Schusskreis durchprügelten, wenn es ging), gab es auch damals schon die Unter-Ordnung der Hooligans. Die leicht abgehängten Pausenhofschläger, die es gerade so auf ein Internat wie die Bedford School geschafft hatten. Die waren dann Schlägerschaft-Riesenrüpel und dabei so versiert, dass man sie beinahe bewundern musste.

44. GRUND

Weil man auch Hockey in Guyana spielen kann

Man kann in fast jedes Land der Welt fahren, und dort wird Hockey gespielt. Das ist zwar beim Fußball genauso, aber die Voraussetzungen für den Hockeysport sind dann doch ein wenig mehr als einfach nur eine ebene Fläche. Wenn jemand zum Beispiel nach Guyana fliegt, in Südamerika, wo laut Internetgedächtnis vor allem Cricket gespielt und die Calypso-Musik gepflegt wird, dann gibt es dort auch Hockeyteams. Ein deutscher Beobachter hat das dann mal so beschrieben: Man spielte, zumindest bis vor einigen Jahren, auf Naturrasen und auch mal in einem Parkhaus, einer Tiefgarage. Hallenhockey in der Karibik, das bedeutet: Morgens um 5 Uhr trainieren, weil es sonst zu heiß ist, dann krachen Schläger auf den Betonboden, und man spielt, bis der lokale Regen die Garage flutet. Die örtlichen Gepflogenheiten sind eben überall anders, die Stangen für verschiedene Übungen zum Dribbling und Slalom in der Garage schon in Form von Betonpfosten im Spielfeld eingelassen. Die Herausforderungen auf dem Cricketplatz in der Hauptstadt Georgetown waren nicht andere Mitspieler und deren Spielverständnis oder unerwartete Hindernisse, sondern der Untergrund. Der Ball verschwand einfach, wenn er nicht gerade gepasst wird, sehr schnell in dem hohen Gras.

45. GRUND

Weil das Hockey-Mekka mitten in Europa liegt

Manchmal ist es in Amstelveen so laut, dass man nicht einmal mehr den Pfiff des Schiedsrichters hört. Amstelveen bei Amsterdam ist der wichtigste Hockeyort in den Niederlanden, und die Niederlande sind das Hockeyland Nummer eins der Welt. Im Jahr 2017 ist nun das schönste Hockeystadion der Niederlande gerade erst vollständig modernisiert worden. Man kann natürlich darüber streiten, ob ein Stadion unbedingt VIP-Logen mit Glasverkleidung und Catering-Service benötigt, auf jeden Fall aber ist es nun zum ersten Mal beim Hockeysport möglich, eine Art Fußball-Bundesligagefühl zu erleben. Und wenn dann, wie etwa bei der Einweihung 2017, die Europameisterschaften der Frauen und Männer ausgetragen werden und das Stadion voll ist und dann auch noch ein Flugzeug knapp über das Stadion fliegt, weil es gleich im nahen Schiphol landet, kann es passieren, dass ein Spieler den Pfiff des Schiedsrichters nicht hört. Die Anlehnung an das Mekka der Muslime ist natürlich ein wenig hochgegriffen, allein schon weil nicht jeder Hockeyspieler einmal im Leben in Amstelveen gewesen sein muss, aber wer einmal dort war für ein Großereignis, der wird es nicht vergessen.

Der Teil der Niederländer, der Hockey spielt, scheint ein besonders geselliger zu sein. In den Tagen und Wochen vor einem Ereignis wie der EM 2017 wird die Hockeyanlage von Hunderten Freiwilligen umgebaut, als würde auf einer grünen Wiese ein Zeltlager errichtet. Auch wenn die großen niederländischen Vereine ohnehin schon beeindruckende Dimensionen aufweisen im Vergleich zu deutschen oder spanischen Clubs, die Auf- und Anbauten machen aus dem Hockeyclub Amstelveen regelmäßig eine kleine Stadt. Um das Stadion herum liegen weitere Kunstrasenplätze und das Clubhaus, insgesamt hat der Verein fünf Plätze für seine mehr als 2000 Mitglieder. Wenn sich Amstelveen dann als Mekka verkleidet, werden die Wege zwischen den Plätzen und dem Clubhaus mit Ständen und Zelten zugebaut. Dann gibt es bierzeltgroße Esshallen, Dutzende Hockeygeschäfte, so entsteht eine Mischung aus Messe, Kirmes und Wochenmarkt. Manch einer gerade der jüngeren Hockeyspieler bleibt da schon mal an den Auslagen so fasziniert stehen, dass er den Anpfiff von Niederlande gegen Pakistan verpasst.

Es gibt größere Hockeystadien auf der Welt als das in Amstelveen. In Pakistan und Indien hat die erfolgreiche Zeit in den 60er- und 70er-Jahren dazu geführt, dass man in manchen Städten wie in Lahore oder Karatschi Länderspiele mit bis zu 60.000 Zuschauern erleben konnte. Es gibt originellere Stadien wie etwa in Australien, wo oftmals ein leicht abschüssiger Rasen das Spielfeld umgibt, damit man an vielen Stellen entspannt auf einem Handtuch in der Sonne liegen und hinter der Wiese auf ebener Fläche an möglichst vielen Stellen gegrillt werden kann. So liegt der Platz gerne mal während der gesamten Spielzeit in einem leichten Hauch von Grillschwaden. Es gibt Plätze mit wunderbarem Ausblick wie etwa in Santiago de Chile, mit interessanter Umgebung wie etwa den verschiedenen Bahngleisen bei Safo Frankfurt, in hochherrschaftlichen Anlagen wie etwa beim Polo-Club in Barcelona, wo es einem passieren kann, dass man auf dem Weg zum Hockeyfeld zunächst ein paar Pferde vorbeilassen muss, die auf dem Weg zum Polo-Feld sind, ehe man vorankommt. Aber kein Hockeyplatz ist so eindrucksvoll wie der in Amstelveen.

Wenn zum Beispiel an einem Sonntagnachmittag die Niederlande im Finale eines großen Turniers antreten wie bei der EM 2017, dann füllen sich die Ränge eine halbe Stunde vorher mit gut gelaunten und teilweise schon singwilligen Fans, das Heineken-Plastikglas in einer Hand, die freie Hand zum Winken oder Schunkeln in der Luft. Die Spieler mussten bislang aus den Umkleidekabinen des Klubhauses rüberlaufen zum Stadion, also einmal durch den Kirmes-Jahrmarkt durch. Mit der Renovierung gibt es jetzt auch Umkleiden unter der Haupttribüne, auf der 2000 Zuschauer Platz haben.

Die Fans sind also schon früh dran, eingedeckt mit neuen Hockey-Accessoires, satt von einem Gang durch das Gastro-Zelt, angeregt durch einen kleinen selbst absolvierten Hockey-Parcours auf einem der Nebenplätze und vielleicht die Begegnung mit den Nationalspielern, die sich den Weg zum Platz bahnen. Und dann klingt es von der Haupttribüne, die über Jahrzehnte ganz aus Holz gezimmert war, vor dem Anpfiff von knapp 9000 Fans von allen Seiten. Die Hymne der Niederlande wird derart laut mitgesungen, dass dann ausnahmsweise nicht einmal ein landendes Flugzeug dagegen ankommt. Die rein subjektive Statistik besagt, dass die Niederlande sehr häufig im Wagener-Stadion früh führen. Immer dann, wenn die gegnerische Mannschaft noch ein bisschen benommen ist von der Atmosphäre. So war es auch im Finale der Männer 2017. Hatten im Gruppenspiel die Belgier noch souverän mit 5:0 gewonnen, hieß es am Ende des Finales 4:2 für den Gastgeber. Eben wieder einer dieser Sonntagnachmittage im Hockey-Mekka.

46. GRUND

Weil Indien zu den faszinierendsten Hockeyländern gehört

Indien, der Inbegriff des Exotischen, zumindest früher. In der Serie *Irgendwie und Sowieso* von Franz Xaver Bogner will die bayerische Freundessippe nach Indien fliegen, kommt allerdings nur bis Nürnberg. Indien, das beeindruckt einen Teenager schon, und wenn man die Biografie von Moritz Fürste an den indischen Stellen liest, hat sich für Hockeyspieler nur insofern etwas verändert, dass nun dort fürstliche (Pardon) Gehälter gezahlt werden respektive wurden, als die HIL, die indische Hockey-Profi-Liga gespielt wurde. Man kann sich das so vorstellen, als ob in einer beliebigen Stadt in Indien alles viel enger, lauter, stinkender und gefährlicher ist als in New York, und dann betritt der Hockeyspieler ein Stadion, das zwar bröselig wirkt, aber Platz für immens viele Zuschauer hat. Vor allem, wenn die sich so zusammenzwängen, wie es indische Zuschauer oft tun. Ich meine, dass ich in Lahore in Pakistan mal bei einem Länderspiel eines Turniers 50.000 Zuschauer erlebt habe. Menschen, die sonst sehr konzentriert durch einen Moloch navigieren, sitzen nun in fast kindlicher Begeisterung in ihren langen Gewändern am Spielfeldrand und feiern jeden Fehlpass der deutschen Mannschaft. Muss man mögen, oder eben in Nürnberg schon wieder landen.

47. GRUND

Weil der Iran eine Hallennation ist

Iran? Hockey in Iran? Ja, es gibt kleine Hockeyhochburgen wie zum Beispiel derzeit Österreich, oder auch das größere Südkorea, das ohne lange Hockeytradition starke Nationalmannschaften hervorgebracht hat. Warum Iran? Im Iran ist das Interesse der Bevölkerung an Sport traditionell extrem hoch, sodass auch die Hallenhockey-WM dort verfolgt werde, sagte Nationaltrainer Safaei (*Hamburger Abendblatt* 2011) vor sieben Jahren bei der Hallen-WM-Premiere seines Landes. Einige Spiele waren live auf Fernsehkanälen zu sehen, auch die großen Medien berichteten. Dennoch ist Hockey im Iran natürlich nur eine Randsportart. Rund 2000 Aktive gab es zuletzt, die Nationalspieler sind allesamt in der acht Klubs umfassenden Super League engagiert. Dank der Hilfe des deutschen Trainers Michael Schmitz, der 2007 für ein halbes Jahr im Iran arbeitete, konnte sich das Team in der Halle so gut entwickeln, dass es in Asien, wo traditionell nur Feldhockey zählt, fast konkurrenzlos ist. Dreimal in Folge gewann Iran den Asien-Cup in der Halle, die erste Teilnahme an einer WM war da relativ wenig überraschend. Das Abschneiden bei der WM 2018 hingegen schon mehr. Iran schaffte es ins Halbfinale, wo die Mannschaft gegen Gastgeber Deutschland antrat. Iran schlug in der Gruppe die Schweiz, Russland und Südafrika. Im Viertelfinale gewann das Land knapp gegen Tschechien und erst im Halbfinale dann deutlich gegen die deutschen Männer mit 2:6. Am Ende flogen die Spieler allerdings nicht ohne eine Trophäe nach Teheran zurück, im Bronzespiel gewann Iran gegen Australien, mit 5:0.

48. GRUND

Weil Uhlenhorst Mülheim ein einzigartiger Verein ist

Sich einzelne Vereine in diesem Land rauszusuchen kann schwierig zu begründen sein. Wahrscheinlich gibt es den höchstgelegenen und den größten und den kleinsten. Es gibt den Mannheimer Hockey-Club, der nun in seiner 111-jährigen Geschichte zuletzt die steilste Karriere hingelegt hat. Es gibt die Hamburger Vereine, die seit Jahrzehnten ein elegantes bis elitäres Image pflegen, es gibt

Vereine, die noch immer keinen Kunstrasen haben oder überhaupt keinen Platz. Und in den Niederlanden gibt es Vereine, die aussehen wie Monokultur-Landwirtschaften: wo man hinsieht Kunstrasengrün. Und dann gibt es Uhlenhorst Mülheim. Das ist weder der kleinste, größte, schönste, reichste oder anderswie spektakuläre Club. Es ist der Club, über deren Spieler namhafte Trainer sagen: »Du kriegst den Spieler aus Mülheim, aber nie Mülheim aus dem Spieler.«

Vielleicht ist es noch immer der verblasste Stolz, um nicht zu sagen Überheblichkeit, aus den 90er-Jahren, als Mülheim zur Generation Fischer jedes Jahr Deutscher Meister wurde und irgendwann sich nur noch für den Europacup interessierte und gar nicht mehr so richtig für die Deutsche Meisterschaft. Mülheim ist nun wieder einmal Deutscher Meister geworden im Feldhockey. Die Spieler werden nicht nur glücklich über den Sieg gewesen sein, sondern auch erleichtert, dass sie auf die Sprüche der Alten jetzt wenigstens ein bisschen was zurückgeben können. »Nie Mülheim aus dem Spieler« – eine relativ regelmäßige Ignoranz in Bezug auf Schiedsrichterentscheidungen gegen die Mannschaft in Grün und Weiß gehört da offenbar ebenso dazu wie ein eher aufbrausendes als besonnenes Temperament. So anstrengend das im Bundesligaalltag sein kann, Mülheimer Spieler haben in der Vergangenheit dem deutschen Hockey immens geholfen, nicht nur zum Olympiasieg 1992. Jan Philipp Rabente, Doppeltorschütze beim 2:1-Finalsieg gegen die Niederlande bei den Olympischen Spielen in London 2012, hat den Sport in Mülheim gelernt. Im Jahr 2013 bekam ihn dann der UHC Hamburg aus Mülheim raus. Und bei den Spielen in Rio 2016 war es ebenfalls ein ehemaliger Mülheimer, Christopher Rühr, der am Ende des Viertelfinals gegen Neuseeland beim Stand von 0:2 das Spiel an sich riss und damit die Wende einleitete durch Soli, Flanken, Willen. Wenn es um den Glauben an den Sieg geht: Überzeugung braucht eben manchmal das eingeimpfte Vertrauen aus den Urzeiten des eigenen Vereins.

49. GRUND

Weil Österreich als Hallennation 2018 alle schlug

Es gibt kleine Hockey-Inseln, zum Beispiel Barcelona samt dem Vorort Terrassa. Zur Hochzeit der spanischen Erfolge 1996 kamen fast alle Spieler aus einigen wenigen Vereinsteams in der Gegend, es war ein guter Jahrgang noch dazu, wie das der Somelier sagen würde. Spanien ist bis heute kein Hockey-Flächenstaat, sondern ein Ballungsraum. Und in Österreich ist das ähnlich. Dort wurde schon immer in den vergangenen Jahrzehnten sehr intensiv Hallenhockey gespielt, mit fast ausschließlich Wiener Mannschaften. Die Turniere auf Parkett in der Wiener Stadthalle sind den meisten Hockeymenschen bekannt. Dass dann im Jahr 2018 auf einmal der Hallenhockeyweltmeister aus Österreich kommt und die deutsche Hallennation besiegt, war eigentlich gar nicht überraschend. Die Elemente Hochburg Wien, dazu der gute Jahrgang mit zwei Ausnahmespielern wie Michael Körper und Benjamin Stanzl, dann noch das Glück, einen – wahrscheinlich derzeit den besten – Hallentorwart zu haben und die Bedeutung für das Land, im Hockey mal einen Titel zu gewinnen. Deutschland spielte bei der EM mit einer Mannschaft, bei der WM mit einer anderen, um die Nationalspieler für die Feldsaison ein wenig zu schonen. Am Ende kam dann noch eine Portion größere Eingespieltheit bei Österreich dazu und natürlich etwas Glück, das Spiel in der regulären Spielzeit nach 1:3 noch auszugleichen, um im Penaltyschießen den Torwart mit der zumindest besseren Tagesform zu haben.

50. GRUND

Weil Rot-Weiß München
für viele kleine Vereine steht

Jetzt schreibt der auch noch über seinen eigenen Verein. Die Stirnrunzel- und Augenverdreh-Smileys sind an dieser Stelle angebracht. Vielleicht. Allerdings kann der Club für viele gute und ebenso für viele schlechte Beispiele stehen. Von der Oberliga zum Deutschen Meister und zurück in die Oberliga. Das ist zumindest die aktuelle Geschichte in einem Satz. Dabei steht dieser Club nicht alleine, sondern vor allem stellvertretend für viele Vereine, wahrscheinlich die meisten. Kein Club mit großen finanziellen Mitteln, keiner mit konkurrenzlosem Einzugsgebiet, das sind Kategorien, die schon sehr helfen, ein guter Verein zu sein. Nur: Was ist das, ein guter Verein? In meinen Augen ist die Antwort darauf klar im Jahr 2018.

Ein guter Verein hat gute Mitglieder, gute Teams. Und dabei muss gut nicht gleichzusetzen sein mit erfolgreich. Meistens werden gute Clubs, die man dann als gut geführt bezeichnen kann, auch erfolgreich, mindestens bis zu einem bestimmten Niveau. Ich habe das in München bei den Kollegen des TuS Obermenzing erlebt. Dort haben die drei Brüder Florian, Michael und Tom Zollner über Jahre aus einem beliebigen Naturrasenverein am Stadtrand einer Metropole einen attraktiven und sympathischen Club geformt. Durch: da sein, gute Entscheidungen, sicher auch durch personelles Glück. Aber das Schönste daran ist, wenn jetzt einer meint, der Autor dieses Buches würde vergiftetes Lob loswerden, das Schönste ist, dass Zollners Obermenzing genauso wie viele andere Vereine in München dazu beitragen, dass immer noch mehr junge Münchner in einem Mannschaftssport sozialkompetent ausgebildet und geschult werden.

Natürlich würde ich mich über einen blauen Wimpel (im Hockey das Pendant zur Schale im Fußball) freuen, aber wenn ich die

Wahl hätte zwischen einem dieser Wimpel und 100 Jugendlichen mehr, ich würde mich für die Jugendlichen entscheiden.

Die zum Beispiel bei dem Verein, wo ich es hautnah als Funktionär mitbekomme, alle Fertigkeiten für das spätere Leben mitbekommen. Und, mit Verlaub, nirgendwo sonst kann man die heute noch so sicher lernen wie beim Mannschaftssport, und dort kaum irgendwo besser als beim Hockey. Toleranz, Verlieren, Gewinnen, Teilen, Nichtteilen, wahrscheinlich wiederhole ich mich, aber das ist es wert.

Im Alltag geht es um verlorene Bälle und Hunderte Oma-gestorben-Ausreden, um ein Training zu verpassen und stattdessen Champions League zu schauen. Aber eigentlich geht es darum, dass die Gesellschaft in diesem Land ohne Mannschaftssportvereine, und da gehören leider Fußballklubs oft nur bedingt dazu, längst zu einem halb asozialen Schwellenland degeneriert wäre. Glaube ich. Hoffentlich täusche ich mich. Ob rot oder weiß oder gelb oder grün oder blau, Hauptsache es ist nicht alles schwarz und weiß. Oder sogar braun.

51. GRUND

Weil Kuala Lumpur temporärer Hockey-Hotspot war

Kuala Lumpur ist mit Amstelveen eine Zeit lang eine der sogenannten Hockeyhochburgen gewesen. Einer der vielen unaussprechlichen Sultane von Malaysia fand Gefallen am Hockey, und daraufhin wurde der Sport gefördert. Den Sultan Azlan Shah Cup spielte man jährlich aus, um den Malayen, die eher zur Kategorie Liechtenstein beim Hockeyniveau gehörten, gute Gegner und damit Verbesserungspotenzial angedeihen zu lassen. So flogen europäische Mannschaften oft in diesen Metropolenmoloch, spielten bei milliardenfach erhöhter Luftfeuchtigkeit und wenigen Zuschauern, darunter der Azlan Shah Schah und seine Buddies.

DAS HOCKEY-GEFÜHL

52. GRUND

Weil Freundschaften fürs Leben entstehen

Ehrlich gesagt, diesen Grund hätte ich selbst niemals so schwulstig formuliert. Aber als ich zu Beginn der Recherche meinen ehemaligen Mitspieler Florian Kunz gefragt habe, welche Gründe ihm denn noch einfallen, wegen derer man Hockey lieben soll (schon der Titel ist natürlich leicht schwulstgefährdet, aber gut), da sagte Flo, genannt Flokke, »weil Freundschaften fürs Leben entstehen«. Nun, das stimmt. Und auch wenn es etwas pathetisch und rosamundepilcherig klingt: Es ist die Wahrheit.

Ich selbst habe solche Freundschaften auch erlebt und gefunden, aber vielleicht sind andere Personen aus der Hockeywelt da beispielhafter. Zunächst einmal gibt es eine unheimlich große Zahl an Hockeyehen und -familien. Die Redewendung »... kommt aus einer Hockeyfamilie« ist Standard-Attribut bei vielen. Es gibt berühmte Paare wie etwa Teun de Nooijer, der niederländische Stürmerstar der 90er- und 00er-Jahre, der Philippa Suxdorf geheiratet hat, ehemalige deutsche Nationalspielerin. Es gab Olympiapärchen wie die spätere Olympiasiegerin Caroline Casaretto und der spätere Weltmeister Christoph Eimer. Das sind mehr als Freundschaften, die aber manchmal auch nach einiger Zeit wieder zu deutlich weniger als Freundschaften werden. Florian Kunz meinte deshalb wohl eher richtige Freundschaften.

Die nur beim Mannschaftssport gegebene Situation, dass man gleichzeitig mit jemandem gegen jemanden antritt und spielt, ist vielleicht ein Grund, warum bei Teamsportarten (ich spekuliere) besonders viele Freundschaften entstehen. Wer einmal mit einer Mannschaft, seiner Mannschaft, eine Meisterschaft gewonnen oder auch nur ein besonderes Spiel erlebt hat, das man am Ende noch furios gedreht oder zumindest fast gedreht hat, der nimmt emotionale Momente mit, die es ohne die anderen nie gegeben hätte.

(Jetzt wird es philosophisch, merke ich gerade, aber vielleicht auch nur wieder rosamundepilcherig.) Und zugleich erlebt man Situationen, die man oft nur mit Menschen teilen kann, die so etwas auch kennen.

Wenn nun also Spieler eins und Spieler zwei jahrelang zusammen in der Innenverteidigung spielen und im Laufe der Zeit mit Sicherheit Hunderte Male einen Fehler des anderen ausgeglichen haben und Hunderte Male zusammen eine gelungene Aktion vorbereitet haben, wenn der eine zwei Meter groß ist und der andere aus Sicht der Australier höchstens einen, wenn der eine den Ball bei der Strafecke vorstoppt (natürlich der kleinere) und der andere ihn dann mit Wucht und viel Hebel zum Ausgleich im WM-Finale 2002 ins Tor der Australier schlenzt, wenn beide dann ein paar Sekunden vor dem Schlusspfiff nicht wissen wohin mit ihrer Freude, dann kann so eine Freundschaft fürs Leben entstehen, oder ist längst entstanden.

Man kann bei diesen Freundschaften von den alten Zeiten schwärmen, als alles noch besser war. Auch ich komme gerade in so ein Alter, in dem man sehr gefährdet ist, immer mehr davon überzeugt zu sein, dass früher doch wirklich fast alles besser war, auch wenn man die Leute blöd fand als selbst Junger, die einem damals schon diesen Satz dauernd vorhielten. Man kann aber auch einfach nach Jahren oder Jahrzehnten in eine andere Stadt ziehen oder in ein anderes Land und dort dann einen Hockeyclub betreten. Man wird da Menschen finden, die gerne einen Pass zu einem spielen und ihn aufnehmen, die nicht mehr von einem wollen und erwarten. Und das ist in den »Was bringt mir das?«-Zeiten so wichtig wie nie. Früher war eben doch nicht alles besser. Und Flo, mein Freund fürs Leben, wird mich jetzt schimpfen, dass ich seinen Vorschlag rosamundepilcherig genannt habe. Und dann wird er den Kopf schütteln, ein paar Sekunden, bis er lachen muss. Das hält so eine Freundschaft fürs Leben (auf Lagerkollerisch: FreuFüLe) natürlich aus.

53. GRUND

Weil es ein fairer Sport ist

Stimmt natürlich so verkürzt nicht. Kein Sport ist fair, weil manche Spieler die Regeln immer so auslegen und bis ans gerade noch Erlaubte respektive Nicht-Unterbundene dehnen, dass es immer ein bisschen unfair zugeht. Aber sagen wir es so: Im Vergleich zum Fußball ist Hockey eine unglaublich faire Sportart. Es gibt kein Zeitspiel, weil die Zeit im Zweifel angehalten wird, es gibt keine Verletzungsschauspielerei, weil dito. Noch immer ist es so, dass Spieler nur dann liegen bleiben, wenn sie wirklich verletzt sind. Niemand beschimpft den Schiedsrichter, und wenn doch, fliegt er vom Platz, es gibt keine Rudelbildung, das unterbinden die Regeln.

Klar ist natürlich trotzdem: Es gibt auch im Hockey – Verzeihung – Idioten, also Spielertypen, die eigentlich ins Gefängnis gehören, weil sie sich so asozial aufführen. Ich habe zum Beispiel einen Spieler in Italien erlebt, der in der Liga regelmäßig versucht hat, dem Gegner, wenn er das Brett legte im Zweikampf, den Schläger auf die Hand zu ziehen. Im Spiel und in der Schnelligkeit sieht das dann so aus, als wolle der Spieler den Ball nur spielen und erwische zufällig den Schläger des Gegners. In Wahrheit war das perfide und eigentlich streng genommen eine vorsätzliche Körperverletzung. So wie der Real-Profi Ramos den Liverpool-Stürmer Salah mit absolutem Vorsatz und gezielt, vielleicht sogar trainiert, verletzt hat im Champions-League-Finale 2018 (was ich nicht beweisen kann, aber anhand meiner Erfahrung und der Fernsehbilder nur diese Möglichkeit für richtig halte).

Auch das gibt es, aber trotzdem ist Hockey noch immer eine Oase der Fairness, aus den genannten Gründen und weil alle wissen, wie gefährlich es sein kann, wenn man nicht auch auf den anderen wenigstens ein bisschen aufpasst. Bei solchen Themen denke ich manchmal: Wie gut, dass Hockey kein Profi-Sport ist und man noch nicht mit allen Mitteln, auch den betrügerischen, zum Ziel kommen muss, weil man oder Frau damit sein Geld verdient. Vielleicht ändert sich das ja, die Professionalität haben wir uns damals gewünscht, die Nationalmannschaften Ende der 90er und Anfang des Jahrtausends. Aber dann vielleicht nach dem Vorbild Rugby. Auch da ist der Sport ein Profisport, aber ein stolzes Kennzeichen dieser Ballvariante ist das faire Miteinander, die Zerstörer und eigentlich Kriminellen werden geächtet. Der einfachste Schritt dazu ist immer, die Jungen schon früh gut zu erziehen, indem man ihnen aufzeigt: Es mag ein paar ganz wenige Ausnahmen geben wie einen Ramos oder Pepe im Fußball, die als Sport-Asoziale Erfolg haben, aber wer will das schon – eine Medaille, ein Titel und dabei immer das Brandzeichen: Idiot.

54. GRUND

Weil es Ärzte wie Wilhelm Widenmayer gibt

Wilhelm Widenmayer ist Arzt. Das muss man dazusagen, weil ein Arzt eine der schwierigsten Aufgaben hat in einer Mannschaft. Wenn es ein guter Arzt ist, also einer für Mannschaften tauglicher, dann geht er bei Spielen und Turnieren voll mit, ist auch Fan und Analytiker und Einpeitscher. Und muss regelmäßig schwerste Entscheidungen treffen. Was macht er mit dem Top-Torjäger, der vor dem Halbfinale 38,8 Fieber hat? Was mit dem Verteidiger, der sich im Sprunggelenk die Bänder gerissen hat im zweiten Gruppenspiel bei Olympia? Den Trainer braucht er nicht zu fragen, der will seinen Spieler auf dem Platz sehen. Den Spieler muss er ohnehin nicht fragen. Wenn der nicht mit akutem Dauerdurchfall irgendwo auf dem Klo sitzt, will der auch auflaufen. Das ist dann also die Qualität eines Wilhelm Widenmayer oder Andreas Neuking oder, oder, oder (ich zähle die beiden auf, die ich selbst erlebt habe).

Der Spieler muss dem Arzt vertrauen, dass er auch wirklich spielen kann. Sonst spielt er, pardon, kacke. Und der Arzt darf nichts riskieren. Von allen Betreuern hat der Arzt den schwierigsten Job. Ein Physio kann Extraschichten schieben, kann die Spieler rund um die Uhr kneten und mit Übungen fit machen, ihre Wehwehchen lindern.

Der beste Arzt ist der, der damit zufrieden sein kann, wenn man ihn nicht braucht. Das ist Stärke, das ist Charakter. Ein Arzt muss ein ganzes Turnier lang hoffen, dass die Mannschaft gewinnt – und dass er nichts zu tun hat. Außer vielleicht ein paar Beruhigungstropfen für die üblicherweise leicht hyperventilierenden Coaches. Bei Widenmayer, ein Verfechter des Vitamin-Cocktails, wurde extra die mannschaftsinterne Maßeinheit geändert, in Williliter.

55. GRUND

Weil es tragische Momente gibt

Jede Niederlage in einem wichtigen Spiel ist natürlich schlimm, aber ein klarer Teil des Sports. Ohne Verlierer keine Sieger, ohne Trauer kein Jubel. Aber es gibt auch schwere Momente, die man als normaler Sportkonsument nicht so wahrnimmt. Einfach deshalb, weil man sie nicht zu sehen bekommt. Und sie sind meistens schlimmer als eine Niederlage. Weil sie eine persönliche Niederlage sind. Wie fühlt sich ein Spieler, der im letzten Moment aus dem Kader gestrichen wird, und anschließend wird sein Team Weltmeister oder Olympiasieger? Ich weiß es nicht. Und ich bin sehr dankbar, dass ich es nicht weiß.

Zum ersten Mal kam ich mit dieser grässlichen Situation in Berührung im Jahr 1992. Ich war 15 und durfte ab und zu schon bei der ersten Mannschaft in meinem Club mittrainieren. In der spielten unter anderem die beiden Nationalspieler Stefan Tewes und Michael Waldhauser. Waldhauser war ein seit Jahren etablierter Mittelstürmer, den Bundestrainer Paul Lissek schon seit den Juniorenzeiten ausbildete. Er war gesetzt für das Olympiaturnier. Stefan Tewes, Bruder des Nationalspielers Jan-Peter Tewes, war vor Kurzem aus Mülheim nach München gekommen. Im Februar 1992 kämpften beide um einen Platz im Olympiakader. Tewes, das ist ein Bild, das sich mir in die Erinnerung eingebrannt hat, hatte im verschneiten München alleine eine kleine Fläche vor einem Tor auf dem Kunstrasen freigeschaufelt und darauf mit dem Feldschläger trainiert. Eigentlich spielte man zu der Zeit Hallenhockey, aber Tewes ging es in dem Moment nur um Feldhockey und um Olympia. Tewes war nicht für die Champions Trophy nominiert, hatte also nicht so gute Chancen, denn Lissek versuchte, mit der aus seiner Sicht besten Mannschaft das Turnier zu spielen. Waldhauser hingegen war mit der Nationalmannschaft in Karachi, Pakistan. Deutschland gewann, und so würde Waldhauser mitfahren und Tewes nicht? Waldhauser war Stürmer und Tewes Mittelfeldspieler, deshalb konkurrierten sie zwar nicht direkt gegeneinander. Aber es kam anders. Waldhauser infizierte sich mit Hepatitis, er musste pausieren, um seine Gesundheit nicht zu ruinieren. Er hoffte die nächsten Monate, Tewes trainierte. Am Ende reichte es nicht für Waldhauser, für Tewes schon. Und der große Held des Olympischen Finales war Mittelstürmer Michael Hilgers, der beide Tore schoss beim 2:1 gegen Australien. Bis dahin hatte der oft auf der Bank gesessen, weil ein anderer Michael spielte, der beim Sieg des Teams von München aus zusah. Michael Waldhauser war einer wenn nicht der fairste und sympathischste Spieler, den ich in 30 Jahren Hockey je kennengelernt habe. Es hatte nichts mit Neid oder Missgunst zu tun, dass er unsagbar traurig war, als die Spieler ihre Goldmedaillen umgehängt bekamen. Dabei hatte es einen anderen Spieler noch härter getroffen. Thomas Brinkmann, genialer Mittelfeldstratege aus Mülheim, war schon in Barcelona, trainierte mit dem Team, und vier Tage vor dem ersten Gruppenspiel hatte er einen Darmverschluss. Er musste abreisen, ein anderer Spieler wurde nachnominiert.

Vier Jahre später die nächste Situation. Björn Emmerling, nominiert und in Atlanta 1996 dabei, hatte vor dem Turnier auf einmal schwere Kniebeschwerden. Der nicht nominierte Spieler Björn Michel war sogar bereits vor Ort, weil er trotzdem in die USA gereist war. Man hätte relativ einfach tauschen können. Doch in diesem Fall entschieden die Ärzte, Kniespezialisten aus den USA zusammen mit Mannschaftsarzt Widenmayer, dass Emmerling spielen sollte. Sie glaubten, dass die Verletzung in den kommenden Tagen abklingen würde. Tat sie nicht, und so musste Michel zusehen, wie Emmerling auf der Bank saß und bis auf ganz wenige Minuten gar nicht eingesetzt werden konnte. Eine Szene ist mir noch in Erinnerung, sie passierte im Sommer 2004, und wieder war Emmerling betroffen. Es war beim letzten Lehrgang vor Olympia in Athen, wir trainierten und spielten in Düsseldorf, es war eine der letzten Trainingseinheiten. Wie so oft trainierte ich mit Emmel nach Trainingsende noch ein paar Minuten 1:1. Er dribbelte als technisch starker Spieler an mir vorbei, ich versuchte, ihn zu stoppen. In einer Situation stieg er aus Versehen auf meinen Schläger, verlor das Gleichgewicht und fiel hin, dabei auf seine Hand. Er schrie. In dem Moment, das Training war ja bereits vorbei, waren Arzt und Physio in der Kabine, zumindest aber nicht auf der Seite des Spielfelds, auf der es passierte. Emmerling schrie. Und Michael Green, fertig ausgebildeter Arzt, war ganz in der Nähe. Green war als Letzter vor diesem Lehrgang vom Bundestrainer aus dem Kader geworfen worden. Er trainierte trotzdem noch mit, weil eben in einem Verletzungsfall der nächste Spieler noch nachnominiert werden kann, wenn das Turnier noch nicht begonnen hat. Green lief also zu Emmerling, linker Verteidiger zu linker Verteidiger. Emmerling schrie noch immer (er hatte manchmal einen leichten Hang zur schmerzverzerrten Theatralik, doch in diesem Moment stand es wirklich nicht gut um ihn). Was dachte Green wohl? Wie ein Arzt? Oder wie ein hoffender Spieler?

Green behandelte Emmerling, der sich einen Finger ausgekugelt hatte und neben dem Platz lag mit den später in den allgemeinen Mannschaftssprachgebrauch aufgenommenen Satz, zu verwenden bei schmerzhaften Momenten: »Lasst mich einfach schreien!« Ließen sie ihn, Green und Arzt Andreas Neuking behandelten Emmerling. Er konnte in Athen spielen, Green blieb zu Hause.

Auch hier ist es eben so. Es muss die traurigen enttäuschten Spieler geben, die monatelang alles dafür geben, dabei zu sein, um dann nicht nominiert zu werden, damit es eben auch die gibt, die bei ihrer Nominierung Luftsprünge machen können.

56. GRUND

Weil es ein Familiensport ist

Dank des Schlägers können sogar Greise noch Hockey spielen. Und dank des Schlägers können sogar Kinder direkt nach den ersten zweibeinigen Schritten Hockey spielen. Manchmal ist dann »generationenübergreifend« nicht nur, dass Vater mit Sohn oder Mutter mit Tochter oder derlei Kombinationen auf dem Platz stehen. Opa und Enkelin geht genauso. Ob Geschwister in einem Team, die Tochter vor dem Papa in ihrem Mädchenspiel, die Seniorinnen nach der Männlichen Jugend B, kaum etwas verbindet Menschen so sehr wie gemeinsame Erlebnisse. Wo darf denn ein Vater ungestraft dem 17-Jährigen noch etwas erklären, wenn nicht beim Hockey die Lösung für den Konter in der 56. Minute? Hockey hält zusammen, so ziemlich alles.

57. GRUND

Weil es kein Doping gibt

Natürlich weiß ich nicht, ob nicht irgendjemand doch mal gedopt hat im Hockey. Und natürlich gibt es auch eine Handvoll Dopinggeschichten in diesem Sport, die aber allesamt auf Dummheit zurückzuführen sind. Ein Nationalspieler wurde mal positiv getestet, weil er Kokain genommen hatte. Solche Dinge. Kokain zu nehmen ist dumm und gefährlich, aber es ist kein Doping. Und ich kann auch nicht schwören, ob in Ländern, die unter massivem Staatsdoping-Verdacht stehen, auch die Hockeyspieler davon betroffen waren. Die Chinesinnen und Chinesen rennen zumindest nicht schneller als die Deutschen. Fit sind sie auf jeden Fall, das liegt aber mit Sicherheit vor allem daran, dass man es hier mit Profisportlern zu tun hat. Das Schöne im Hockey ist ja: Die Kombination aus Amateursportart mit vergleichsweise wenig Geld und einer koordinativ und insgesamt sehr komplexen Anforderung an den Sport schließt Doping fast ein bisschen aus. Es ist zumindest ganz anders als im Radsport. Wenn ich erfolgreich sein will und talentiert bin, kann ich es locker ohne Doping schaffen. Im Radsport zum Beispiel eben nicht. Anders gesagt: Wer viel trainiert, taktisches und räumliches Verständnis mitbringt und sich aneignet, sich nicht völlig asozial durch eine Teamstruktur bewegt und in entscheidenden Momenten nicht total vor Angst in Starre verfällt, muss an ein unerlaubtes Nachhelfen erst gar nicht denken. Nach meiner persönlichen Erfahrung hilft es nicht, unglaublich stark zu sein, wenn man zum Beispiel Eckenschütze werden will. Denn wenn man nicht in der Lage ist, die durchaus komplexe Bewegung des Eckenschlenzers zu koordinieren, hilft kein Oberschenkel- oder Brustmuskelpaket. Und wenn einer das Spiel nicht verstanden hat im letzten Drittel des Spielfelds vor dem gegnerischen Tor, dann kann er noch so schnell sein und so viel Ausdauer haben (die er sich vielleicht angedopt hat in diesem erfundenen Beispiel), er wird kein Nationalspieler.

Vielleicht macht dieses Beispiel den Fall anschaulicher: Wir haben früher eine Zeit lang über das Trainingskonzept der Südkoreaner gerätselt. Die haben immer auf Laktattoleranz trainiert, mit extrem viel Sprint- und Sprintausdauertraining – auf eine Art war das die Richtung, wie ein Team wohl athletisch aussehen würde, wenn es dopte. Das bedeutete, dass die Koreaner in den ersten Turnierspielen extrem fit waren und dauernd sprinten konnten. Allerdings immer mit einer hohen Laktatkonzentration im Blut. Da das Stoffwechselabbauprodukt Laktat in hoher Konzentration die Konzentration und Koordination hindert, sahen Korea-Spiele im Laufe des Turniers immer mehr so aus: Vollgas nach vorne, dort unkoordiniert und unkonzentriert den Ball verlieren, dann aber problemlos Vollgas zurücksprinten. Alle Mannschaften wollten möglichst spät in einem Turnier gegen Korea spielen.

58. GRUND

Weil es Ehrenamtliche wie Hans Baumgartner gibt

Es gibt Funktionäre, die sehnen sich nach Aufmerksamkeit, nach einem Titel, sie leiden am Türstehersyndrom, wollen endlich auch mal was zu sagen haben. Warum bei einer Siegerehrung den drei Mannschaften drei verschiedene Funktionäre die Medaillen überreichen? Weil man damit nicht nur drei Mannschaften, sondern auf eine Siegerehrung auch gleich drei Funktionäre glücklich macht. Ich will das gar nicht verurteilen, das ist legitim, meistens leisten diese Leute ja auch etwas, und das in den allermeisten Fällen völlig unentgeltlich in ihrer Freizeit. Aber man muss das wissen, um die Besonderheit einiger Amtsträger hervorzuheben, die sich ganz ohne Auftrittswillen engagieren. Hans Baumgartner zum Beispiel war so einer. Dem war das sogar unangenehm, wenn er als »Head of Delegation«, manchmal einfach ein Titel für eine bezahlte Urlaubsreise nach Asien oder Australien für den ein oder anderen, irgendwo dabei war und am Ende sogar noch eine Rede halten sollte. Baumgartner organisierte als Manager der Männernationalmannschaft Reisen und Turniere, in seiner Funktion als Vizepräsident Leistungssport Besetzungen und Strategien.

Ob es um die eingleisige Bundesliga ging, die eingeführt wurde und von der Baumgartner wusste, dass sie notwendig für den Sport, aber wahrscheinlich tödlich im übertragenen Sinn für seinen kleinen Heimatverein Rot-Weiß München sein würde. Sein größter Coup ist typisch für den 2013 verstorbenen Regensburger gewesen: Nach dem Weggang des Männerbundestrainers Bernhard Peters zum Fußball brauchte man zügig einen Nachfolger. Manche wollten einen Ausländer holen, Coaches aus der Bundesliga. Hans, den ich hier so nenne, weil er bis zu seinem Tod ein sehr sehr enger Freund von mir war, Hans wollte Markus Weise als Männer-Bundestrainer. Er setzte sich durch am Ende und legte die Basis dafür, dass Weise heute der erfolgreichste Mannschaftscoach aller Zeiten in Deutschland ist und in den vergangenen zehn Jahren die Männernationalmannschaft so erfolgreich war wie nie zuvor.

Baumgartner hat nie davon erzählt, dass er Weise durchgesetzt hatte. Das habe ich erst bei der Recherche für dieses Buch erfahren. Das sind Funktionäre, wie man sie in einem erfolgreichen Amateursport braucht.

59. GRUND

Weil bei den Olympischen Spielen in Rio erstmals ein verheiratetes lesbisches Paar spielte

Bis vor Kurzem war es bei gleichen Nachnamen auf dem Trikot klar: Das sind entweder Geschwister oder (in ganz seltenen Fällen) auch mal Eltern und Kinder. In Rio trat nun erstmals in einer Mannschaft ein lesbisches Paar an. Denn auch im Hockey ist es ja noch längst nicht so, dass alle Homosexuellen sich einfach so outen würden. Rein statistisch müsste es viel mehr gleichgeschlechtliche Paare geben. Bei den zwei Frauen des Teams Großbritanniens war Olympia auch ein Zeichen. Bei Kate Richardson-Walsh zum Beispiel. Eine ihrer Teamkolleginnen ist Helen Richardson. Die Angreiferin mit der Nummer 8 ist Kates Ehefrau. Im Jahr 2013 gaben sich die beiden, die sich seit Teenagertagen kennen, das Jawort und sind nun das erste homosexuelle verheiratete Paar in der Geschichte der Olympischen Spiele. »Wir wollen nicht in die Welt hinausschreien, dass wir ein verheiratetes Paar sind, sondern schlichtweg zeigen, dass es etwas ganz Normales ist«, sagt Kate. Helen nennt es »eine bewusste Entscheidung«. Sie habe die Erfahrung gemacht, dass die Leute anders reagieren, wenn sie offen mit ihrer Homosexualität umgeht. Dann heiße es oft: »Warum macht man da überhaupt ein solch großes Ding draus?« Wenn man hingegen versuchen würde, die sexuellen Präferenzen für dasselbe Geschlecht zu verschweigen, könne dies als eine Art des Verheimlichens angesehen werden. »Es freut uns, wenn sich Menschen bei uns melden und sagen, dass unsere offene Art ihnen geholfen hat, sich mit ihrer eigenen Homosexualität zu befassen oder gegenüber ihren Eltern zu öffnen. Das ist gewaltig«, sagte die damals 34-Jährige. Im Jahr 2000 traten beide in Sydney erstmals für Großbritannien bei Olympischen Spielen an – als Kate Walsh und Helen Richardson. Kate war einst mit Brett Garrard verlobt, dem ehemaligen Spielführer der britischen

Männermannschaft. 2008 trennten sie sich, und seitdem ist Helen auch privat an Kates Seite. Vor vier Jahren gewannen sie bei den Heimspielen in London zusammen Bronze, bei der Hochzeit 2013 war die gesamte Nationalmannschaft dabei.

60. GRUND

Weil die Betreuer eine so große Rolle spielen

In Vereinen kann ich Betreuer noch eher verstehen. Wenn ein Vater seine Tochter gerne beim Sport betreut und vielleicht Spaß an jugendlicher Gruppendynamik hat, ist das fast naheliegend. Oder wenn eine Mutter gerne ihren Sohn noch ein wenig länger begleiten möchte, als in den ersten Wehen der Pubertät als uncool abgestoßen zu werden, hat sie als Betreuerin seiner Mannschaft gute Karten. Schließlich muss man ja ganz nüchtern sagen: Der Job des Betreuers ist bei Weitem nicht so schillernd wie der des Stürmers oder des Torwarts. Statt Bälle aus dem Winkel zu hechten und sich nach einem knappen Sieg dafür von den Mannschaftskameraden feiern zu lassen, oder mit einem Glücksschuss noch den Siegtreffer zu erzielen und sich ebenfalls feiern zu lassen ist der Betreuer viel näher am Funktionär als am Spieler. Bedeutet: Macht er alles richtig, ist es selbstverständlich. Macht er etwas falsch, gibt es Unmut. Das ist natürlich hart formuliert, aber mit Absicht. Wie viele Eltern gibt es in Vereinen, die Betreuung als selbstverständlich hinnehmen? In meiner Funktion als Abteilungsleiter meines Münchner Hockeyvereins gibt es wenig schlimmere Formulierungen als die, wenn jemand sagt: »Schließlich zahlen wir dafür Mitgliedsbeitrag.« Das kann man zur Krankenkasse sagen oder zum ADAC, aber nicht zu einem Verein, der nur dank Ehrenamtlicher funktioniert. Denn das ist ja das Geheimnis jedes guten Vereins: Engagierte Menschen, die nichts kosten, plus gute Leute (Trainer), die wenig kosten und es aus Spaß und Idealismus machen, samt ein paar Trainern, die wirklich etwas kosten und dann auch noch in der Lage sind, alle Ehrenamtlichen mitzureißen. In meinem Verein gibt es eine Mutter, die wahrscheinlich den Job des gesamten Hockeyvorstands besser könnte, die mit sozial mittelkompetenten Menschen auskommt, mit verplanten Spielern, mit irritierten Wirten, eingespannten Verbandsfunktionären, und die es noch immer gerne macht. Ich kann das zwar nicht ganz verstehen, bin aber heilfroh darüber. Froher als über jeden Neuzugang bin ich über jedes Jahr, in dem mein Verein solche Leute hat.

Kurz: Wer zufriedene Betreuer hat, hat einen gesunden Verein.

Aber in der Nationalmannschaft? Zu meiner Zeit gab es Dieter Schuermann. Der lebt auch heute noch, kann aber diese Zeilen sehr wahrscheinlich nicht lesen nach seinem Schlaganfall. Ich werde sie ihm vorlesen, wenn ich ihn wie jedes Jahr in seinem Krankenzimmer besuche. Dieter hatte nichts von seinem Engagement außer sehr viel Arbeit zu der vielen Arbeit, die er ohnehin schon als Steuerberater hatte. Nach ihm kam Jochen Heimpel, ebenfalls ein unglaublich engagierter Mann, der sich gerne noch mehr To-do-Listen aufhalste. Andererseits: Wo kann man sonst als Leistungssport-Außenseiter so eine Gruppendynamik hautnah miterleben. Ich werde Dieters wunderbar kindliche Freude nach dem WM-Sieg 2006 nie vergessen. Oder wenn er einfach mal abends bei einem von uns auf dem Zimmer saß, im Schneidersitz auf dem Boden, und versucht hat, das völlig ins Grundschulhafte abgeglittene Niveau der vom Lagerkoller gezeichneten Gehirne mit etwas tagesaktueller Politik oder gesellschaftsrelevanten Themen anzureichern.

Der Slogan mit dem Ehrenamt ist zwar schrecklich, aber wahr.

Engagiert euch! Wenn ihr schon nicht auf die Straße geht gegen rechts oder für Demokratie oder auch nur für mehr Trainingszeiten, dann geht zu den Funktionären eures Vereins, lobt sie einmal kurz (die einzige Währung in dieser Branche) für irgendwas und bietet eure Mithilfe an.

61. GRUND

Weil Eltern und Geschwister so eine große und gute Rolle spielen

Bei der Suche und Recherche nach den wichtigsten Gründen für den Sport habe ich auch Freunde und Bekannte aus meinem Hockeyumfeld gefragt, was sie denn noch wichtig finden. Ein Vater zweier Söhne, die in meinem Alter sind, sagte sofort: weil man als Eltern in dieser Sportwelt viel länger Kontakt zu seinen Kindern haben kann als der durchschnittliche Vater oder die durchschnittliche Mutter. Sobald die Kinder in der Pubertät sind, reduziert sich der Kontakt zu den Eltern ja gerne mal auf ein »Du bist peinlich«, ein mürrisches Sich-den-Urlaub-bezahlen-Lassen oder andere notgedrungene Pflichtgemeinsamkeiten, weil der Nachwuchs ja noch abhängig ist vom Elternhaus. Und selbst wenn es ein reibungsfreies Miteinander ist, bei dem man sich versteht und liebevoll miteinander umgeht: Die Lücke zwischen Pubertät und dem Wiederfinden und Wiederentdecken der Eltern Jahre später muss es in Familien, in denen beide Generationen Hockey spielen, nicht oder kaum geben. Beim Beispiel des Vaters aus meinem Umfeld war es ziemlich einfach: Der Papa konnte den Söhnen das Hockeyspielen beibringen, er konnte es vormachen, er konnte es eine lange Zeit lang auch immer noch deutlich besser als seine Kinder. So eine Situation und so eine Konstellation überzeugt selbst den Turbo-Pubertierenden. Wenn der Papa oder die Mama den Siebenmeter mit Karacho in den Winkel schlenzen kann, unterdrückt der Sohnemann oder die Tochter jegliche »Du bist peinlich«-Reflexe und bittet den Dad, ihm das doch bitte beizubringen. Und auch wenn man als Sohn oder Tochter gerade in einer Phase ist, in der man bei der persönlichen Entwicklung die Stufe erreicht hat, auf der man alles besser weiß, ist der Hockeysport so angelegt, dass es dem oder der Jüngeren erlaubt, sich beraten, trainieren oder coachen zu lassen, ohne vermeintlich vor den Kumpels oder den Mitspielerinnen das Gesicht zu verlieren. Oft liegt das schlichtweg daran, dass die Unverwandten den trainierenden oder ratschlagenden Vater oder Mutter ohnehin als Instanz akzeptieren, mehr noch als das die eigenen Kinder tun. Wären die Kinder von Carsten Keller jemals so gut geworden und so erfolgreich, dass jedes einzelne eine Goldmedaille gewinnt, wenn nicht Papa Carsten auch eine im Schrank hängen hätte? Oder, auf etwas weniger hohem Niveau, würden die beiden Söhne des Papas aus meinem Umfeld heute auf eine so erfolgreiche Karriere zurückblicken, wenn sie nicht ein wandelndes Vorbild und lebendes Hockeylexikon immer um sich herum gehabt hätten? Der Vater sagte zu mir: »Ich hätte niemals so lange und durchgehend engen Kontakt zu meinen Kindern gehabt, wenn ich sie nicht trainiert hätte.«

Mütter sind Betreuerinnen, Väter sind Trainer, und andersherum (wenn auch noch immer meist in der erstgenannten Reihenfolge, nur wegen dieses Genderdings existiert diese Klammer), große Brüder sind Vorbilder, kleine Schwestern der sorgfältig auszubildende nächste gute Mitspieler in der Jugend- oder Damenmannschaft.

Ich selbst habe zwei jüngere Brüder. Mit dem mittleren habe ich viele Jahre Bundesliga in München gespielt, wir sind zusammen Deutscher Meister geworden. Und der Jüngste hat auch zwei Bundesligaspiele mit seinen beiden älteren Geschwistern absolviert. Wären wir heute so eng verbunden, hätten wir nicht zusammen Hockey gespielt? Vielleicht, aber ich glaube: weniger stark. Wer darf dem schon zu amtierenden Hockey-Lebzeiten denkmalsähnlich angesehenen Rekordnationalspieler von Rot-Weiß München damals im Vereinstraining die Meinung geigen, wenn der sich wieder zu sehr aufregt? Der Bruder. Natürlich. Wenn das passierte, war der Rekordnationalspieler sehr schnell sehr still.

Es gibt gerade im Hockey Hunderte Familienkonstellationen. Großfamilien, die einen Verein prägen, Geschwister, die Generationen prägen. Die Brüder Christopher und Philipp Zeller taten das gleichzeitig mit den Brüdern Benjamin und Timo Wess zwischen 2006 und 2012 in der Männernationalmannschaft. Die Brüder Stefan und Jan-Peter Tewes oder Thomas und Dirk Brinkmann waren die Geschwisternamen Anfang der 90er-Jahre. Die Schwestern Haase spielten zusammen im Nationalteam, derzeit spielen bei den Männern Mats und Tom Grambusch. In der niederländischen Nationalmannschaft war der Nationaltrainer vor einiger Zeit Paul van Ass, und in seinem Team spielte bei Olympia in London auch Seve van Ass mit, sein Sohn.

Aus meiner eigenen Erfahrung würde ich behaupten, dass Geschwister- oder Familienkonstellationen eher zu einer Leistungssteigerung führen als zum Gegenteil. Und wenn dann irgendwann die dritte Generation im Verein die ersten Bewegungen mit dem Schläger unternimmt, ist vielleicht dann der Großvater oder die Großmutter noch immer sehr gefragt und erst recht angesehen, nicht nur als Fahrer für die Kinder. In meinem Fall des Vaters aus meinem Heimatverein gibt es mittlerweile vier Enkel, von denen zwei auch schon Hockey spielen. Und der Großvater ist dann nicht nur der mit den Geschenken, sondern der mit Ahnung, wie man es endlich schafft, den Schlenzball in den linken Torwinkel zu wuchten. Mit einem Eis als Belohnung natürlich.

62. GRUND

Weil der HC Rom einer der irrsten Vereine der Welt ist

Obwohl ich dort gespielt habe und daher naturgemäß subjektiv an diesen Ort und Verein herangehe, werde ich versuchen zu zeigen, dass die These aus der Überschrift stimmt. Wer in Deutschland hockeyzivilisiert wurde wie ich, konnte sich beim ersten Besuch dieses Vereins nur wundern. Es war im Herbst 2004, kurz nach den Olympischen Spielen von Athen, also dem Zeitpunkt, an dem auch heute noch die Nationalspieler am ehesten Zeit für ein sportliches Experiment haben. Bis zur nächsten Olympianominierung, der wichtigsten in einer Hockeykarriere, sind es noch knapp vier Jahre, das nacholympische Jahr kann nun entweder zum Boost im Studium oder der Ausbildung genutzt werden oder zur persönlichen Entwicklung, wie es im CV-Deutsch so schön heißt. In meinem CV sollte stehen nach dem eher mittelmotiviert abgeschlossenen Biologiestudium, dass der Crone dann ein Sprachstudium in Italien aufgenommen hat. Dass die ganze Sache eigentlich eher eine Art Spielverzögerung war, bis mir einfallen würde, was ich denn beruflich mal machen wollen würde (klar war nur: Biologie war es nicht, leicht suboptimal natürlich nach einem abgeschlossenen Studium), musste ja nirgends stehen. Mein damaliger Zimmerpartner bei Olympia, Christoph Eimer, hatte zu dem Zeitpunkt, Ende September, bereits eine Saison beim HC Roma gespielt, dem damaligen FC Bayern des italienischen Hockeys. Außerdem hatten wir im Vorfeld von Olympia bereits einen Lehrgang in Rom absolviert mit Länderspielen gegen die Niederlande. Es waren zwei Länderspiele, zu denen auf der Anlage des HC Rom, im Stadtteil EUR im Süden gelegen, direkt neben einem Vergnügungspark und mehreren Schnellstraßen, kein einziger deutscher oder niederländischer Fan gekommen war, dafür etwa 50 Fans von Christoph, die ihn in einer Lautstärke anfeuerten, dass selbst die Holländer irritiert waren.

Christoph also spielte wie immer unglaublich gut, und nachdem im Anschluss an das zweite Länderspiel der Vorschlag aus dem italienischen Betreuerstab kam, doch ein römisches Gelage in Backstein-Katakomben nachzustellen, mit unserem als Bacchus verkleideten Torwarttrainer Bernd Schöpf, begann ich zum ersten Mal zu überlegen, dass es spannend sein könnte, mal eine dieser anderen Hockeywelten außerhalb Deutschlands und Münchens zu entdecken. Als ich Christoph davon erzählte und kurz darauf ein Treffen mit dem italienischen Trainer stattfand, der mit einem Motorrad anrollte, das in seiner Wucht einem Ford Mustang ähnelte, verfestigte sich dieser Gedanke: Mithilfe dieses Sports andere Kulturen kennenzulernen könnte wirklich etwas zur persönlichen Entwicklung beitragen. Und bis heute ist meine Antwort, was der wichtigste Moment oder die wichtigste Entscheidung in meinem Leben war, nicht die, die man wohl erwarten würde: einen der Hockeytitel. Es ist die Entscheidung gewesen, mit einem alten Passat, zwei Koffern und einem auseinandergebauten Schlagzeug im Kofferraum zu Vor-Navi-Zeiten nach Süden zu fahren, an einem Freitagmorgen, um zwei Tage später mehr gelernt zu haben als in allen 2-Tages-Einheiten zuvor, und um ein Jahr später mehr gelernt zu haben als in 27 Jahren zuvor.

Der erste italienische Halbsatz, den mir der damalige Torwart Mario Pompili zurief, lautete »troppo vecchio« und bedeutete »zu alt«. Dabei deutete er beim Warmlaufen am Freitagabend vor dem Auswärtsspiel in Verona auf sich. Pompili war damals 40 Jahre alt. Er war und ist bis heute ein geschickter und gewiefter Handwerker, dessen Erfolg unter anderem darauf beruht, dass er seinen Bruder eingestellt hat, der sehr hart arbeitet, während Mario oftmals vor allem hart daran arbeitet, weitere Oldtimer für seine Sammlung zu finden. 15 Jahre später, bis zum Winter 2017/2018, spielte er noch immer, mittlerweile sogar eine Saison zusammen mit seinem Sohn, in der ersten Mannschaft von Bologna. Typisch Hockey, typisch Italien.

Dass man mit Mitte 50 noch auf hohem italienischen Hockeyniveau spielen kann (Mario wurde vor einem Jahr sogar noch einmal italienischer Hallenmeister), sagt natürlich etwas über die Höhe dieses Niveaus aus, aber eben auch über den Stellenwert, den der Sport in einer zwar sehr kleinen Gruppe von wenigen Tausend Mitgliedern in Italien hat. Auch andere Mitspieler von damals sind heute noch aktiv, zum Beispiel Andrea, der mittlerweile 43 Jahre alt ist, und bei dem ich in den folgenden Jahren bis heute grob geschätzt etwa 30 Mal während meiner Besuche, die bis zu vier Wochen dauern können, wohnen durfte.

An dem Abend des ersten Trainings lernte ich zunächst neben der Tatsache, dass Alter auch beim Hockey sehr relativ ist, zum Beispiel, dass Idealismus in Italien noch deutlich größere Blüten austreiben kann, als ich das von Deutschland kannte. Auch dort gab und gibt es Menschen in einem Verein, die mit an Selbstaufgabe grenzender Selbstlosigkeit ihre Spieler und Mannschaften unterstützen, zu den weitesten Auswärtsfahrten mit in den Bus steigen und auch ohne einen Punkt Ausbeute bei der Rückfahrt vom Doppelwochenende nicht jammern, warum jetzt das ganze Wochenende dafür draufgegangen ist. In Italien sind die Betreuer sogar bei jedem Training anwesend gewesen. Franco Cherchi zum Beispiel kam montag-, mittwoch- und freitagabends nach der Arbeit zum Training und saß am Tag nach der Anreise selbstverständlich auch mit mir im Zugabteil, um die Auswärtsfahrt anzutreten. Franco und Mario konnten und können bis heute kein Wort Englisch, was dazu führte, dass ich bei der Anreise zum ersten Punktspiel nicht in die geplanten Spieltaktiken des argentinischen Coaches eingewiesen wurde, sondern mir anhand der vorbeilaufenden Fahrgästinnen der italienische Begriff für eine ansprechenswerte Frau mit Händen und Füßen und sehr viel Zeigen und Wiederholen erklärt wurde. »Portabile«, also im Prinzip »tragbar«, war Marios Aussage bei allen Damen, die eine auch nur ansatzweise als blond beschreibbare Haarfarbe hatten.

In Verona gab es dann einen Spielerappell, der sich vor jedem Spiel wiederholen sollte: Alle aufgestellten Spieler einer Mannschaft mussten sich mitsamt ihres Trikots in einem Kreis um den Schiedsrichter aufstellen, und der rief dann nach der Liste des Mannschaftsbogens die Namen, worauf man mit »Si« und dem Hochhalten des Trikots reagierte.

Im ersten Spiel wurde ich zunächst nicht eingesetzt, warum auch immer. Vielleicht dachte sich der Coach, ich würde in den ersten zehn Minuten des Spiels erkennen, welche Taktik die Mannschaft spielt, um dann taktisch auf dem aktuellen Stand mitspielen zu können. Allerdings konnte ich nichts erkennen, außer dass wild gerufen wurde und gedribbelt. Beim Stand von 0:0 wurde ich dann nach zehn Minuten eingewechselt, und am Ende bekam ich eine Lektion in italienischer Unparteiischkeit der Schiedsrichter. Beim Stand von 4:1 für Rom zehn Minuten vor dem Ende brüllte der deutsche Innenverteidiger ununterbrochen »nach links« oder »nach rechts«, um die stark unter Plattheit leidenden Stürmer, die aber umso leidenschaftlicher und ungestümer in die Zweikämpfe gingen, zu dirigieren. Doch dann beschlossen die beiden Unparteiischen, dass sie dem immer lauteren Werben der veronesischen Zuschauer, die etwa so engagiert waren wie einige Monate zuvor die Fans von Christoph beim Länderspiel, ein wenig zu belohnen gedachten. Am Ende spielten wir 4:4, keiner wusste warum, und ich hatte gelernt, dass man sich nie wieder über irgendeine Schiedsrichterentscheidung in Deutschland aufregen sollte, es könnte ja noch viel schlimmer kommen, und man würde auf zwei italienische Schiedsrichter treffen. Um weder unter Schiedsrichter-Lobhudelei noch unter Abwertungsverdacht zu fallen, sei nur bemerkt, dass man wohl erst in einem Moment, in dem man erstmals Unparteiischen begegnet, die gar nicht unparteiisch sein wollen, den Luxus des zum Beispiel deutschen Schiedsrichterwesens erkennt.

Auf der Rückfahrt wurden von Mario etwas weniger Portabiles identifiziert als auf dem Weg nach Verona, das lag aber vielleicht auch daran, dass Mario bei einem der letzten Gegentore nicht so gut aussah und sich leicht grämte, den neuen Mitspieler nicht mit einem Sieg in seine Saison starten lassen zu können.

Die nächste Entdeckung respektive Erkenntnis: Die Art und Weise, wie bei Mannschaften oder wie in Vereinen außerhalb des Platzes zusammen Zeit verbracht wird, ist außerordentlich unterschiedlich. In manchem deutschen Club wird man bei Androhung von Ausgrenzung und Dauersprüchen dazu verdonnert, möglichst täglich am Vereinsleben teilzunehmen, bei anderen reicht es, nach dem Training nicht sofort zu gehen. Und jeder, der sich mal bei seinem Verein darüber geärgert hat oder unzufrieden war, dass im Clubhaus nichts los ist, der hat noch nie bei einem Verein gespielt, der gar kein Clubhaus hat. Die Römer spielten damals an der öffentlichen Anlage »Tre Fontane«, Drei Quellen, und teilten sich die Umkleidekabinen mit drei anderen Vereinen, auf dem Gelände wurden ebenfalls Tennis und Leichtathletik gespielt und trainiert. Auf provisorisch dauerhaft installierten Eisentribünen saß man, es gab nichts zu essen oder zu trinken, nach einem Spiel konnte man sich im Vergnügungspark gegenüber etwas holen oder in der nächsten Bar.

In Italien wunderte mich immer wieder die Kombination aus absoluter Professionalität und beinahe perfektem Sport-Dilettantismus. Bei der Ernährung und der Trainingsintensität zum Beispiel. Es gibt wohl kein Land, in dem auf Anhieb so gut vor einem Spiel gegessen wird wie in Italien. Allein die dort übliche Primo-Secondo-Regel samt Vorab-Brot führte dazu, dass kein Ernährungsberater sich jemals hätte beschweren können. Ein bis zwei Scheiben Weißbrot, um den Blutzuckerspiegel hochzusetzen, dann ein Teller Pasta mit wunderbar vielen und langen Kohlenhydraten an leichter Soße und am Ende noch ein mageres Stück Fleisch, Huhn meistens, mit Gemüse. Abgerundet von einem Espresso. Profis.

Wenn man aber das Athletiktraining besuchte, fühlte man sich zurückgeworfen in das Ausdauerbolzen im grauen Vorzeitalter des Fußballs, als die Mitspieler noch im Sprint von einer Eckfahne zur anderen getragen werden mussten. Sprints, Sprints, keine Pause, wieder Sprints und Sprünge. Kein Wunder, dass meine römischen Mitspieler trotz bester Vorspiel-Mahlzeiten am Ende eines Spiels meistens schlappmachten und bei 4:1 noch 4:4 spielten. Könnte natürlich auch daran gelegen haben, dass so mancher zum caffè auch noch eine kleine Zigarette zu sich nahm. Amateure.

Ein weiteres Beispiel war die Reise des amtierenden Hallenmeisters zum Europapokal der Landesmeister, Pool B, nach Jekaterinburg im eiskalten Russland. Römer reisen dabei nicht einfach, indem sie ihre Taschen packen und sich am Flughafen treffen. In diesem Fall gab es eine eigene Europapokal-Einkleidung. Wichtigstes Utensil: der Wintermantel von Sergio Tacchini. Es gab ebenfalls mehrere Einspiel- und Auslaufshirts. Die Reisegruppe glich einer heutigen Mode-Mannschaft mit dem Auftrag, Italien als Kleidungsnation im Ausland zu vertreten. Profis.

Allerdings geschah dann dort auch das Unprofessionellste, was mir beim Hockey je passiert ist. Nach drei Gruppenspielen war unser Team nur Gruppendritter. Niedergeschlagen versammelte man sich im Hotel und betrank sich an der Bar. So weit, so international, so normal. Torwart Mario hatte sich zudem in die Stadt aufgemacht, um seinen Ärger in Clubs zu vergessen. Gegen halb zwei Uhr kam dann Betreuer Franco plötzlich aufgeregt an die Bar und meldete vom Ausrichter des Turniers, dass man sich wohl unklar ausgedrückt hätte. Nach einem neuen Modus würden diesmal nicht in zwei Vierergruppen mit Halbfinale und Finale gespielt, sondern man spielte: jeder gegen jeden. Das führte dazu, dass wir am nächsten Morgen ein normales Gruppenspiel hatten, und im Falle, dass wir dieses gewinnen würden, könnten wir mit einem Sieg im letzten Spiel sogar das Turnier gewinnen. Das Problem war nur: Mario war nicht zu finden und zu erreichen. Da ich mir mit ihm ein Zimmer teilte, bekam ich eine wundersame Verwandlung des Torwarts im Morgengrauen zu sehen. Als er gegen fünf Uhr ins Zimmer kam, erzählte ich ihm von dem Turniermodus, woraufhin er sich sofort unter die eiskalte Dusche stellte und ins Bett sprang. Seine Leistung unterschied sich am nächsten Tag nicht von der in den bisherigen Spielen. Wir gewannen beide Spiele und wurden Turniersieger, was für die Römer mehr bedeutete als so manche Meisterschaft, weil es ein internationaler Titel war. Direkt nach der Siegerehrung kam ein sehr beleibter Russe auf mich zu. Ich hielt noch einen kleinen Pokal als bester Spieler des Turniers in der Hand und hörte nun interessiert zu, wie mir der Russe in gebrochenem Englisch die Vorzüge eines Einsatzes für den HC Jekaterinburg erklärte, während die anderen Spieler bereits in der Kabine erste Partyvideos aufnahmen. Zurück in Rom, wurde jeder der Spieler bei der nächsten Trainingseinheit in das Büro des Managers gebeten, ein windiges Kabuff am Spielfeldrand. Dort gab Enzo immer mit großem Pathos in Stimme und Gestik die Gehaltsschecks aus. Diesmal gab es für jeden noch etwas extra.

Auch wenn man dem Phänomen der Reden-machen-Diskrepanz in jedem Land der Welt und bei jedem Verein in beliebigen Ausführungen begegnen kann, war es jedoch auch in der Hinsicht eine bemerkenswerte Erfahrung, wie ausgeprägt dieses Missverhältnis sein kann. Vielleicht liegt es auch an der Sprache, mit der man so wunderschön mitreißend formulieren kann. Auf jeden Fall waren die Römer in der Lage, selbst vor ganz normalen Ligaspielen ein Szenario vor dem Anpfiff heraufzubeschwören, in dem es um Stolz, Mut, Ruhe, Entschlossenheit und allerlei andere zur Ehre gereichende Begriffe ging, die man eher von einem Feldherrn vor der Schlacht erwartet hätte als vor dem Spiel am Samstagnachmittag gegen Pisa. Wenn dann allerdings ein Ball hinzukam, war es sehr schnell wieder eher ein Fluchen und Suchen nach den rudimentären taktischen Vorgaben, die der Coach vor dem Spiel ausgegeben hatte. Erst ganz am Ende, nach dem Spiel, wenn Christoph und ich es vielleicht geschafft hatten, die anderen Spieler davon zu überzeugen, doch wirklich das ganze Spiel so zu bestreiten, dass man sich an die Verabredungen hielt, die man vor dem Spiel getroffen hatte, ganz am Ende wurde es dann wieder und noch einmal sehr besonders. Italienische Hockeyspieler sind irre emotional. In meinem letzten Spiel, das war das Pokalfinale in Padua, gewannen wir, obwohl auch in diesem Fall die Schiedsrichter eher der Meinung waren, dass der HC Rom nicht unbedingt noch einen Titel bräuchte. Kurz vor Ende des Spiels wurde unser Kapitän Luciano Pepe von seinem Gegenspieler absichtlich schwer verletzt. Allerdings hatte der Spieler das so geschickt angestellt, dass er nicht dafür bestraft wurde. In einem Zweikampf spielte der Gegner (im normalen Leben ein ganz normaler Mensch, sogar mit Kindern) den Ball über

Lucianos liegenden Schläger, aber anstatt den Schläger über den von Lucio zu heben und dem Ball nachzulaufen, schob er die Schlägerkeule seines Schlägers hart über den Boden und direkt auf Lucianos Hand, die den Schläger auf dem Boden hielt. Ein hartes Klacken, und Lucios Zeigefinger war gebrochen, und zwar in V-Form. Der Schiedsrichter, der meinte, dass die andere Mannschaft gewinnen sollte, pfiff daraufhin erfreut eine Strafecke, weil er das Klacken irgendwie als absichtliches Foul interpretierte. Auch Lucios Zeigen auf seinen Finger, der wirklich bemerkenswert v-ig abstand, konnte ihn nicht umstimmen. Selten habe ich mich mehr über einen Sieg gefreut als in diesem Spiel. Es mag sicher auch damit zu tun gehabt haben, dass Kapitän Luciano so übel verletzt wurde, vielleicht lag es auch daran, dass es mein letztes Spiel war und mich die Römer fast so sehr in ihr Herz geschlossen hatten wie ich sie. Auf jeden Fall bildeten sie noch einmal einen Kreis, in dem der Kapitän nach einer feierlichen Rede über Stolz, Ruhm und Ehre seinem Nachfolger Federico die Kapitänsbinde übergab. Und auf einmal weinten alle. Alle. Bis auf mich, ich war aber nur zu überrascht.

Der Finger von Luciano ist im Übrigen noch heute nicht wieder gerade. Er musste einige Wochen Drähte in den Knochen tragen, seine beiden Töchter amüsieren sich immer wieder über den linken Zeigefinger.

In der Hallensaison kann man ebenfalls aus anderen Ländern etwas lernen. Wenn es zum Beispiel drum geht, wie gut oder schlecht geeignet eine Halle für das Hallenhockey ist, erinnere ich mich gerne an die Saison 2005/06 in Rom. Da gab es zum einen die regelmäßige Variante, auf dem Kunstrasen auch Hallenhockey zu spielen, indem man dort Holzbanden auslegte. Oder, die noch härtere Variante, die Mannschaft trainierte eine Saison auf einem Betonboden, der nur von einem Zelt überdacht war. Zwar war das von den Temperaturen her erträglich in den meistens sehr milden Wintern von Rom. Allerdings musste man sich eigentlich alle drei Wochen einen neuen Hallenschläger besorgen, wenn man nicht

Gefahr laufen wollte, bei den Spielen benachteiligt zu sein, weil an der Keule von der Fläche des Hallenschlägers nur noch die Hälfte übrig war und der Rest vom Betonboden abgeschmirgelt.

Ebenfalls interessant war die medizinische Betreuung. Mitte der 00er-Jahre, als der HC Rom noch permanenter Titelanwärter war, gab es einen Physiotherapeuten, der bei jedem Training anwesend war, was ich zwar aus der Nationalmannschaft gewohnt war, aber nicht aus dem Verein. Das mag sich heute bei den Topclubs geändert haben. Doch interessant war vor allem auch hier die Diskrepanz, allein bei der Versorgung. Andrea Pierini, ein junger Physiotherapeut mit einem Hang zu unglücklich verlaufenden Liebesgeschichten und zu spontanen Opernarien. Es konnte also vorkommen, dass er einem mit trauriger Miene und immer wieder aufbrechenden inbrünstigen Stoßgesängen einen viel zu festen Tape-Verband anlegte. Am Platz, wenn man Glück hatte. Ich bin in der Zeit in Rom einmal böse umgeknickt und flog dann ganz panisch aus Angst vor den italienischen Ärzten Hals über Kopf mit dem nächsten Flieger nach München, um den damaligen Nationalmannschaftsarzt in Regensburg aufzusuchen. Erst nachdem der allerdings exakt das Gleiche sagte wie der singende Andrea (ruhig stellen), war ich beruhigt. Immerhin stand in einem halben Jahr die Heim-Weltmeisterschaft in Mönchengladbach an. Zurück in Italien, bekam ich Reha-Termine in Andreas Praxis, die mit dem Verein kooperierte. Das lief dann so ab: Sehr viele angestellte Menschen in blauer oder türkiser Kleidung liefen in dieser Praxis herum, vornehmlich unterhielt man sich, ging eine rauchen oder auf einen caffè in die Bar ums Eck. Die Patienten warteten lange, die Angestellten pausierten lange, nur die Athleten mit großflächigen Tätowierungen wurden zügig behandelt. Es waren meist Fußballer. Vielleicht kommt ja diese Tattoo-Modewelle ursprünglich aus den vielen italienischen Arztpraxen, weil die Leute dadurch die Hoffnung hatten, schneller dranzukommen? Und die Namen, die der Tätowierte auf welcher Stelle auch immer in seine Haut ritzen ließ, das waren gar nicht die Kinder oder die Freundin? Nein, da wir in Italien waren, muss es sich in vielen Fällen um die Mama gehandelt haben oder eben um die Physiotherapeutin. Aber das ist jetzt natürlich eine krude Theorie, die mir allein bei dem Gedanken kommt, wenn ich an die leicht muffigen Räume zurückdenke, in denen ich lange nutzlos herumsaß, bis mir jemand einen Ultraschallkopf reichte, damit ich mich selbst behandelte. Und gerade als ich überzeugt war, dass das Gesundheitssystem in Italien in etwa so gut ist wie die dortige Brotauswahl beim Bäcker (und mir mein Freund Christoph aus seiner Arbeit im Krankenhaus sicher auch eher die Geschichten mit den Pannen oder Skurrilitäten erzählte), bekam ich bei einem der Heimspiele einen Ball an den Kopf.

Bis heute ist es mir ein Rätsel, wie der italienische Gegenspieler den Ball bei einem Freischlag innerhalb von drei Metern so hoch schlagen konnte, obwohl er ja eigentlich hätte flanken wollen müssen. Und ob das Absicht war wie bei Kapitän Luciano, darüber nachzudenken und das in Betracht zu ziehen habe ich aus deutsch-italienischen Freundschaftsgründen verweigert. Ich habe also eine Platzwunde an der typischen Stelle im Gesicht, über der linken Augenbraue. Und der Gedanke war: Muss ich jetzt so zu meinem Arzt nach Regensburg fahren? Doch dann passierte Folgendes: Manager Franco rief einen grauhaarigen Mann herbei, den Vater einer Spielerin, der das Spiel anschaute. Fünf Minuten später lag ich in der Umkleidekabine, der Grauhaarige beugte sich über mich und sah auf die Wunde. Weitere fünf Minuten später war die wieder zu. Der Mann war Schönheitschirurg und hatte Fäden dabei, mit denen man Kunsthaar hätte flechten können. Ich habe im Laufe der Jahre sicher mindestens zehn Platzwunden im Gesicht abbekommen, aber keine wurde so wunderschön versorgt wie die vom grauhaarigen Meister. Fast schade, dass ich sie heute keinem mehr zeigen kann. Sie ist eben einfach weg.

Als ich nach einem Jahr zurückfuhr nach München, war klar, dass es wohl auf der ganzen Welt solche ganz besonderen Vereine geben musste. Und auch wenn es einen Nationalspieler in viele Länder verschlägt und man sich dort in Clubhäusern aufhält, ist es doch ein großer Unterschied, in anderen Ländern wirklich Hockey zu spielen. So kann ich nur jeden ermuntern, über das weltweite Netzwerk der Hockeyvereine mal einen neuen Blick auf die Sportart zu gewinnen, indem man eine Zeit lang aus dem gewohnten Clubleben abtaucht und in das neue ein.

DIE GESCHICHTE

63. GRUND

Weil Hockey seit 5000 Jahren gespielt wird

Der Ursprung des Hockeysports ist nicht ganz einfach auszumachen. Mit Steinen und Stöcken wurde wahrscheinlich seit dem Pleistozän hantiert. Es gibt Hinweise, dass schon um 3000 vor Christus bis zu 100 Spieler pro Team mit Stöcken einem kleinen Ball hinterherrannten. Die ältesten Funde zum Hockeysport fanden sich in einer Grabkammer im Niltal, sie lassen sich ungefähr auf die Zeit von 2000 v. Chr. datieren. Auf Bildern ist eine Situation zu erkennen, die eine Art Bully sein könnte. Der ägyptische Hockeyverband verwendet diese Abbildung noch immer. Zudem fand sich eine Schriftformel, auf der eindeutig zwei Schläger zu erkennen sind, in J-Form. Diese Schrift war eine Beschreibung des Königs Ramses III. Hat Ramses also Hockey gespielt? War er womöglich gar der viel zitierte Hockeygott? Ramses bedeutet »Abwender der Gefahr«, wahrscheinlich war Ramses doch eher Verteidiger. Auch Araber, Griechen und Perser spielten in verschiedenen Variationen eine Art Hockey, Azteken spielten wieder eine andere Variante. Datierungen gehen zurück auf eine Zeit, die Jahrhunderte vor der Entdeckung dieses Kontinents durch die Europäer liegen. Etwa im 15. Jahrhundert fand man Hinweise bei Indianern im heutigen Kanada, die mit Walfischknochen und aufwendig verzierten Kugeln vor allem auf Eis spielten.

Auch die Römer spielten Hockey, leider nicht im Kolosseum. Dann wäre der Sport heute vielleicht Volkssport. Bei den Römern hieß Hockey Paganica-Sport, und der Ball war mit Federn verziert. Im Mittelalter taucht dann ein ähnlicher Sport auf, »Cambuca«, der mit einem Holzball gespielt wurde. Auch in den Niederlanden entwickelte sich um 1200 ein Spiel, genannt »Hetkoven«, mit Stock und Ball. Hurling, das aus Irland stammt, ist ebenfalls hockey-ähnlich und sehr lange bekannt. Deshalb gelten Irland und die britische Insel auch in Europa als Ursprungsort des Hockeys. In diesem Zusammenhang tauchte dann auch erstmals die Bezeichnung »Hockie« auf. »The game with the little ball and hockie sticks or staves«. Der Ursprung des Namens liegt wahrscheinlich in dem Urwort für Haken, im Französischen ist »Hoequet« der Begriff für den gebogenen Hirtenstab.

Als in England 1832 zum ersten Mal von Hockey die Rede war, waren es zwar nicht mehr Hunderte Spieler wie ganz zu Beginn der historischen Hinweise, aber schon noch immerhin 30 pro Mannschaft. Heute sind es wie beim Fußball elf gegen elf. Wenn man sich die Schläger von damals ansieht, könnte man meinen: Das ist heute ein anderer Sport. Ist er auch. Früher spielte man auf holprigem Naturrasen mit Holzschlägern, die unten an der sogenannten Keule so gebogen waren wie das Horn eines Stieres. Heute spielt man auf spiegelglattem Kunstrasen mit Plastikschlägern, deren Keule eher rüsselig eingerollt aussieht. Früher war allein die Technik wichtig, also wie geschickt man mit Ball und Schläger umgeht.

Im Jahr 1876 wurde erstmals ein Regelwerk aufgestellt. Dabei hat man die Spielfeldgröße, die Maße der Tore und die Zahl der Spieler festgelegt. 1886 schlossen sich die ersten drei Hockeyverbände England, Irland und Wales zum »International Hockey Board« zusammen, zwei Jahre später trat Schottland bei. Die ersten Hockeyfunktionäre gab es demnach vor 130 Jahren.

Das moderne Hockey hat nach englischen Quellen seinen Ursprung in dem kleinen Ort Teddington in Middlesex, der Club gilt als ältester Hockeyverein der Welt. Von dort aus wurde der Sport im 19. Jahrhundert zügig durch die britischen Kolonialsoldaten über das Empire verbreitet, der Grund, warum auch in den damaligen Kolonien Indien und Pakistan Hockey gespielt wurde. Dort kannte man bis dahin eine ähnliche Sportart namens »Kathi-Chendu«. Manche sind davon überzeugt, dass die zwischenzeitliche Dominanz der Inder und Pakistani in den 60er- und 70er-Jahren daher kommt, dass in den Ländern beim Kathi-Chendu seit langer Zeit

Schläger mit kürzeren und stärker gekrümmten Keulen eingesetzt wurden, wodurch die Spieler technisch besser geschult und gefordert wurden. Offenbar war damals in Indien auch bereits das Vorhand- und Rückhandspiel bekannt, ehe es sich in Europa etablierte.

Die Ausbreitung des Hockeysports nach Deutschland lief dann über norddeutsche Country-Clubs, die Anfang des 20. Jahrhunderts gegründet wurden. Die ersten internationalen Spiele fanden noch Ende des 19. Jahrhunderts statt. Bereits 1908 war Hockey dann olympisch. Bei den Männern. Bei den Frauen sollte es noch einmal 72 Jahre dauern, die ersten Olympischen Spiele mit Frauenhockey waren im Jahr 1980. Und das, obwohl Frauen bereits ebenfalls im 19. Jahrhundert spielten, oft in Mixed-Teams.

Letztlich war es Marie Michels, die den Hockeysport nach Deutschland brachte. Nach einem Aufenthalt auf der Insel kam sie 1898 zurück und gründete den ersten Club, den »1. Hamburger Hockeyclub«.

64. GRUND

Weil Berlin vor knapp 100 Jahren die erste Hockeyhochburg war

Die erste olympische Medaille im Hockey gewann Deutschland im Jahr 1928. Damals in Amsterdam gewann das Team, zu dem sieben Spieler aus Berlin gehörten, die Bronzemedaille. Berlin war damals ungefähr das, was Hamburg im Jahr 2018 ist: die Hockeystadt des Landes. Das erste Hockeyspiel überhaupt wurde in Berlin ausgetragen. Im Jahr 1899 fand die Partie zwischen dem Berliner Hockey Club und dem Anglo-American-Club statt, Berlin gewann 3:1. Kurt Doerry war einer der damaligen Hockeypioniere und wurde der erste Präsident des 1909 gegründeten Deutschen Hockey-Bundes und war lange Zeit der einzige Präsident, der auch ein Länderspiel absolviert hatte. Doerry war ebenfalls ein begnadeter Leichtathlet, der neun deutsche Sprintrekorde aufgestellt hatte, ehe er sich so verletzte, dass er nicht mehr sprinten konnte. Fürs Hockey reichte seine Geschwindigkeit allerdings noch. Zudem war er einer der ersten Sportjournalisten in Deutschland. Es war zu einer Zeit, als die Männer schwarze Gehröcke beim Spiel trugen, die mit einer bunten Schärpe gebunden waren, und an den Füßen normale Straßenschuhe, einige sogar Lackstiefel. Nach Bronze in Amsterdam schafften es die Deutschen dann 1936 sogar bis ins Finale. Ein weiterer Berliner, Weiss, durfte in Amsterdam 1928 nicht mitspielen, weil er sich kurz vor dem Turnier mit der Mannschaftsleitung zerstritten hatte und nach Hause geschickt worden war. Weiss schoss in 40 Länderspielen 66 Tore, eine bis heute beeindruckende Quote. In Berlin 1936 verlor die Mannschaft mit Weiss dann allerdings das Finale deutlich mit 1:8 gegen Indien, das zu dieser Zeit allen anderen Nationen weit voraus war. Diesmal waren sogar elf Berliner im Kader des Olympiateams. Einer dieser elf Spieler war Erwin Keller, dessen Kinder, Enkel und Enkelinnen später so erfolgreich werden sollten.

65. GRUND

Weil es die Olympia-Silberdekade gab

Eine Frage, die niemand jemals beantworten kann, ist die, welchen Wert eine Silbermedaille hat. Die Hockeymänner gewannen bei Olympia 1984 und 1988 Silber, wobei mit Sicherheit die Medaille 1988 eine herbe Niederlage war. Im Finale war man Favorit, und es ging gegen den Überraschungsfinalisten Großbritannien. Eine Frage, die ebenfalls niemand beantworten kann, lautet: Wäre das deutsche Männerteam nicht ein Jahrzehnt lang immer wieder knapp am ersten Platz vorbeigeschrammt, wie hätte sich der Sport in Deutschland entwickelt? Zu einer Zeit, als die Vereinsmannschaft von Mülheim den europäischen Wettbewerb dominierte, als Deutschland in der Trainingssteuerung in der taktischen Entwicklung und im Sichtungssystem der Jugendlichen dabei war, eine Spitzenposition einzunehmen. Ich glaube, wobei das sicher auch mit meinem eigenen, dazu exakt passenden Alter zu tun hat, dass das Silberjahrzehnt, das zu einem schier unbedingten Titelhunger 1992 und dann zu einem sehr erfolgreichen 90er-Jahre-Jahrzehnt führte, letztlich die Basis war, auf der heute die erfolgreichste deutsche Ballsportart noch immer steht. So bitter die 1:3 Niederlage im Finale 1988 für Carsten Fischer, Volker Fried und Co war, so fruchtbar war sie – vielleicht – für das deutsche Hockey.

66. GRUND

Weil die ersten olympischen Hockeyspiele vor 110 Jahren stattfanden

1908 feierte Hockey in London seine olympische Premiere – allerdings nur für die Herren. Als 1924 die Organisatoren der Olympischen Spiele in Paris es dann ablehnten, Hockey ins Dauerprogramm aufzunehmen, weil diese Sportart über keinen internationalen Verband verfügte, kam es noch im gleichen Jahr zur Gründung der Fédération Internationale de Hockey sur Gazon mit Sitz in Paris. Sieben europäische Verbände gehörten zu den Gründungsmitgliedern der FIHG. Das G für »sur gazon« (auf Rasen) wurde erst 1965 aus dem Namen gestrichen. Seitdem ist der Welthockeyverband als FIH bekannt. Auch die Frauen gründeten bald (1927) einen eigenen Weltverband, die International Federation of Woman's Hockey Associations. Die IFWHA gab erst 1983 ihre Eigenständigkeit auf und gliederte sich in die FIH ein, da auch das Internationale Olympische Komitee Druck ausgeübt hatte, im Hockey einen einzigen Weltverband zu führen. Bis dahin hatte es die IFWHA in Zusammenarbeit mit der FIH geschafft, Frauenhockey olympisch werden zu lassen, und zwar zu den Spielen 1980. Auf männlicher Seite gehörte Hockey von 1928 an zum Programm der Olympischen Sommerspiele. Die Erweiterung des Spektrums von zehn Sportarten (bei der Premiere der Neuzeit-Spiele 1896 in Athen) auf 24 brachte dann eben 1908 auch Hockey erstmals ins olympische Programm. Und dass London der Ausrichter der vierten Olympischen Spiele sein sollte, passte für die olympische Hockeypremiere. Man befand sich im Mutterland der modernen Variante des altertümlichen Stockspiels. Kein Wunder, dass die Mannschaften von der Insel gewannen. England wurde unangefochten erster Hockey-Olympiasieger, bezwang im Endspiel Irland mit 8:1. Die Bronzemedaille teilten sich mit Schottland und Wales zwei weitere Briten-Teams.

Deutschland hatte die Ehre, das allererste olympische Hockeyspiel zu bestreiten. Am 29. Oktober 1908 unterlag man Schottland mit 0:4. Der anschließende 1:0-Erfolg über Frankreich war, streng genommen, ein Freundschaftsspiel, weil der Modus eine Platzierungsrunde eigentlich gar nicht vorsah. Trotzdem wird es in der Statistik als offizielle Partie gewertet, die Deutschland im Klassement der sechs Teilnehmer zum Fünften machte. Bemerkenswert: Die deutsche Mannschaft war nahezu identisch mit dem Hamburger Vereinsteam des Uhlenhorster HC, der lediglich einen Gastspieler (Elard Dauelsberg vom Eilbeker HC) in seinen Reihen hatte. Einen Deutschen Hockey-Bund gab es zu diesem Zeitpunkt noch gar nicht. Der DHB wurde erst im Jahr darauf gegründet. Die Hockeyspiele fanden in London im White-City-Stadion statt, das eigens für die Olympischen Spiele erbaut wurde und 66.000 Zuschauer fasste, mehr als jedes heutige Hockeystadion. Die Spiele waren in mehrere zeitliche Abschnitte unterteilt, Hockey gehörte zum letzten, den »Herbstspielen«.

67. GRUND

Weil der Kunstrasen eine
neue Sportart geschaffen hat

Bis zu zehn Meter weit spritzten Grasbüschel und Erdreich an einem Spätsommertag 1989 auf dem Rasen neben dem Münchner Westpark. Es ist meine intensivste Erinnerung an Hockey auf Naturrasen. Ich war gerade nach München umgezogen aus Leverkusen, und die erste Mannschaft der Männer spielte an diesem Tag um den Aufstieg in die 1. Bundesliga gegen Berlin. Der Libero der Rot-Weißen chipte den Ball wie ein Golfspieler immer wieder bis nach vorne. Im Jahr 1981 hatte es die letzte Weltmeisterschaft auf Naturrasen im indischen Bombay gegeben. Überall wurden, zunächst vor allem in Europa, Kunstrasenplätze gebaut. Ein Stück weit ging auch der Niedergang der Hockeynationen Indien und Pakistan mit dieser strukturellen Veränderung einher. In den beiden Ländern konnte man sich die zu der Zeit etwa pro Platz eine Million Mark teuren Plätze nicht an vielen Orten leisten.

Man kann sagen: Das war ein anderer Sport damals, Hockey auf Naturrasen, im Gegensatz zu Hockey auf Kunstrasen heute. Warum?

Vielleicht wäre es ähnlich, würde man statt auf kurz geschorenem Naturrasen beim Fußball auf einer ungemähten Wiese spielen: Der Ball rollt dann nicht richtig, man muss ihn immer wieder antreiben, kurze Pässe sind mühsam, weil sie nicht ganz flach sind. Beim Hockey führte das dazu, dass sehr viel geschlagen und geflankt wurde in der Naturrasenzeit, es gab weniger Direktspiel und Passkombinationen, wie man sie heute mit Tiki-Taka umschreiben würde. In den 80er-Jahren war die Einführung des Kunstrasens ein Segen für den Sport. Denn von dem Zeitpunkt an war noch mehr gesichert, dass die bessere Mannschaft auch gewinnen würde. Besser im Sinne von technisch versierter. Spieler, die in vollem

Sprinttempo Täuschungen mit Schläger und Körper beherrschen, die den Ball in der Luft vor sich hertreiben, indem sie ihn mit dem Schläger immer wieder anheben oder auch auf dem Schläger tragen, so etwas war auf Naturrasen nicht denkbar. Die Einführung des Kunstrasens war in Sachen Sportartentwicklung wie die Entdeckung des Feuers. Auf einmal gab es ungeahnte Möglichkeiten. Heutige Spiele auf höchstem Niveau kommen oft ganz ohne Schläge aus, weil der absolut glatte Untergrund und die Verfeinerung des Flachpasses durch die Erfindung des sogenannten Schrubbers, Vorhand und Rückhand, ein maximal schnelles Passspiel erlauben. Manchmal allerdings (aber das liegt vielleicht auch ein wenig daran, dass der harte und präzise Schlag zu einer meiner wenigen Stärken zählte) würde ich mir heute wünschen, dass wieder mehr geschlagen würde. Man verteidigt gegen einen Schlag ganz anders, nicht mit dem sogenannten tiefen Brett zum Beispiel, wie es Verteidiger bei geschrubbten Pässen oft schon machen, weil sie keinen allzu harten Pass erwarten. Der Schlag hat viele Vorteile, aber das würde jetzt zu weit führen und am Ende gar sehr subjektiv werden. Um, wie man es niemals machen sollte, noch ganz am Ende ein neues thematisches Fass aufzumachen: Der Kunstrasen hingegen hat ausschließlich Vorteile, wenn man einmal die damit einhergehende Flächenversiegelung außen vor lässt. Ob nun der Vorteil, dass man einen Kunstrasen dafür rund um die Uhr mit einer nur minimalen Abnutzung nutzen kann und dadurch ein Beitrag zur Gesundheit der Gesellschaft geleistet wird, das aufwiegt, kann man diskutieren. Heute diskutiert ein Verein in Europa allerdings eher darüber, ob man den zweiten oder dritten Kunstrasen baut, um Kunstrasen-Farmen wie etwa der in Kampong bei Utrecht.

68. GRUND

Weil Deutschland schon 1928 die erste olympische Medaille gewann

Nachdem Hockey im Jahr 1908 seine olympische Premiere feierte, dauerte es 20 Jahre, bis Deutschland eine erste Medaille gewinnen konnte. Es ist 1928 erst das dritte olympische Hockeyturnier überhaupt nach 1908 und 1920, von 1928 an gehört Hockey fest zu den Olympischen Sportarten. In zwei Gruppen, eine mit fünf und eine mit vier Teams, wurde zunächst eine Vorrunde gespielt. Jede Mannschaft durfte damals noch elf Ersatzspieler nominieren, die sieben Berliner Spieler in der Mannschaft bildeten das Gerüst des Teams in Amsterdam. Deutschland schlug Spanien und Frankreich in der Gruppenphase, verlor gegen Holland, nach dem damaligen Modus spielte der Gruppenzweite Deutschland gegen den Gruppenzweiten Belgien um Bronze, im Finale standen die Niederlande und Indien, die mit 26:0 Toren durch die Gruppe gepflügt waren. Im Finale gewannen sie nur mit 3:0. Und die Deutschen spielten zuvor im kleinen Finale, ebenfalls 3:0.

69. GRUND

Weil sich Hockey immer mehr von seinem Klischee entfernt

Wenn ich von meiner Sportart sprach und auch heute noch spreche, haben die Leute relativ genaue Vorstellungen, was Hockey ist. Eine Art Tennis für elf Spieler. Ein weißer Sport. »Bei euch ist das doch wie beim Golf«, höre ich dann. Ein Sport für die Bessergestellten. Und natürlich gibt es auch beim Hockey solche und solche Spieler und solche und solche Vereine. Ich erinnere mich an Lehrgänge mit der Nationalmannschaft bei Blau-Weiß Berlin, als ich zum ersten Mal ein derart herrschaftliches Klubhaus betrat, dass ich mich selbst in Nationalmannschaftsklamotten unwohl fühlte – und zugegebenermaßen fühlte es sich bei so manchem kleinen Verein ganz besonders schön an, im Trainingsanzug mit dem Adler drauf das Gelände zu betreten. Weil einen da die Leute eher mal bewundernd oder zumindest sehr wohlwollend und aufmerksam ansahen. Bei Blau-Weiß interessierte sich keiner für diese Mannschaft mit den Nationalmannschaftstrikots, im Gegenteil. Die meisten, die wir trafen, hatten vor allem Sorge um den schönen Teppich oder die guten Möbel, wenn da so eine Männerhorde ankommt. Auch wer bei einem Club, der großen Wert auf das »Der« in seinem Namen »Der Club an der Alster« legt und offensichtlich die meisten wohlhabendsten Mitglieder hat, zu Besuch ist, könnte auf die Idee kommen, dass er es hier mit einer elitären Sportart zu tun hat. »Elitär« ist in dem Zusammenhang das gerne genutzte Adjektiv.

Ich muss bei »elitärer Sport« immer schmunzeln. Ist diese Sportart so kompliziert, dass nur die geistige Elite sie versteht (wirkt manchmal so, aber: nein)? Spielt hier nur die Elite des Landes Hockey? (Auch wenn es einige prominente Hockeyspieler gibt: nein). Wenn jemand elitär sagt, meint er meist, dass manche Hockeyspieler so auftreten, als hielten sie sich für eine Art Elite. Aber auch hier kommt zum Tragen, dass es bei einem Sport, den an die 100.000 Menschen in Deutschland betreiben, Vertreter jeder Kategorie gibt. Es gibt alles, richtige Idioten, Alkoholiker, Briefmarkensammler, notorische Fremdgänger, notorisch Treue, Brezen-Verächter, Alt-Spruch-Recycler (viele!), Strickerinnen oder Ritual-Getriebene. Genies und Dummköpfe, Mannschaftsspieler und Mannschaftsfeinde. Gehässige und Gefühlige. Integrierende und Spaltende. Alles.

Vor allem aber gibt es immer mehr Hockeyspieler, weil sich zwar die Medienpräsenz durch die Erfolge der letzten 40 Jahre nicht sonderlich erhöht hat, aber zuletzt immerhin jeder wusste: Ah, Hockey,

Olympia, die reißen vielleicht wieder was. Und so geht die Entwicklung derzeit erfreulicherweise dorthin, dass immer mehr Jugendliche und Kinder mit dem Hockey anfangen. Je mehr es werden, desto blasser wird das Klischee. Der Ruf des Sports ändert sich. Das sind die Teamplayer, die erst zwischenmenschlich und athletisch gut ausgebildet werden und am Ende in jedem Beruf gerne, weil gut integriert werden.

Heute sagen die Leute bei Hockey: »Ah, wie heißt der, Fürste!« Oder: »Das Endspiel habe ich gesehen in London, toll!« Oder: »Irres Viertelfinale in Rio bei den Männern.« – »Das Penaltyschießen bei den Frauen, cool!« Vorbei sind die Zeiten, als Sportlehrer lieber zum hundertsten Mal den Fußball in die Mitte warfen, anstatt einmal die Tonne mit den klobigen Plastikschlägern aus dem Geräteschuppen ganz hinten rauszuzerren. Und ich weiß, wovon ich spreche, an einem humanistischen Gymnasium wie meinem hat man (Klischee!) bis vor Kurzem noch immer im tiefsten Inneren ignoriert, dass Sport ein Unterrichtsfach ist. Und das, obwohl die alten Griechen schon ... aber gut. Heute gibt es Hunderte Schul-Hockey-AGs von den verschiedensten Vereinen, ganze Hockeyklassen in den Sportgymnasien. Der Wert eines zwischenmenschlich nicht ganz versauten jungen Menschen wird erkannt. Und gleichzeitig zählt man (auch in Mathe am humanistischen Gymnasium) gerne mal eins und eins zusammen: Pöbeln und Schlägereien und noch Übleres schon bei Jugendspielen im Fußball vs. Hockeyspieler, die zumindest die Grundregeln des Anstands meist mitbekommen. Auch hier gibt es natürlich Eltern, die sich selbst durch ihre Kinder verwirklichen wollen und, sobald der eigene Nachwuchs ins Bild läuft, die Gehirnhälfte, in der Objektivität und Fairness verankert sind, abschalten. Trotzdem hier mal eine Arbeitsthese, die zu verifizieren wäre: Spielten alle Jugendlichen in Deutschland Hockey, gäbe es in 20 Jahren keine sozialen Spannungen mehr in Deutschland und keine populistische rechtsradikale Partei.

70. GRUND

Weil Hockey durch die sogenannte HIL amerikanisch professionell zu werden drohte

Man darf HIL jetzt natürlich nicht mit dem wunderbar deutschen Begriff »Heeresinstandsetzungslogistik« verwechseln. HIL steht, also stand, für die Hockey India League. Indien, diese einst stolze Hockeynation (was auch immer eine stolze Nation ist, ich schreibe das ja nur, weil man es so sagt. Laufen da dann alle mit durchgedrücktem Rücken rum? Wäre fürs Hockey zumindest kontraproduktiv), begann vor einigen Jahren, den Hockeysport auf den Kopf zu stellen (auch hier: eine Redewendung). Im Jahr 2012 wurden erstmals für einen kurzen Zeitraum nach amerikanischem Vorbild Spieler aus der ganzen Welt ge-»drafted«. Beim Basketball zum Beispiel werden jedes Jahr in den USA die besten College-Spieler über einen Draft, was im Grunde eine Versteigerung ist, an die Clubs verteilt. So lief es auch hier. Im olympischen Jahr 2012 lief die indische Liga dann noch etwas weniger spektakulär ab, da kaum bis keine internationalen Nationalspieler auf die indischen Hockeymannschaften verteilt wurden. Im Jahr später allerdings änderte sich das. Gleich vier deutsche Nationalspieler waren in der Auswahl für den Kader in einer der sechs indischen Teams, darunter auch der zweimalige Olympiasieger Moritz Fürste. Er beschrieb die Umstände damals so: »Das hier ist der reine Wahnsinn.« Fürste war im Jahr 2012 Welthockeyspieler, Kapitän der deutschen Nationalmannschaft, Weltmeister und Olympiasieger. Er wurde im Draft-System als einer von fünf Führungsspielern gesetzt, die noch einmal 15 Prozent mehr verdienen als die übrigen Spieler eines Teams. »So etwas habe ich noch nicht erlebt«, sagte er zur *Frankfurter Allgemeinen Zeitung*. 7000 Zuschauer passen eigentlich ins Stadion, doch zu jedem Spiel kamen fast 11.000 Fans. »Die machen einen Lärm. Auf dem Platz versteht man sein eigenes Wort nicht mehr.« Fürste wurde im Januar 2013 für 84.000 Dollar an die Ranchi Rhinos verkauft. »So viel Geld hatte ich mit dem Hockey in den zehn Jahren zuvor nicht einmal zusammengerechnet verdient«, schreibt Fürste in seiner Biografie. Er gewann in dem Jahr den Titel mit seinem Team und spielte auch im Jahr 2014 und 2016 in Indien, sowie bei der bislang letzten Auflage der Liga im Frühjahr 2017. Bei der Spielerauktion vor der Saison 2017 wurde er von dem Verein Kalinga Lancers aus der Stadt Bhubaneswar ersteigert, für ein Rekordgehalt von 105.000 US-Dollar in fünf Wochen. »Die Auktion läuft ab wie eine Versteigerung auf Ebay«, sagt Fürste. (Quelle: *Spiegel*) »Die indischen Teams konnten aus einem Pool von rund 300 internationalen Topspielern auswählen. Ich saß morgens um sechs Uhr vor dem Computer und habe zugesehen. Vier Vereine hatten Interesse an mir, das hat den Preis nach oben getrieben. Die Mannschaften der HIL können in der sonst wenig lukrativen Sportart solche Summen aufbringen, weil »neben Cricket Hockey in Indien ein Volkssport ist«. Die HIL werde von Großkonzernen gesponsert, die Vereine sind Franchise-Unternehmen, es gebe täglich Pressekonferenzen, die Topspiele würden live um 20 Uhr im Fernsehen übertragen, und »beim Finale schauen 23 Millionen Menschen zu«. Zu den Spielen kommen bis zu 20.000 Fans. »Wenn wir mit dem Teambus ins Stadion fahren, stehen sie an den Straßen Spalier. Die Menschen in Indien sind total begeisterungsfähig, aber auch ungeduldig und kritisch. Bei den Klubs fliegen reihenweise die Trainer raus. Wenn es mal nicht läuft, bist du ruck, zuck der Arsch.« Die Saison dauert nur fünf Wochen, jeden dritten Tag ein Spiel, so liefen die Besuche in Indien. »In manchen Sportarten wäre das eine untragbare Belastung. Im Hockey, Basketball oder Eishockey sind die Spieler das eher gewohnt. Wir haben in der Hockey-Bundesliga auch oft zwei Partien an einem Wochenende.«

VI.

DIE ERFOLGE

71. GRUND

Weil die deutschen Frauen in Rio alle überraschten

Sätze, die man vor Turnieren von allen Trainern gerne hört, lauten: Wir wollen uns kontinuierlich steigern, jedes Spiel gewinnen, uns als Mannschaft entwickeln. Auch der damalige Frauen-Bundestrainer Jamilon Mülders sprach in solchen Sätzen. Ehrlich gesagt, Jami ging mir damit ordentlich auf die Nerven. Ich kenne ihn seit meiner Jugend, wie so viele Trainer ist auch er einer mit einer eigenen Nationalmannschaftskarriere. Jamilon und ich spielten zusammen bei den deutschen Junioren eine Weltmeisterschaft 1997 in England, und dann auch die Weltmeisterschaft der Männer 2002 in Malaysia, die wir gewonnen haben. Wenn man bedenkt, wie sich der Mensch Jamilon Mülders entwickelt hat, von einem aufbrausenden Jungnationalspieler, der im Halbfinale der Junioren-WM 1997 vor Wut über eine Zeitstrafe beim Gang vom Platz, vorbei am Tisch der Offiziellen und Zeitnehmer hin zu seiner Strafbank (ein unschuldiger weißer Plastikstuhl), kurzentschlossen mit seinem Schläger und einem Schlag diesen Plastikstuhl in zwei Teile hackte, sodass sich die Zeitstrafe von ein paar Minuten auf bis zum Ende des Spiels erhöhte (das dann in die Verlängerung ging, wo wir verloren, wieder mit Jamilon), bis zu einem versierten und kontrollierten Trainer, dann wundert diese bedächtige Sprache doch.

Dieser Trainer sprach also monatelang defensiv davon, wie man von Spiel zu Spiel schaue und immer weiter lernen wolle, sodass man fast schon meinen hätte können, hier sei einer bei den Nichtssagern der Großballer in die Lehre gegangen. Doch was machte seine Mannschaft dann am Ende in Rio? Sie schaute von Spiel zu Spiel und steigerte sich von Spiel zu Spiel derart, dass sie am Ende erst im Penaltyschießen am großen Favoriten Niederlande scheiterte, und das auch noch unglücklich, um sich dann aber im Spiel um Platz drei noch einmal zu steigern – und zu gewinnen.

Schon in der Vorrunde dieses Turniers beeindruckte die Mannschaft mit Siegen gegen Neuseeland, gegen die man noch ein paar Tage vorher in einem Trainingsspiel schlecht ausgesehen hatte. Nur das letzte Gruppenspiel gegen die Niederlande ging mit 2:0 verloren, doch da war das Ziel Viertelfinale erreicht. Und in dem ging es gegen die USA, eine der athletischsten Mannschaften des Turniers. Die Amerikanerinnen spielten ein frühes Pressing, das in der Vergangenheit oft erfolgreich war, und die Spielerin des Turniers aus deutscher Sicht, die junge Innenverteidigerin Nike Lorenz, dribbelte immer wieder gegen dieses Pressing aus dem eigenen Viertel. Ein Risiko, ja, aber eben auch überraschend, und erfolgreich. Deutschland führte lange Zeit mit 2:0, musste erst am Ende in den letzten vier Minuten beim Stand von 2:1 noch eine schwierige Phase überstehen. Und dann war »die Sensation«, wie Jamilon Mülders nach dem Spiel sagte, perfekt. Der Weltranglisten-Neunte war im olympischen Turnier unter den besten vier Teams, und traf auf die Niederlande. Anders als noch im Gruppenspiel ging Deutschland im Halbfinale mit einem Eckennachschuss in Führung, zur Halbzeit stand es 1:1, und je länger das Spiel lief, desto schwieriger wurde es für den Favoriten aus den Niederlanden. Die Deutschen erspielten sich Chancen und hielten das 1:1 bis zum Ende, obwohl es vom Schiedsrichtergespann gegen Ende noch einige Favoritenpfiffe und eine längere Zeitstrafe für Deutschland gab. Dann also Penaltyschießen. Und auch dort ging es in die Verlängerung, die Deutschen hatten mehrfach die Möglichkeit, mit einem letzten verwandelten oder gehaltenen Penalty ins Finale einzuziehen. Am Ende traf Marie Mävers nicht und Ellen Hoog schon. Das bedeutete, dass es zum dritten Mal in Rio die Begegnung Deutschland gegen Neuseeland geben würde.

In diesem Spiel führte Deutschland mit 2:0 gegen eine ebenso wie die Amerikanerinnen sehr athletische Mannschaft. Am Ende gewann Deutschland mit 2:1, ein Team, dessen größte Stützen junge Spielerinnen wie Charlotte Stapenhorst oder Nike Lorenz waren, und mit einem Trainer, der seine Mannschaft in jedem Spiel ein bisschen besser gemacht hatte und keinen einzigen brasilianischen Plastikstuhl, Modell 1997, in Mitleidenschaft ziehen musste.

72. GRUND

Weil die Frauen bei ihrem ersten olympischen Turnier 1984 gleich die Silbermedaille gewannen

Das Turnier in Los Angeles lief zunächst nicht gut. In der Gruppe verlor die Mannschaft deutlich mit 2:6 gegen die Niederlande. Torhüterin war Susi Schmid, die nach dem Spiel nicht weiter im Tor spielte. Gegen Australien spielte die Mannschaft von Bundestrainer Wolfgang Strödter nach einer 2:0-Führung noch 2:2, gewann dann gegen Kanada mit 3:0, verlor gegen die Niederlande, gewann knapp mit 1:0 gegen Neuseeland und hatte dann ein letztes Gruppenspiel gegen die USA. Der Modus bei diesem Turnier war so, dass in einem Teilnehmerfeld von sechs Mannschaften jeder gegen jeden spielte und am Ende der erste in der Tabelle Olympiasieger wurde. Gewann Deutschland gegen die USA, hätte Strödters Team Silber, bei einem Unentschieden rechnete man mit Bronze, verloren sie, wären sie auf Rang fünf abgerutscht. Und 13 Minuten vor dem Ende des Spiels führten die USA mit 1:0.

Die Münchnerin Birgit Hahn erzielte am Ende dann noch den Ausgleich, und da die Niederlande gegen Australien mit 2:0 gewannen, verdrängte Deutschland Australien auch noch vom Silberrang. »Die Niederlande waren zur damaligen Zeit nahezu unschlagbar. Silber war wie Gold für uns«, sagte die Spielerin Gaby Reimann. Das Tragische aus Sicht der Australierinnen: Mit einem Sieg gegen die Niederlande hätten sie Gold gewonnen, bei Unentschieden Silber, nun lagen sie auf Rang drei, tor- und punktgleich mit den USA, und der Weltverband verteilte nicht, wie bei anderen Sportarten üblich, zwei Bronzemedaillen, sondern ließ die Spielerinnen zu einem sofortigen Siebenmeterschießen antreten. Die USA hatten ihr Spiel zuvor gewonnen, Australien gerade erst verloren, sie verloren auch das Siebenmeterschießen.

Am Ende war das deutsche Frauenhockey bei der olympischen Premiere also sehr erfolgreich, obwohl noch ein Jahr zuvor alles ein wenig anders aussah. Da hatte die Mannschaft in Kuala Lumpur das erste Spiel gegen Argentinien verloren und erzielte im ganzen Turnier bei 67 Strafecken nur zwei Tore. Ein Gruppenspiel musste Deutschland morgens um 7.30 Uhr austragen, da es zu der Zeit zum Teil heftige Monsunregenfälle in Malaysia gab und angesetzte Spielzeiten dadurch ausgefallen waren. Das Warmlaufen mussten die Spielerinnen noch im Dunkeln absolvieren. Flutlicht gab es in dem Stadion noch nicht, also liefen die Mannschaften auf einem beleuchteten Parkplatz. Zum Anpfiff war dann allerdings ausreichend Tageslicht vorhanden.

Bundestrainer Strödter hatte zu der Zeit eine Liaison mit einer australischen Spielerin. Kurioserweise war es genau diese Spielerin, die verhinderte, dass Deutschland eine Medaille gewann. Im Spiel um Bronze erzielte sie zwei Tore beim 3:1-Sieg Australiens über Deutschland. Aber auch der vierte Platz berechtigte die Mannschaft aus Deutschland, im folgenden Jahr bei Olympia teilzunehmen, und da sollte es Australien ja dann gar nicht gut ergehen.

73. GRUND

Weil Deutschland 2008 Olympiasieger wurde

Es ist kein Zufall, dass das Hockeyteam der Männer die erfolgreichste deutsche Ballsportmannschaft in Peking war. Die Spieler von Bundestrainer Markus Weise hatten bei diesen Spielen optimale Voraussetzungen und einen großen Vorteil gegenüber den anderen Teams. Torwart Max Weinhold bewies es eindrucksvoll in der 17. Minute des Finales gegen Spanien.

Zunächst unterscheiden sich die Hockeymänner von den Volleyballern, den Handballerinnen und auch den Basketballern dadurch, dass sie nun schon seit 40 Jahren zur absoluten Weltspitze zählen. Kaum ein Team, das nicht regelmäßig die Atmosphäre eines Halbfinals oder Endspiels erlebt, kann in einem solchen Moment die beste Leistung bringen.

Zudem gab es im Hockeyteam keine ernsthafte Verletzung. Wäre ein entscheidender Spieler wie etwa Abwehrchef Timo Wess oder Tibor Weißenborn ausgefallen, hätte es keinen gleichwertigen Ersatz gegeben. Wie schwer eine einzige Verletzung wiegen kann, hat man bei den deutschen Handballern gesehen. Ohne Pascal Hens als Schlüsselspieler im linken Rückraum war eine Medaille nicht zu gewinnen.

Zu Hause in der Weltspitze und gesunde Spieler – das sind die Grundlagen für einen Erfolg. Der entscheidende Grund aber für den Sieg der Hockeyspieler ist ihre mentale Stärke. Sie spielten in den entscheidenden Spielen unverkrampft. Die Mannschaft, deren ältester Spieler 27 Jahre alt ist, hat in diesem Turnier eine Lockerheit entwickelt, die sich am auffälligsten im Halbfinale zeigte. Die Spieler scherzten vor dem Spiel und vor dem Siebenmeterschießen. Gegner Holland wirkte angespannt, für einige Spieler sollte das Turnier der krönende Karriereabschluss sein. Die Deutschen aber spielten befreit auf wie bei einem Pfingstturnier.

Das unterschied diese Mannschaft auch vom Männerteam in Athen 2004, das im Halbfinale scheiterte, und von den anderen deutschen Mannschaften bei den Olympischen Spielen in Peking, auch den mit Goldhoffnungen angereisten Fußballfrauen. Das große Ziel lähmte die Mannschaft nicht, sondern wirkte entspannend. Je wichtiger das Spiel, desto kühler die Spieler. Welch ein Vorteil ist dies in den Endspielen, in denen alle Teams gleich stark sind. Denn das entscheidet der Kopf über Sieg und Niederlage.

In der 17. Minute des Finals führte Deutschland zwar noch nicht, aber Max Weinhold im Tor zeigte allen, wer gewinnen würde: Ein Spanier schießt von halbrechts aufs Tor, der Ball fliegt Richtung Torwinkel. Die Reaktion des Torwarts ist ein Schulterzucken, lässig schnalzt Weinholds Schläger nach oben und pariert den Ball. Er sah dabei fast ein bisschen so aus, als ob er selbst ratlos war über seine eigene Abgeklärtheit.

74. GRUND

Weil Deutschland das anstrengendste WM-Turnier in der Hockeygeschichte für sich entschied

Das ist natürlich wieder eine sehr provokante und eigentlich kaum haltbare (nicht falsch verstehen, liebe Torhüter) These. Das anstrengendste Turnier, relativer und subjektiver geht es ja nicht. Wobei es für die Weltmeisterschaft 2002 in Malaysia und meine These durchaus Anhaltspunkte (nicht falsch verstehen, liebe Eckenstopper-Kollegen) gibt. Bei der WM im Frühjahr 2002 in Kuala Lumpur waren so viele Mannschaften bei einem WM-Turnier dabei wie bis dato noch nie. Gespielt wurde in zwei Achtergruppen, was für Deutschland vor dem Turnier bedeutete, dass man nach sieben Gruppenspielen erst in einem möglichen Halbfinale stehen würde. Am Ende waren es neun Spiele in 14 Tagen. Bis heute ist diese Frequenz bei einem WM-Turnier unerreicht, bei Olympischen Spielen sind deutlich weniger Mannschaften (zwölf) im Wettbewerb, und bei Europameisterschaften sind es gar nur acht. Das allein war bereits anstrengend, dazu kamen die klimatischen Bedingungen, eine irre hohe Luftfeuchtigkeit in diesem Land und hohe Temperaturen. Obwohl es für alle Spieler immer wieder Kochsalz-Infusionen gab, nahm jeder aus dem Kader einige Kilogramm ab während der Zeit, da konnte man essen und trinken, so viel man wollte (leider nicht auch: was man wollte). Und es ist durchaus der peniblen und langfristig geplanten Trainingssteuerung zu verdanken, dass am Ende im Finale das Spiel gegen Australien auch durch eine größere Fitness entschieden wurde, obwohl es mitten im Turnier und mitten im Finale und auch sonst ab und zu gar nicht so aussah, als hieße am 9. März 2002 in Malaysia der Hockeyweltmeister bei den Männern zum ersten Mal Deutschland.

Zunächst ging es (dieses Kapitel, das bitte ich zu verzeihen, ist länger als andere, unter anderem deshalb, weil ich selbst bei diesem Turnier mitspielen durfte, mich an sehr viele Details erinnere und es einer der größten Erfolge des deutschen Hockeys werden sollte) in ein Akklimatisierungscamp nach Penang, einer Insel im Westen Malaysias. Dort waren die Temperaturen und die Luftfeuchtigkeit bereits höher als in Deutschland, aber noch nicht so unerträglich wie in Kuala Lumpur. Durch ein Informationsleck des Betreuerstabes wurden auch die Niederländer darüber informiert, dass Deutschland sich auf Penang vorbereitet, was dazu führte, dass die Mannschaft in Orange auch im Hotel und auf dem gleichen Platz rumlief. Immerhin konnte man dann ein Trainingsspiel absolvieren. Das war vor allem auch für mich wichtig, da ich mir im letzten Lehrgang vor dem WM einen Bänderriss im Sprunggelenk zugezogen hatte und in der Pause vor der Abreise nach Malaysia nur Fahrrad gefahren und leicht gejoggt war. Dementsprechend unbeweglich fühlt man sich dann im ersten Spiel, wobei die Verletzung im Laufe des Turniers immer weniger zu spüren war.

Schon in Penang ging es um Optimierung. Man muss sich das dann so vorstellen: In einem guten Hotel direkt am Strand, in dem alle Gäste ihre Füße hochlegen, steht eine Gruppe von offensichtlich nicht ganz Normalen auch mal morgens um 5 Uhr auf, um im Dunkeln einen Morgenlauf zu machen. Grund dafür war die Vorbereitung auf ein sehr frühes Gruppenspiel, das dann im Turnier um 8.30 Uhr gegen Pakistan stattfinden sollte. Die Devise damals und auch heute noch in allen professionellen Sportarten: auf so viel wie möglich vorbereiten und einstellen und mit dem Rest gut umgehen und darauf reagieren. Wie im richtigen Leben.

Flug nach Kuala Lumpur und dort in einem Hotel mit fast allen anderen Mannschaften (das waren 16, sechzehn), was zu einem gewissen latenten Level an psychologischer Kriegsführung im Hotel führte. Zum Beispiel später vor dem Halbfinale gegen Südkorea. Aber zunächst ging es um Argentinien. Das erste Gruppenspiel. Auf einem Nebenplatz, und die Argentinier gingen in Führung. Am Ende gewinnen wir mit 5:2 und spielen am nächsten Tag gegen Südafrika, klare Sache, 3:0, zu einer Zeit, als es schon noch etwas kleinere Gegner gab, die es mittlerweile – Sie Fußball-Phrasenschwein – auch immer weniger gibt. Dann: ein Tag Pause! Anschließend wieder auf dem Nebenplatz das dritte Gruppenspiel, gegen Spanien. Wir liegen zurück, dann unterbricht ein Regenschauer das Spiel, eine halbe Stunde sitzen beide Mannschaften in ihren Kabinen, was bei einem Rückstand nicht so viel Spaß macht. Nachdem das Wasser aus den Wolken und auch relativ schnell wieder vom Kunstrasen abgeflossen ist, geht es weiter, Deutschland nimmt sich ordentlich was vor. Und liegt ab der 62. Minute relativ ungefährdet mit 0:3 hinten. Dass das Spiel am Ende noch knapp aussieht mit 2:3, liegt an zwei Toren in der 68. und 70. Minute.

Im Nachhinein kann man natürlich relativ zurückgelehnt erzählen, wie auch diese Situation in den Plan für dieses Turnier passte. Sportpsychologe Lothar Linz tat das auch, während des und nach dem Turnier. Doch als Spieler denkt man sich schon: Super, noch vier Gruppenspiele, gegen Holland und die so starken Pakistani, und wir verlieren schon gegen Spanien. Gut war allerdings durchaus bei dem Turnier, dass man noch weniger Zeit als sonst hatte, um einer Niederlage hinterherzudenken. Am nächsten Tag ging es gegen Belgien. Im Jahr 2002 hieß das noch: drei relativ sichere Punkte. Und dann war ja wieder ein Tag Pause. Im Spiel gegen Neuseeland danach war schon relativ klar, dass jedweder Punktverlust, der nicht gerade gegen Pakistan oder die Niederlande entstand, uns aus dem Halbfinale würde kegeln können. Dementsprechend angestrengt erwürgten (nicht falsch verstehen, liebe Masochisten) wir uns morgens um 8 Uhr ein 2:1, das Christoph Bechmann auch relativ spät erzielte. Am nächsten Tag dann abends das erste Topspiel, gegen Holland, Ecke Michel, Tor, Sieg. Ein dem Anlass eher unentsprechend langweiliges Spiel, da war das letzte Gruppenspiel gegen Pakistan schon interessanter, denn die Pakistani hatten durchaus auch noch eine Chance auf das Halbfinale, wenn auch eine geringe. Und so war das Spiel, morgens um 8.30 Uhr, ein besonderes, denn es ging gegen den damals unbestritten besten Eckenschützen weltweit, Sohail Abbas. Er hatte im Turnier schon zig Tore nach Strafecken gemacht, ebenso wie wir. Torhüter Clemens Arnold hielt die erste Ecke, die durch eine Mischung aus cleverem Rauslaufen und dabei Abdecken eines Torbereichs und einem risikobereiten Spekulieren einherging. Wir führten, und auch trotz zweier Eckentore von Abbas gewannen wir am Ende 3:2, und das hieß: Noch den ganzen Tag vor sich haben, schließlich war Abpfiff schon um 10 Uhr am Morgen, und am nächsten Tag sogar ganz frei. Was für ein Luxus! Gefühlte zwei freie Tage hintereinander, ungefähr ein Drittel dessen, was beim Fußball üblich ist, aber gut, das ist ein anderes Thema.

Das Halbfinale gegen Korea habe ich sehr partiell in Erinnerung. Zum einen war da der Geruch. Nachdem wir Spieler den Koreanern im Hotel freundlich, aber bestimmt bei jedem Treffen in der Lobby oder in einem der Essenssäle mitteilten, dass sie nicht gegen uns gewinnen würden, glaubten sie das dann auch irgendwann. Als dann nach dem Anpfiff allerdings mein Gegenspieler zu mir gejoggt kam, hatte ich für den Rest des Abends bei diesem Flutlichtspiel den Geruch von Knoblauch in der Nase. Ob das nun eine koreanische Ernährungsgeheimwaffe war oder der Versuch, den Gegner olfaktorisch abzulenken, ist unklar. Aber es hat einen kurzen Moment dazu geführt. Geführt hatten gleich die Koreaner, durch Woon Kon Yeo (4. Minute) nach einem Konter. Drei Minuten später gleicht

Deutschland aus: Die erste Strafecke legte Björn Michel für Björn Emmerling (7.) auf. Christoph Bechmann gelang die Führung (40.), drei Minuten später erzielte Kyung Seok Kim allerdings das 2:2. Eine bescheuerte Szene, weil wir den Ball aus der Abwehr in einer nicht besonders gefährlichen Situation nicht klären konnten und dann der Schuss aus spitzem Winkel auch noch drin war. Matthias Witthaus, mit 19 Jahren Jüngster im Team, sorgte mit seinem zweiten WM-Tor (55.) nach einem Stecher für den siebten Turniersieg im achten Spiel. »Es war ein Reflex, ich habe einfach nur den Stock reingehalten«, erzählte Witti hinterher.

Hinterher, das hieß dann noch einmal den irren Luxus, einen weiteren freien Tag zu haben. Und dann ging es eben gegen Australien. Die waren durch ihre Gruppe marschiert und hatten keinen Punkt abgegeben, im Halbfinale gewannen sie mit 4:1 gegen Holland. Und dann also wieder ein Abendspiel, am 9. März, bei noch immer 29 Grad, gegen die Aussies. In der 31. Minute erzielte Australien das 1:0 durch eine Ecke, vier Minuten später Deutschland den Ausgleich durch Florian Kunz, auch durch eine Ecke, die im internen Jargon als »die Reingelogene« firmierte. Ein halbhoher Schlenzball auf die Handschuhseite des Torwarts, eigentlich gut zu halten, weil auf der Höhe der Torwart eigentlich ja seinen Handschuh trägt. Doch durch eine Technik, bei der Flo Kunz (und viele andere danach) den Ball beim Beschleunigen mit dem Schläger über die Schlägerfläche rutschen ließ, konnte der Torwart erst im allerletzten Moment erkennen, wohin der Ball flog. In dem Fall war der allerletzte Moment zu spät. 1:1 zur Halbzeit, und dann – großer Bogen zum Kapitelanfang – sollte eben die Stunde der fitten Spieler kommen. Nach der Halbzeit wirkte es, als hätten die Australier ihre Energie verloren (verpulvert?). Vielleicht war es der Frust über den Ausgleich, vielleicht eine Verkrampfung durch die starke Gegenwehr des Gegners Deutschland, vielleicht waren wir durch das Tor natürlich auch etwas beflügelt und erkannten, dass man diese 4:1-Holland-Besieger doch schlagen kann. Ich erinnere mich jedenfalls an eine zweite Halbzeit, die irgendwie ein wenig seltsam war. Es gab schon noch einige schwierige Momente bei uns hinten in der Abwehr, aber insgesamt wirkten die Australier von Minute zu Minute schwächer/platter/frustrierter/resignierter. Die letzten 15 Minuten waren dann eine sportpsychologische Lehrstunde, wenn man sie sich noch einmal anschaut. Der Begriff des Momentum-Changers ist wahrscheinlich genau wegen solcher Situationen erfunden worden. Bis wir, die deutsche Mannschaft, in der 64. Minute, also sechs Minuten vor Ende, das 2:1 schossen, durch ein mutiges frühes Pressen und dann ein mustergültiges Pass-Varianten-Tor, das man auch im Hallenhockey so hätte erzielen können, war selbst mir klar geworden, dass die Aussies schon nicht mehr so richtig an den Sieg glaubten, als sie noch gar nicht verloren hatten. Die Fitnesstrainer sagen, es lag an der Fitness, die Sportpsychologen sagen, es lag an der Psyche, der Bundestrainer sagte, es lag an der Taktik. Alle haben recht. Die letzte Erinnerung an das Stadion an diesem Abend war das unglaublich überraschend große Gewicht der WM-Trophäe. Vielleicht waren wir darauf, auf das Gewicht des Pokals, dann am Ende nicht mehr so gut vorbereitet worden.

75. GRUND

Weil die Damen 1981 nach zwei Mal Silber wieder Weltmeister wurden

In Buenos Aires war die erfolgreichste Hockeynation der vergangenen Jahre mit einmal Gold und zweimal Silber bei Weltmeisterschaften der Frauen wieder Mit-Favorit, wobei die Niederlande wohl noch ein bisschen mehr Favorit waren. Deutschland siegte sich durch die Gruppenphase mit Erfolgen gegen Russland, Argentinien, Japan, Mexiko und Frankreich. Mit nur einem Gegentor aus diesen Spielen ging es im Halbfinale gegen Australien (2:1) und im

Finale dann wieder gegen die Niederlande. Deutschland gewann, nachdem es nach der regulären Spielzeit 1:1 gestanden hatte, mit 3:1 nach Siebenmeterschießen.

76. GRUND

Weil die Männer 2012 Olympiasieger wurden

Direkt nach dem entscheidenden Spiel liefen die australischen Spieler auf den Nebenplatz und joggten in einer Gruppe einige Runden. Sie hatten da noch gar nicht richtig realisiert, dass sie gerade gegen Deutschland 2:4 verloren hatten. Australien, der große Favorit, mit so vielen Toren und starken Auftritten, hatte gegen Deutschland gespielt, das sich durchaus durch die Vorrunde gequält hatte. Der Abwehrchef spielte mit einem gebrochenen Finger, das letzte Gruppenspiel gegen Neuseeland endete 4:4, ein sehr unklares Bild, und auf der anderen Seite die fulminanten Australier. Natürlich gab es am Ende auch noch das enge Finale gegen die Niederlande, und es wäre vermessen bis überheblich zu behaupten, dass sie der Olympiasieg im Halbfinale entschieden hätte. Aber es ist eben in solchen Momenten oft schon so, dass die Dynamik aus einem Spiel, aus einzelnen Aktionen, aus Momenten, ein ganzes Team zu einem sehr unerschütterlichen Glauben an den Erfolg bringen kann. Die Deutschen hatten in diesem Halbfinale eine perfekte Taktik, die Co-Trainer Stefan Kermas ausgefeilt hatte, sie hatten dazu die Lockerheit, ohne die man nie etwas gewinnt. Zumindest ein paar Spieler müssen sie haben. Wenn Moritz Fürste einen Gegenspieler im Mittelfeld mit einem dazu vertonten »Oh!« aussteigen lässt, ist das arrogant. Und es ist wirksam.

Die richtige Mischung aus Angst, Arbeit und Arroganz, eine gefährlich erfolgreiche Kombination, auch 2012 in London. (siehe auch Grund 80)

77. GRUND

Weil die deutschen Männer 1972 die asiatische Siegesserie beendeten

Die Erwartungen vor dem olympischen Hockeyturnier 1972 waren relativ klar. Seit 1928 hatte Indien siebenmal die Goldmedaille gewonnen, Pakistan zweimal, sonst keine andere Nation. Wieder wurde auf Naturrasen gespielt, wieder waren die individuell so technisch starken Spieler aus Asien die Favoriten. Zwar war der Gastgeber zwei Jahre zuvor bei der erstmals ausgetragenen Hockeyeuropameisterschaft Sieger mit einem 3:1-Erfolg im Finale über die Niederlande, doch ob das reichen würde, die Inder oder Pakistani zu besiegen? Im Jahr vor Olympia hätte dann eigentlich auch die Weltmeisterschaft in Pakistan stattfinden sollen, wegen der politischen Situation wurde sie allerdings nach Spanien verlegt. In Barcelona wurde Deutschland Fünfter, es gab also noch keinen Hinweis darauf, dass ein Jahr später im Klubhaus des Münchner Sportclubs MSC die erste Hockey-Goldmedaille gefeiert werden würde.

Die Legendenbildung, die ja auch im Hockey umso weiter fortschreitet, je weiter das Ereignis in der Vergangenheit liegt, besagt, dass die deutsche Mannschaft bei dem Heim-Turnier in München nicht nur erstmals auf eine strikte Manndeckung umstellen und so den Dribblern aus Asien allein dadurch große Probleme bereiten würde, sondern dass auch erstmals Standardsituationen ganz ausführlich trainiert wurden. Reingeber waren damals der Kapitän Carsten Keller, gestoppt wurden die Ecken von Uli Vos und geschlagen von Michael Krause.

Die Evolution der Strafecke von einer relativ überschaubaren Situation des Rausgeben-Stoppen-Draufhauen bis zu heutigen Billard-Toren ist zum Großteil auch dem Untergrund geschuldet. Zudem war es 1972 noch erlaubt, innerhalb des Kreises den Ball zu stoppen nach der Eckenrausgabe. Genau diesen Ablauf ließ Bundestrainer Werner Helmes Tausende Male trainieren. Was heute jeder Nachwuchs-Eckenschütze schon in der Jugend hinter sich bringt, war damals neu – und erfolgreich.

Schütze Michael Krause beklagte sich im Training ernsthaft, dass er »schon Schwielen an den Händen« habe, was spätere Generationen wohl eher belächeln würden, weil es spätestens in den 80er-Jahren völlig normal war, dass zumindest Nationalspieler durch das viele Training Schwielenhände hatten. Und so stand Delmes im Training mit der Stoppuhr am Schusskreis und konstatierte: »1,8 Sekunden, das ist keine akzeptable Zeit. Weitermachen!« 1,8 Sekunden benötigte der Ball vom Reingeber zum Stopper, je schneller der Ablauf, desto geringer die Gefahr, dass die schnellen (asiatischen) Eckenrausläufer den Schläger in den Schuss von Krause halten können würden und so den Torschuss verhinderten.

In der 60. Minute des Finals pfiff einer der Schiedsrichter, der Argentinier Horacio Servetto, die vierte Strafecke für Deutschland. Es waren noch zehn Minuten zu spielen, und es stand noch – für die damalige Erwartung sensationell – null zu null. Keller gibt raus, Vos stoppt, Krause holt aus.

Es gibt wohl keine Situation im deutschen Hockey, die so oft nacherzählt wurde – vom Torschützen selbst. Michael Krause möge mir verzeihen, zu meiner aktiven Zeit war er Präsident des Deutschen Hockey-Bundes, und zu seinen Aufgaben gehörte es, nicht nur farblich und modisch zweifelhafte DHB-Krawatten an befreundete Funktionäre zu verteilen, sondern auch launige Gruß- und Dankesworte zu halten. Und da eignete sich natürlich diese 60. Minute des Olympiafinales am 10. September 1972 ausgezeichnet. Da hatte Krause eben nach wahrscheinlich kaum mehr als zwei Sekunden den Ball so gut getroffen, dass er am herauslaufenden Verteidiger und am Torwart vorbei halbhoch im pakistanischen Tor einschlug. 16.000 Zuschauer in München jubelten, und nun hieß es, noch zehn Minuten den Dribblings und Flanken der pakistanischen Mannschaft trotzen. Und das schaffte die Mannschaft auch. Als Servetto das Spiel abpfiff, hatte zum ersten Mal nach 44 Jahren eine europäische Mannschaft Hockeygold gewonnen. Wie unerwartet und unerträglich das für die so stolze Hockeynation Pakistan war, zeigte sich bei der Siegerehrung. Da kam es zum mittlerweile historischen Eklat. Als den Spielern vom IOC-Mitglied Berthold Beitz, dem Großmanager von Thyssen-Krupp, die Silbermedaille umgehängt werden sollte, nahmen einige die Medaille gleich wieder vom Hals und legten sie in ihre Badeschlappen. Ein Affront an den Sportsgeist und die olympischen Werte. Der Hockey-Weltverband reagierte, wie es das IOC nicht besser hätte hinkriegen können. Vier Spieler wurden sofort lebenslang gesperrt, um sie dann – Pakistan war eine mächtige Hockey-Nation – ein halbes Jahr später doch gleich wieder freizusprechen und zu rehabilitieren. Das ist eine Aktion, auf Funktionärsebene ungefähr so wie das Ablegen einer Silbermedaille in Badeschlappen. Einige pakistanische Fernseh- und Radiojournalisten hatten zudem beklagt, dass Pakistan benachteiligt worden sei, was zu diplomatischen Spannungen führte. Regierungschef Zulfikar Ali Bhutto sah sich dann selbst noch einmal die Fernsehbilder an und kam zu dem Schluss, dass alles mit rechten Dingen zugegangen war, hatte nicht zuletzt erst ein Jahr zuvor die Übergabe eines riesigen Silberpokals im Wert von damals 44.000 D-Mark die Freundschaft der beiden Nationen gefestigt. Es ist der Pokal, der bis heute dem deutschen Feldhockey-Meister der Männer überreicht wird.

Im besagten Klubhaus des MSC wurde anschließend gefeiert, mit sage und schreibe 14 Flaschen Champagner, die vom Schatzmeister bezahlt wurden, ein Hohn für die bis heute auch für ausufernde Feste bekannten Räumlichkeiten an der Eversbuschstraße. Immerhin: Das ausgegebene Bier wurde nicht mitgezählt.

78. GRUND

Weil die Männer 2006 das neue Heimstadion mit einem Titel einweihten

Nachdem ich schon das ganze Buch unter akutem Melancholie- und Nostalgie-Verdacht stehe und wahrscheinlich in der Zeit des Schreibens ein chronisches Schwelgen entstanden ist, das unheilbar ist und allerhöchstens mit einem Hinkelsteinwurf kuriert werden könnte (Kommt der Kurier eigentlich von kurieren? Bitte um Leserbriefe), wird der triumphale Erfolg bei der WM, der nur möglich war durch den Star-Verteidiger Crone (ich übertreibe, leichtest), hier nur ganz am Rande und kurz abgehandelt. Enges Spiel gegen Indien zu Beginn mit Glück gewonnen, gegen Holland mit Glück nicht verloren, gegen Korea kurios unentschieden gespielt, im Halbfinale gegen Spanien erst im Siebenmeterschießen souverän und im Finale nach 1:3 mit dem »Eh schon wurscht«-Gedanken das Spiel noch gedreht mit einem – das muss erwähnt werden – irre aufdrehenden Christopher Zeller. Kurzum: ein jederzeit völlig ungefährdeter Titel. Trotzdem ist es wahrscheinlich der größte Hockeyerfolg auf deutschem Boden seit Olympia 1972 in München gewesen, ein ansatzweise Fußball-ähnliches Gefühl konnte man da bei 16.000 deutschen Fans im Finale bekommen. Kein Wunder, dass die Kicker durchdrehen, wenn sie jede Woche so eine Kulisse sehen.

79. GRUND

Weil Deutschland bei der ersten Heimweltmeisterschaft den Titel dank einer fliegenden Putzfrau gewann

Im Finale der zweiten Frauenweltmeisterschaft, am 30. Mai 1976 in Berlin, sollte die älteste deutsche Spielerin im Kader gegen Argentinien einen großen Auftritt haben.

Gudrun Scholz aus Braunschweig machte eine Karriere im DHB, die heute so kaum möglich wäre. Nämlich: erst einmal keine, trotz großen Talents. Das Sichtungssystem des Hockey-Bundes ist eine der großen Stärken im Hockey. Kaum ein Talent wird übersehen, durch regionale und dann überregionale Sichtungsmaßnahmen in der Jugend. Scholz hatte auch bereits früh mit dem Hockey angefangen, allerdings auch Leichtathletik und dort vor allem den Weitsprung intensiv betrieben. Scholz stellte am 21. Juni 1959 einen deutschen Rekord auf, als sie 6,22 Meter weit sprang. War es dann Glück oder Pech, dass sich die Sportlerin am Rücken verletzte? Auf jeden Fall Glück für das deutsche Hockey. Denn Scholz, die damals noch Scheller hieß, konnte die Leichtathletik dadurch nicht mehr so intensiv betreiben – und stieg wieder aufs Hockey um. Im Jahr 1962 hatte sie ihren ersten Einsatz im Trikot der Nationalmannschaft. Allerdings kam auch jetzt wieder etwas dazwischen, was die gerade Hockeykarriere unterbrach: Scheller wurde zu Gudrun Scholz und bekam zwei Kinder. Die betreute sie dann eine Zeit lang intensiv, bis zum Jahr 1975. Sie spielte auch Hockey, allerdings nur in ihrer Vereinsmannschaft Braunschweig, mit der sie insgesamt neun Mal Deutscher Meister wurde. Unter anderem 1973, 1974 und 1975. Insofern verwundert es dann doch nicht so richtig, dass die Nationalmannschaft noch einmal rief. Als die Damen-Wartin des Deutschen Hockey-Bundes bei Scholz anrief, hatte die Mutter allerdings zwölf Jahre kein Länderspiel mehr gemacht und war 36 Jahre alt. Sie müsse zunächst ihren Mann fragen, war die Antwort der Sportlerin. Der stimmte zu, und so konnte Scholz nach Berlin fahren.

Dort hatte Deutschland um den Bundestrainer Ernst Willig zunächst fünf Gruppenspiele. In insgesamt sieben Spielen in nur zehn Tagen setzten sich die Deutschen jedes Mal durch. Sie schlugen Nigeria mit 9:0, Spanien, Frankreich und Österreich, und im letzten Gruppenspiel auch Argentinien mit 3:1, wobei sie da das erste Gegentor des Turniers kassierten. Im Halbfinale siegte das Team von Willig mit 3:1 gegen Belgien und traf im Finale wieder auf Argentinien, das überraschend den Favoriten aus den Niederlanden im Siebenmeterschießen mit 4:3 bezwungen hatte. Und da zeigte sich, wie sehr es auf Athletik ankommt. 8000 Zuschauer waren im Ernst-Reuter-Stadion bei Zehlendorf 88 gekommen. Die Spielerin Gudrun Scholz, zu dem Zeitpunkt bereits 37 Jahre alt, erzielte in ihrem 30. und letzten Länderspiel am Ende der ersten Halbzeit das 1:0 und kurz vor Schluss das 2:0. Die »fliegende Hausfrau«, wie sie von den Medien genannt wurde, schoss Deutschland zum Titel. Auch für den Bundestrainer war dieser Sieg eine Genugtuung, denn Ernst Willig hatte sich zwei Jahre zuvor um den Posten des Männer-Bundestrainers beworben und wurde abgelehnt. Willig sagte nach dem Finale über Gudrun Scholz: »Gudrun war zwar mit 37 Jahren die älteste Spielerin auf dem Platz. Aber sie war zugleich auch die athletischste.«

80. GRUND

Weil Deutschland 2012 durch einen umstrittenen Treffer in London Olympiasieger wurde

Es war wie eine zweite Niederlage für den niederländischen Trainer an diesem Abend, als er in den Raum der Pressekonferenz trat. Wenige Minuten zuvor hatte Deutschland mit einem 2:1 gegen sein Team die Goldmedaille gewonnen, und dabei hatte Jan-Philipp Rabente nicht nur nach einem Dribbling in der ersten Halbzeit die Führung zum 1:0 erzielt, sondern fünf Minuten vor dem Ende auch noch das 2:1 für Deutschland. So einen Treffer hat es bis dahin nicht gegeben, denn die Einzigen, die ihn als irregulär erkannten und einstuften, waren zunächst die niederländischen Journalisten. Zunächst war es wieder Rabente, der diesmal von links in den Schusskreis der Niederländer dribbelte und aufs Tor schoss, dabei reklamierte, dass er behindert worden sei. Die Verteidiger klärten die Situation vermeintlich. Doch, und das sei mir als ehemaliger Verteidiger verziehen, es folgte eine Szene, die in jedes Lehrvideo zum Klären gefährlicher Situationen gehört: Der niederländische Verteidiger, der den Ball ein paar Meter vor dem eigenen Tor an seiner Vorhand hatte, spielte den Ball nicht zur Seite, sondern fast zentral durch die Mitte aus dem eigenen Kreis, um ihn zunächst aus der gefährlichen Zone zu entfernen. Während der Verteidiger also den Ball wegspielte, gestikulierte Rabente weiter in Richtung des Schiedsrichters. Der Schiedsrichter befand sich am rechten Pfosten des Tores, Rabente etwa auf Höhe des linken Pfostens. Und so trudelte er langsam in Richtung der Torauslinie, stand dann irgendwann hinter dem Tor, die Arme gestikulierend über dem Kopf, trabte weiter, hinter dem Tor vorbei, vielleicht wäre er weitergelaufen zum Schiedsrichter, um ihn auf ein Vergehen aufmerksam zu machen, das beim Dribbling passiert war. Doch da der Verteidiger mit dem orangenen Trikot den Ball eben nicht, wie man es schon bei den B-Knaben lernt, zur Seite rausgespielt hatte, passierte genau das, wovor jeder B-Knabe immer gewarnt wird: Der Ball wird vom Gegner abgefangen, und der hat ihn dann wieder in zentraler, also gefährlicher Position direkt etwa 25 Meter vor dem Tor. In dem Fall war es Tobias Hauke, der Mittelfeldspieler, der gut reagierte und dem an sich ein Großteil dieses Tor-Lobes gebührt. Er stoppte den Ball nur kurz und spielte ihn sofort wieder vor das gegnerische Tor. Denn klar war in dem Moment – die gesamte Aktion vom Ballverlust Rabentes bis zum Tor Rabentes dauerte keine sechs Sekunden – dass sich keine Abwehr so schnell wieder sortieren, sprich die Verteidiger den Stürmern zuordnen kann. Und so kam der von Hauke hart geschobene Pass wieder in den Schusskreis, in Richtung des rechten Pfostens, wurde noch ganz leicht von einem Mitspieler abgefälscht und ganz hinten, direkt neben dem Schiedsrichter und dem Pfosten, da stand nun auf einmal Rabente und musste nur noch den Schläger auf den Boden legen und den Ball ins Tor ablenken. 2:1 für Deutschland, keine fünf Minuten zu spielen, Olympiasieg – irregulär?

Bei der Pressekonferenz kurz nach dem Spiel fragte nun also einer der Journalisten den niederländischen Trainer, wie er damit umgehe, dass das zweite Tor irregulär sei. Paul van Ass, dessen Sohn im Team mitspielte, wusste nicht so recht, was er sagen sollte. Es gibt beim Hockey die Regel, dass ein Spieler nicht hinter dem Tor herumlaufen darf und dann wieder in die Spielsituation eingreifen. Das ist durchaus sinnvoll, weil man so vermeiden möchte, dass ein Verteidiger, der den Stürmer in Manndeckung nimmt, durch das Hinterherlaufen an diesem Hindernis vorbei vielleicht ein paar zehn Zentimeter verliert, weshalb dann der Stürmer vor dem Verteidiger an den Ball gelangt. Also war das Tor irregulär? Man beriet sich nah dem Spiel und dem Hinweis noch einmal, wobei es beinahe unmöglich schien, dieses Tor zu annullieren. Schließlich hatten alle Spieler bereits ihre Medaillen bekommen, und die Siegerehrung wurde von Millionen Menschen weltweit gesehen. Und obwohl hinterher die 4-Buchstaben-Zeitung dem deutschen Kommentatorenduo eine schlechte Note gab, weil sie dieses Vergehen auch während der Übertragung nicht erkannt hatte, kann man auch anders argumentieren: Es waren schlicht verschiedene Spielsituationen. Die eine endete mit der Balleroberung der Niederländer. Damit war der Angriff der deutschen Mannschaft vorbei. Selbst schuld, wenn der Ball gleich wieder verloren geht. Und dann gab es einen neuen Angriff auf das niederländische Tor, mit dem Pass von Hauke auf Rabente.

Eine weitere wichtige Regel, abgesehen von der, den Ball als Verteidiger zur Seite aus dem Schusskreis zu spielen, wenn die Situation unübersichtlich ist, lautet normalerweise: Lass den Schiedsrichter in Ruhe, es lohnt sich nicht, zu diskutieren. Derjenige, der noch ein paar Sekunden meckert, fehlt beim Abwehren des nächsten Angriffs. Nun, abgesehen davon, dass diese Regel selbst von den besten Spielern oft nur schwer einzuhalten ist und offenbar oftmals ein Zusammenhang besteht zwischen Spielstärke und Ungerechtigkeitsempfinden (oder einer eigenwilligen Gerechtigkeitserwartung), könnte man sagen, dass in diesem Fall Rabente nicht nur wegen des Siegtreffers und der umstrittenen Entstehung Historisches geleistet hat.

Es ist wahrscheinlich auch die erfolgreichste und lohnendste Meckereinlage aller Hockeyzeiten gewesen.

81. GRUND

Weil die Hockeyfrauen 2004 völlig überraschend Gold gewannen

Die Ausgangslage bei den Olympischen Spielen in Athen war klar. Die Männer hatten 2001 die Champions Trophy, 2002 die Weltmeisterschaft und 2003 die Europameisterschaft gewonnen und würden 2004 um Gold spielen. Die Frauen hingegen konnten sich drei Jahre hintereinander nicht einmal für die Champions Trophy qualifizieren, das jährliche Turnier der besten sechs Teams. Und dann kam eben alles anders. Warum? Die Frage ist bis heute ungeklärt.

Zunächst besiegte die Mannschaft von Frauen-Bundestrainer Markus Weise Australien, ein guter Start, doch schon im zweiten Gruppenspiel ging man mit 1:4 gegen die Niederlande unter. Und als zwei Tage später auch das Spiel gegen den Außenseiter und bis dahin sieglosen Gegner Südafrika verloren ging, mit einem klaren 0:3, da schien es, als ob es wieder ein Turnier der Enttäuschung für die Frauen werden würde. Doch spätestens in dem Moment war offenbar jeglicher mentaler Druck von der Mannschaft abgefallen. Weil die Niederlande mit vier Siegen durch die Gruppe marschierte und die Ergebnisse dahinter so ausgeglichen waren, war dann jedoch am letzten Tag beim Spiel gegen Südkorea klar, dass ein Sieg vielleicht doch noch das Halbfinale bedeuten würde. Deutschland gewann knapp mit 3:2, und weil gleichzeitig die Niederlande ihr letztes Spiel gegen Australien auch noch ernsthaft angingen und gewannen, erreichte Deutschland und nicht Australien hinter den Holländerinnen das Halbfinale. Dort das nächste zähe Spiel. Der Gegner: China. Die Tore: keine, nicht einmal in der Verlängerung. Im Siebenmeterschießen gewann Deutschland. Und traf im Finale wieder auf die bis dahin so überragenden Niederländerinnen, die jedoch im Halbfinale erst nach Siebenmeterschießen gegen den Mitfavoriten Argentinien gewannen.

Im Finale hatte nur noch eine Mannschaft etwas zu gewinnen, das waren die Deutschen, denn allein die Silbermedaille war der größte Erfolg, den es seit mehr als zehn Jahren gegeben hätte. Und die Niederlande? Jeder erwartete den Titel, wie bei den deutschen Männern, die am Ende Bronze gewannen. Bereits nach vier Minuten holte Deutschland nach einem Freischlag und einem Fehler der Verteidigung die erste Strafecke. Anke Kühn wurde mit einem kurzen Pass nach links am Kreisrand angespielt, ein Linksableger, die niederländischen Spielerinnen erwarteten eine Kombination, weil Deutschland im Turnier bis dahin nicht direkt getroffen hatte. Kühn traf direkt, halbhoch ins Handschuh-Eck des Torwarts. Und 15 Minuten später wurde es dann ganz abenteuerlich. Deutschland zog sich nicht zurück, wie erwartet, sondern spielte offensiv, die Niederländerinnen verloren im eigenen Schusskreis den Ball, als fünf deutsche Spielerinnen nachsetzten, Natascha Keller dribbelte vor das Tor, ihr Heber wurde noch abgewehrt, im Nachschuss traf Franziska Gude. 2:0. So ging es in die Halbzeit. Zu Beginn der zweiten Hälfte schien es, als ob die Niederlande nun doch zurückkommen würden. Dritte Minute der zweiten Halbzeit, Strafecke Niederlande, die Variante war eigentlich gut von der Eckenabwehr gelesen und zudem auch noch von den Holländerinnen verstoppt worden, doch der Ball sprang wieder zu einer Niederländerin, die ihn an den rechten Pfosten passte, von dort wurde er ins Tor abgefälscht. Die Tausenden niederländischen Fans, deutlich in der Überzahl, feierten, und die verbleibenden 32 Minuten waren so einseitig, wie es wohl noch nie und nie mehr in einem olympischen Finale der Fall war. Als ob beim Fußball Barcelona gegen einen Abstiegskandidaten spielte, ging es um den deutschen Kreis herum. Paraden der Torhüterin, vor der eigenen Torlinie rettende Verteidiger, Glück der Deutschen und Unvermögen der anrennenden Niederländerinnen. Noch in der letzten Minute wehrte Deutschland einen Freischlag ganz knapp ab, im Konter fällt beinahe das 3:1 für Deutschland, und nach einem letzten Verzweiflungspass nach vorne (siehe Crone-Pass) hüpfen die deutschen Spielerinnen schon, als der Ball noch im Spiel ist und langsam ins niederländische Toraus rollt. Gold. Lebenstraum: check.

ERSTAUNLICHES AUS DEM HOCKEY

82. GRUND

Weil beim WM-Titel 2006 der wichtigste Spieler die gesamte Zeit über auf der Bank saß

Christian Schulte ist knapp zwei Meter groß, athletisch und ein irre guter Torwart gewesen. Er spielte von 1996 bis 2009 in der Nationalmannschaft, war bei 120 Länderspielen im Tor, gewann mit seinem Verein, dem Krefelder CHTC, jede Menge Titel – wurde Olympiasieger, Europa- und Weltmeister und stand doch fast nie auf dem Platz. Und natürlich ist der Titel aber rein spekulativ, aber eben auch meine volle Überzeugung: Ohne Christian Schulte hätte Deutschland keinen einzigen der Titel gewonnen, die von der Mannschaft errungen wurden in den 13 Jahren seiner Karriere. Denn wenn ich eines in der langen Zeit in diversen Teams gelernt habe, dann dass der Ersatztorwart – allein das Wort ist schon eine Katastrophe – ein Spiel, ein Turnier positiv und negativ beeinflussen kann wie kein zweiter Spieler, weder der Kapitän noch der Trainer. Warum?

Zunächst einmal war es bei Schulte, genannt Schüti, so, dass er in den Jugendnationalmannschaften bereits als großes Talent galt, allein schon weil er so groß und beweglich war. Dann spielte er sein erstes Turnier bei den Männern, 1997 bei der Hallen-Europameisterschaft in Frankreich. Auch ich durfte da mein erstes Turnier spielen, und das war für alle jungen Spieler in diesem Kader sehr dankbar, denn zu der Zeit war Deutschland im Hallenhockey den anderen Nationen noch so weit voraus, dass es in den Spielen vor allem darum ging, nicht nervös zu werden und geduldig zu bleiben, wenn es mal nicht schon nach 15 Minuten klar für Deutschland stand. Schulte spielte also seine ersten Länderspiele, war von da an im Kader, und als Bernhard Peters nach den enttäuschenden Olympischen Spielen von Sydney (Platz 5) das Männerteam übernahm und den Kader veränderte, war auch der Riese aus Neuss dabei. Schulte und Peters kannten sich aus Jugendzeiten und auch aus Krefeld. Das sollte noch wichtig werden. Bei der WM 2002 in Malaysia war Schüti Torwart Nummer zwei hinter Clemens Arnold.

Das bedeutete: Ein Spieler, der seit Monaten, wenn nicht Jahren, auf ein großes Ziel hintrainiert mit Einheiten auch am Morgen vor der Uni oder der Arbeit, der bekommt zu Beginn eines Turniers gesagt, dass der Konkurrent die Nummer eins ist. Was macht der also drei Wochen lang? Ich habe selbst erlebt und von anderen Mannschaften erfahren, wie zweite Torhüter vor Frust völlig die Spannung verlieren, sich am Buffet täglich mit Pommes und Schnitzel versöhnen und genervt zu Besprechungen schlurfen. Schulte war anders. Er akzeptierte die Situation und wurde vom ersten Spiel an der zweite Trainer. Er coachte unseren Coach, den er ja als Typ und Mensch gut aus Krefeld kannte, er coachte das Team, weil er als Torwart viele Spielsituationen mindestens so gut erkennen konnte wie die Spieler oder der Videomann hinter dem Tor. So wurde Schulte 2002 Weltmeister, ohne zu spielen. Ein Jahr später fuhr das Team zur Europameisterschaft nach Barcelona, Torwart Nummer eins Clemens Arnold, Nummer zwei Schulte. Arnold spielte das ganze Turnier, Schulte coachte das ganze Turnier. Und im Finale dann ein wunderbarer Moment. Schulte stand auf dem Platz. Der Trainer wechselte Arnold aus, der sehr gut gehalten hatte. Doch es stand nach Verlängerung 1:1, und deshalb ging es ins Siebenmeterschießen. Arnold war einen Kopf kleiner als Schulte, und Peters setzte auf die beeindruckende Größe und den mentalen Effekt, wenn auf einmal Schulte im Tor stand. Gleich den ersten Siebenmeter hielt Schulte, und als es nach je fünf Schützen auch im Siebenmeterschießen in die Verlängerung ging, hielt er noch einmal einen Schuss des Spaniers Santi Freixa, ehe Christopher Zeller, der jüngste Spieler im Kader, traf und Deutschland somit Europameister war. Die schönste Szene dieses Finales war, wenn ich mich recht erinnere, dass Clemens Arnold trotz seiner Torwartausrüstung der Erste war, der im Sprint Schulte erreichte und ihm in den Armen lag.

Im Jahr 2004 war Schulte weiterhin die Nummer zwei, er verbrachte die Olympischen Spiele auf der Bank, wurde im Halbfinale gegen die Niederlande für einen Siebenmeter kurz eingewechselt, den er nicht halten konnte, und coachte weiter von außen. 2005 dann endlich: Schulte war die Nummer eins, er spielte bei der Europameisterschaft in Leipzig, Deutschland wurde Dritter. Und dann kam die WM im eigenen Land, Schulte wurde kurz vor dem ersten Spiel durch einen anderen ersetzt, den Berliner Torwart Ulrich Bubolz. Was für ein Rückschlag. Und Schulte saß auf der Bank, coachte Spieler und Trainer.

Natürlich würde jeder Christopher Zeller als den Spieler des Turniers auswählen, der sich die Spiele angesehen hat. Er spielte wahnsinnig gut, erzielte im Finale zwei Tore, unter anderem das Siegtor zum 4:3, doch auch hier: Hätte Schulte für sich entschieden, einfach mal frustriert zu sein und das auch zu zeigen, Deutschland hätte nicht gewonnen. Im gleichen Jahr saß bei den Fußballern ja der grummelige Kahn auf der Bank, und in Sönke Wortmanns Film gibt es eine Szene aus der Kabine vor dem Spiel gegen Portugal um Platz drei, bei der man gut sehen kann, wie wenig Kahn seinen Frust verbergen konnte.

Schulte konnte das, oder er war schlicht nicht frustriert, sondern das Ideal eines Teamplayers. 2008 dann wurde Schulte wieder verdrängt. Ulrich Bubolz und er hatten ohne ein Gegentor das Qualifikationsturnier im Vorfeld überstanden, und dann stand in Peking statt Schulte Max Weinhold im Tor, ein junger, irre talentierter Torwart. Schulte schaute wieder zu, und ein weiteres, ein letztes Mal coachte er von außen, moderierte bei den zwischenzeitlich schwierigen Situationen, coachte den Kapitän Timo Wess und hielt am Ende dann als P-Akkreditierter nicht eingesetzter Spieler doch keine wirkliche Goldmedaille in seinen Händen. Und trotzdem weiß jeder Spieler, der mit Schulte zusammengespielt hat, was er ihm zu verdanken hat. Vielleicht war es auch immer das, was ihn angetrieben und motiviert hat, sich so zu verhalten, als wäre er nicht nie eingewechselt, sondern gerade erst kurz für ein paar Minuten Durchschnaufen ausgewechselt worden.

83. GRUND

Weil eine Innenverteidigerin manches besser konnte als ein Innenverteidiger und mehrere einmalige Dinge erreichte

Tina Bachmann war Innenverteidigerin in der Frauennationalmannschaft und über viele Jahre da eine feste Größe. Obwohl sie national mit ihren Clubs nur selten in den Schlagzeilen stand, wurde sie Stammspielerin in der Nationalmannschaft, in der sie zwischen 1998 und 2013, in einer der wahrscheinlich insgesamt längsten aktiven Karrieren einer Frauenspielerin in der jüngeren deutschen Hockeygeschichte, alle Titel gewann, die bei den Frauen in den letzten Jahrzehnten erreicht wurden. Der Olympiasieg 2004 in Athen neben zwei EM-Titeln 2007 und dann noch einmal 2013 etwa. Er war für die Mülheimerin damals auch die Krönung ihres sportlichen Comebacks, denn nach einem zweiten Kreuzbandriss hatte sie lange um den Anschluss kämpfen müssen. Etwas unrühmlich wurde die Abwehrspielerin 2011 aus dem Team eliminiert, kehrte aber nach einem Wechsel an der Spitze des Trainerstabs Anfang 2013 zurück und wurde auf Anhieb Europameisterin und beste Spielerin dieses Turniers. Nach dem Ende ihrer aktiven Laufbahn wechselte Tina Bachmann auf den Trainerstuhl und sorgte für dicke Schlagzeilen, als sie im Sommer 2014 die Herrenmannschaft des HTC Uhlenhorst Mülheim übernahm und sich damit einer ganz besonderen Herausforderung stellte.

Mit dem Hockeyspielen begann Tina Bachmann schon als fünfjähriges Mädchen. Das kam insofern nicht überraschend, als Vater Hans-Gerd Bachmann selbst äußerst erfolgreich in dieser Sportart gewesen war und es auf insgesamt 108 Länderspiele gebracht hatte. Die Gene des Vaters, der 1975 WM-Bronze gewann und in späteren Jahren auch als DHB-Funktionär fungierte, waren schon bald nicht zu verleugnen. Tina Bachmann machte beim HTC Uhlenhorst in Mülheim rasante Fortschritte und schaffte schon als 13-Jährige den Sprung in die deutsche U16-Nationalmannschaft, in der sie 1992 ihr Debüt feierte. In den folgenden Jahren, in deren Verlauf sie 1996 von ihrem Mülheimer Verein zum Club Raffelberg nach Duisburg wechselte, durchlief sie auch die anderen Nachwuchsteams des DHB und krönte ihren letzten von 85 Einsätzen 1998 in Belfast mit dem zweiten Triumph bei der U21-WM, nachdem es für sie bereits 1996 Gold in Cardiff gegeben hatte.

Noch in der gleichen Saison feierte Tina Bachmann am 17. September 1998 in Köln beim 2:1-Sieg der deutschen Damen gegen Japan ihr Debüt im A-Team, wurde dann aber 2001 aber durch einen Kreuzbandriss für ein halbes Jahr außer Gefecht gesetzt. 2002 schaffte sie es in den Kader der Weltmeisterschaft im australischen Perth.

Bei ihrem Debüt bei einem Großereignis gelang Tina Bachmann dann in der ersten Partie gegen Russland eines ihrer wenigen Tore im Nationaldress. Doch bereits im nächsten Spiel kam das Aus, als sie sich einen neuerlichen Kreuzbandriss zuzog.

Beim 4-Nationen-Turnier im argentinischen Córdoba war die inzwischen 24-Jährige Anfang Februar 2004 wieder dabei. Die 1,66 m große und 62 kg schwere Verteidigerin wurde wieder zur Stammspielerin und erreichte im Sommer schließlich in Athen ihren vorläufigen Karrierehöhepunkt, als sie mit der DHB-Auswahl Olympiagold holte. Noch Jahre danach blickte sie begeistert auf diesen Erfolg zurück: »Ich habe das höchste Ziel erreicht, das man sich als Sportler setzen kann. Dieses Gänsehaut-Feeling von der Siegerehrung in Athen wird für immer in meinem Gedächtnis bleiben.«

Zusammen mit ihrem drei Jahre jüngeren Bruder Marc wuchs Tina Bachmann in Mülheim/Ruhr auf. Tina Bachmann absolvierte nach dem Abitur ein Studium für Grundschullehramt an der Universität Köln, das sie 2005. Nach Jahren mit einer Teilverpflichtung, die sie neben ihrem Engagement in der holländischen Eliteliga in Köln absolviert hatte, erhielt sie 2014 in Mülheim eine neue Anstellung, was sie letztlich auch bewog, das Trainerangebot des HTC Uhlenhorst anzunehmen. Diese Mehrfachbelastung war sie als Hockeyspielerin gewohnt. Ihr zweites berufliches Standbein: Sie besuchte die Sporthochschule in Köln und machte anschließend an der Trainerakademie des Deutschen Olympischen Sport-Bundes ein Studium zum Diplomtrainer. Da hatte sie bereits in ihrer Duisburger Zeit erste Trainererfahrungen im Nachwuchsbereich gesammelt und diese dann in den Niederlanden, wo sie ebenfalls als Juniorentrainerin tätig war, mit drei nationalen Titeln auch in Erfolge umgewandelt.

84. GRUND

Weil da auch mal kurzerhand ein Länderspiel umzieht

Im Jahr 1975 gab es den bislang kuriosesten Fall einer Länderspielverlegung. In Malaysia wurde die Weltmeisterschaft ausgetragen, in der Hauptstadt Kuala Lumpur. Ein Vorrundenspiel sollte um 16 Uhr stattfinden, zwischen Neuseeland und Pakistan. Das Spiel lief, es gab Strafecke für Pakistan, doch zur Ausführung kam es nicht mehr. Regen. Quatsch, Stadionflutung von oben. Das Spielfeld stand nach Sekunden unter Wasser, berichten Augenzeugen. Also Unterbrechung, nach einer halben Stunde Warten und Diskussion die Entscheidung: Das Spiel wird in einem anderen Stadion fortgesetzt, 15 Kilometer entfernt, wo es nicht geregnet hatte. Nach einer weiteren halben Stunde waren nicht nur die Mannschaften alle unterwegs, sondern auch die 25.000 Zuschauer. Und das mitten in der Rushhour der Stadt (wobei da eigentlich immer Rushhour ist). Im Ausweichstadion musste noch schnell liniert werden, dann spielte man weiter. Das nächste Problem: Im Anschluss sollte noch ein Spiel stattfinden, zwischen Deutschland und Indien. Doch es gab kein Flutlicht, und es wurde dunkel. Es dämmerte, was in den Gefilden zu einem ähnlich ruckartigen Sonnenuntergang führte wie sich auch Regenschauer verhalten. Trotzdem wollte die Turnierleitung, dass das Spiel angepfiffen wird. Nach einer Strafecke für Indien, die nur knapp neben dem Kopf des auf der Linie stehenden Michi Peter im Tor einschlug, rannte der wütend zum Tisch der technischen Delegation und brüllte die Funktionäre an. Das Spiel wurde unterbrochen und sollte am nächsten Tag fortgesetzt werden beim Stand von 0:1. Deutschland protestierte, es ging wieder bei null los, Deutschland verlor 1:3.

85. GRUND

Weil eine schlechte Statistikauswertung Deutschlands Frauen zum Hallenweltmeister machte

Längst hat die Auswerteritis auch den Hockeysport erfasst. Es ist zwar noch ein weiter Weg bis zur Statistik-Sportart Nummer eins, dem Baseball, wo seit Jahrzehnten mit On-Base-Percentage und Dutzenden weiteren Zahlen hantiert wird. Vor ein paar Jahren kam der Film *Moneyball* mit Brad Pitt in der Hauptrolle in die Kinos, der die wahre Geschichte der Oakland Athletics erzählte. Das Team war lange Zeit eines der schlechtesten der Liga, bis eines Tages ein junger Seiteneinsteiger dazukam, der zum ersten Mal die Statistiken des Spiels auswertete und ausschließlich danach eine Mannschaft zusammenstellte. Jeder Sportpsychologe wird die Hände über dem Kopf zusammenschlagen, weil da plötzlich völlig inkompatible Spieler zusammengewürfelt wurden, die aber eine Gemeinsamkeit hatten: Statistisch kamen sie oft auf Schläge und konnten auf die erste Base laufen. Am Ende wurden die A's zwar nicht Meister, aber sie knackten den Rekord der längsten Siegesserie, die es bis dato im amerikanischen Baseball gab.

Im Hockey gab es lange Zeit außer einer Strafeckenstatistik kaum Zahlen, mit denen man direkt im Spiel arbeitete. Klar, man wusste, dass der pakistanische Strafeckenschütze gerne nach rechts oben schlenzte, dass der Stürmer Pol Amat immer einen Vorhandzieher machte, dass die Niederländer in 95 Prozent der Fälle ihre Strafecken direkt schlenzten und dass am Ende Deutschland das Turnier gewann. Aber eine ganz detaillierte Auswertung, wie oft etwa jeder einzelne Spieler am Ball ist und wie oft er dann einen gelungenen Pass oder einen Fehlpass spielt, das ist noch neu. Bei der Hallenweltmeisterschaft 2018 in Berlin führte das zu einer kuriosen und vielleicht finalentscheidenden Situation. Die Niederländerinnen, amtierende Weltmeisterinnen in der Halle, hatten sich den Aufbau der deutschen Mannschaft genau angesehen, und die Statistik besagte, dass Nike Lorenz bislang die meisten Fehlpässe im Turnier gespielt hatte. Allerdings begingen die Niederländer einen Anfängerfehler, der in der allerersten Statistikvorlesung besprochen wird: Sie setzten die Fehlerzahl nicht in ein Verhältnis. Lorenz hatte zwar die meisten Fehlpässe gespielt, gleichzeitig aber auch mit Abstand die meisten Pässe insgesamt. Damit hatte sie sowohl die meisten Fehlpässe, gleichzeitig aber auch die meisten angekommenen Pässe. Die Niederländerinnen entschieden: Druck auf Nike Lorenz, die so viele Fehlpässe spielt. Was dann zu sehen war, kann man einer anderen Statistik entnehmen: Was passiert, wenn der Gegner Druck macht auf die Aufbauspielerin, die statistisch die meisten gelungenen Pässe spielt? Und die nebenbei auch technisch so versiert ist, dass sie unter Druck in einer Eins-gegen-eins-Situation einen Gegenspieler ausspielen kann. Lorenz dribbelte, passte, Bälle kamen an, nicht alle zwar, aber die meisten, Lorenz traf zum zwischenzeitlichen Ausgleich per Siebenmeter, und Deutschland gewann das Finale.

86. GRUND

Weil Hockey aus zwei völlig unterschiedlichen Sportarten besteht

Handball, wie es die meisten kennen, wird immer auf dem gleichen Feld gespielt, Basketball ebenso, beim Fußball gibt es im Winter immer mal wieder Hallenturniere. Nur beim Hockey gibt es streng genommen zwei eigene Sportarten. Natürlich ist beides Hockey, aber wenn die Zahl der Spieler, der Untergrund, die Umgebung, die Torgröße, die Schlägerbeschaffenheit und viele Regeln unterschiedlich sind, kann man durchaus von einer anderen Sportart sprechen. Das Feldtor ist 3,66 Meter breit und 2,14 Meter hoch, während das Hallentor die Maße eines Handballtores hat, drei Meter breit und zwei Meter hoch. Der Hallenschläger ist dünner und leichter als sein Feldpendant, weil man im Hallenhockey nicht schlagen darf, der Ball wird nur geschoben, dazu kann der Schläger weniger stabil sein und wird dann gleich leichter und dünner gemacht, weil er so noch einfacher zu handhaben ist. Auf dem Feld stehen fünf Feldspieler und ein Torwart, während im Feldhockey doppelt so viele Feldspieler auf dem Platz stehen. An den Seiten liegen beim Hallenhockey sogenannte Banden, das sind etwa knöchelhohe Holzbalken, die das Spielfeld begrenzen und gleichzeitig erweitern. Denn der Spieler darf den Ball auch über die Bande, Einfallswinkel gleich Ausfallswinkel (sofern es sich um nicht allzu abgenutzte und ramponierte Holzbanden handelt), spielen. Oft wird von einem Verteidiger so versucht, den hinter einem Gegner stehenden Mitspieler anzuspielen, indem der Ball genau auf Höhe des Gegenspielers an die Band gespielt wird.

Beim Feldhockey darf man auch im Liegen spielen oder im Rutschen, in der Halle nicht, da man sonst bei den engen Spielfeldmaßen zu schnell zu viel Fläche abdecken könnte, indem man sich sehr weit vorbeugt und abstützt. Ein Hallenfeld ist zwischen 36 und

44 Meter lang und 18 bis 22 Meter breit. Da die Hallenmaße derart variieren, gibt es durchaus mal taktische Anpassungen, wenn eine Mannschaft zum Beispiel auswärts in einer kleinen Halle spielt. Da bietet sich – grob vereinfacht – oft eine Raumdeckung an, da die Räume einfacher abzudecken sind auf einem kleineren Feld. Ein Feldhockeyplatz wiederum ist 91 Meter lang und 55 Meter breit.

Bis vor einer Dekade, als es noch keine derartige Konzentration der besten Spieler und Spielerinnen in wenigen Vereinen gab, sah die Hallenbundesliga oft ganz anders aus als die Feldbundesliga. Mannschaften wie Dürkheim oder Frankenthal aus der Pfalz hatten ja im vergangenen Jahrhundert teilweise serienmäßig den Hallentitel gewonnen. Während zum Beispiel auf dem Feld eine Zeit lang fast Bayern-artig Mülheim Deutscher Meister wurde, gewann die Mannschaft so gut wie nie in der Halle. Die Spieler waren eher Feldspezialisten, die Mannen aus Frankenthal, Dürkheim oder Rot-Weiß Köln waren die Hallenprofis. Erst als man in Köln anfing, eine durchdachte Einkaufs- samt Ausbildungspolitik zu betreiben, zogen Nationalspieler an den Rhein und machten aus dem Club den derzeit erfolgreichsten Verein. Mittlerweile stehen die Standardmannschaften in Halle und Feld meist in der Endrunde der letzten vier, Mannheim, Mülheim, Köln und die Teams UHC, Alster und HTHC aus Hamburg.

Beide Sportarten haben einen eigenen Reiz, und gerade in Deutschland ist die Tradition des Hallenhockeys lang. Bis vor einigen Jahren gewannen bei Hallen-Europameisterschaften und -Weltmeisterschaften immer die deutschen Teams. Erst seit Kurzem haben andere Nationen aufgeholt. Sie haben erkannt, dass gerade in der Hallensaison die technischen Fertigkeiten sehr gefragt sind und gut geschult werden. Auf kleinem Raum muss der Spieler hier den Ball behaupten, dribbeln, passen, wobei er ihn nicht anlupfen darf. Dadurch und durch die Banden entsteht oft eine fast statisch anmutende, aber hochdynamische Spielatmosphäre: Eingeübte Passfolgen, direktes Auf- und Ablegen, Pässe in den Schusskreis, die vom Stürmer nur aufs Tor abgefälscht werden. Gute Hallenmannschaften haben Dribbler, die im Kontern auch ein Eins gegen Eins gewinnen können, vor allem aber sehr klar einstudierte Aufbau-Spielzüge, die eine Mann- oder Raumdeckung durch die schiere Geschwindigkeit ausspielen. Und dann geht so ein Spiel bei zwei Mal 30 Minuten Spielzeit schon auch mal 12:11 aus.

Im Feldhockey bei vier Mal 15 Minuten heißt es dann oft eher noch immer 2:1. Bei der Hallenhockey-Weltmeisterschaft zuletzt in Berlin entstand bei den Tausenden Zuschauern eine Stimmung, die sonst nur in großen Fußballstadien zu erleben ist. Bislang existieren beide Sportarten nebeneinander, von November bis Februar spielen die Teams in der Halle, ansonsten auf dem Feld.

87. GRUND

Weil Susi Schmid Nationalspielerin im Tor und auf dem Feld war

Susi Schmid trat das erste Mal in auffallender Weise außerhalb des Hockeyplatzes in Erscheinung. Die Torhüterin des RTHC Leverkusen (ich erinnere mich gut an sie, meine ersten Hockeyversuche begannen auch beim RTHC im Jahr 1983, als die Hockey-Torwartlegenden aus der Bayer-Stadt kamen, Schmid und Christian Schliemann, dessen Autogramm damals noch nicht auf einer Karte verewigt wurde, sondern standesgemäß auf einem Bierdeckel) spielte im Jahr 1979 in der Nationalmannschaft unter Trainer Werner Nowak, doch die Mannschaft war unzufrieden. Und so kam es zu einem Moment, den es später in der Geschichte des Deutschen Hockey-Bundes noch ein weiteres Mal in einem entscheidenden Moment geben sollte: die Mannschaft gegen den Trainer. Keine zwei Tage vor dem Abflug zur Weltmeisterschaft in Kanada sprachen sich 15 Spielerinnen gegen den Coach aus, nur eine nicht, das war

Susi Schmid (heute Susi Brundert). Nowak hatte die Torhüterin neu in die Mannschaft geholt und neben der erfahrenen Christl Behr aus Stuttgart nominiert. Das Team fühlte sich nicht ausreichend auf die WM vorbereitet. So wurde Greta Blunck (siehe Kapitel 103), Mutter des späteren Olympiasiegers von 1992 und heutigen Hockey-Kommentator der ARD, Christian Blunck, von der Betreuerin zur Trainerin befördert.

Beim Turnier wurde Deutschland erst im Endspiel von den Niederlanden geschlagen, Schmid kam allerdings nicht einmal zum Einsatz. Das sollte sich bald ändern. Anfang der 80er-Jahre wurde sie zu der Torhüterin im internationalen Frauenhockey. Am 5. April 1981, zwei Jahre nach der WM in Kanada, erreichte Deutschland wieder das Finale einer Weltmeisterschaft, wieder ging es gegen die Niederlande. Es gibt Bilder von damals, bei denen Schmid bei der Eckenabwehr zu sehen ist, mit einem Blick, der Konzentration und aufreizende Lässigkeit vereint. Eine perfekte Mischung, um auch das psychologische Element auf dieser Position auszuspielen. Schmid hielt jeden Schuss auf ihr Tor, nur eine Strafecke konnten die Holländerinnen verwandeln, am Ende des Spiels stand es 1:1. Im Siebenmeterschießen war Schmid dann natürlich erst recht gefragt. Man muss sich diesen Blick der Torhüterin vorstellen, wie sie mit entspannter Miene aus ihrem Helm durch die Gitterstäbe auf die Schützin blickt, knapp unterhalb der Maske, als hätte sie einen Sonnenschirm auf. Ein Blick, der bewirkt, dass sich der Angreifer oder in dem Fall der Siebenmeterschütze mit dem Torwart beschäftigt. Am Ende hielt Susi Schmid zwei Siebenmeter, Deutschland war Weltmeister im Hockey.

Zwei Jahre später war Schmid auch mit dafür verantwortlich, dass Deutschland wieder ins Halbfinale der nächsten WM kam. 1984 gewannen Deutschlands Frauen bei Olympia, es war das erste Frauenturnier bei Olympischen Spielen, die Silbermedaille, ebenso wie die Männer, was einen sechsjährigen Hockeynovizen auf die Idee brachte, Nationalspieler und Nationalspielerinnen auf Bierdeckeln unterschreiben zu lassen. Allerdings gab es in der Runde – bei sechs teilnehmenden Teams spielte jeder gegen jeden, und der Tabellenerste war Olympiasieger – mit 2:6 eine deutliche Niederlage gegen die Niederlande. Susi Schmid spielte danach in den letzten beiden Turnierspielen nicht, »sie verzichtete«, so steht es in den Spielberichten.

Nach den Spielen von Los Angeles war Schmid in einem Tief. Nach 67 Länderspielen, einem Weltmeistertitel und einer Silbermedaille bei Olympia wollte sie aufhören. »Wenn überhaupt«, sagte sie dem Bundestrainer, »kehre ich als Feldspielerin zurück.« Und da Torhüter zuweilen recht eigensinnig sein können, passierte genau das. Wobei zu dieser Geschichte dazugehört, dass Schmid zunächst Feldspielerin war, genauer gesagt Stürmerin, bevor sie ins Tor versetzt wurde. Ein Schicksal, das wohl einigen Torhütern widerfahren ist: Gute Feldspieler müssen ins Tor. Weil sie als Stürmerin in der Jugend allerdings einmal schlecht spielte, wurde sie ins Tor versetzt, was vor Urzeiten noch als Strafe galt. Schmid spielte also ab sofort auf dem Feld, in ihrer Vereinsmannschaft, und bald wirklich in der Nationalmannschaft, als Vorstopperin. Bei der WM in Amstelveen (siehe Hockey-Mekka) erreichte Schmids Mannschaft das Halbfinale. Dort ging es gegen Kanada, die den Gastgeber und großen Favoriten Niederlande geschlagen hatten. In diesem Spiel wurde aus der Vorstopperin eine Mittelstürmerin, und nachdem sie in der Jugend bereits 600 Tore geschossen und darüber genau Buch geführt hatte, wurden es jetzt nach einer gewissen Durststrecke wieder drei mehr. Im Finale ging es einmal mehr gegen die Niederlande, das Spiel ging mit 0:3 verloren. Am Ende spielte Schmid exakt genauso viele Länderspiele auf dem Feld wie im Tor, je 67. Das muss für so eine Statistik-Buchführerin eine Freude gewesen sein.

88. GRUND

Weil Salat und Klimaanlagen
große Probleme darstellen können

Zuletzt erwischte es die Männer 2017. Das World-League-Finalturnier bestritten sie zunächst ziemlich souverän. Vor dem Halbfinale dann traf das Team eine Schwächung, die man so nur in asiatischen Ländern fürchten muss. Gleich fünf Spieler waren wegen eines fiebrigen Infekts nicht einsetzbar. Das Halbfinale ging dementsprechend mit 0:3 gegen Australien verloren. Im Spiel um Bronze wurde es dann noch schlimmer, gleich sieben Spieler lagen flach, und Torwart Mark Appel wurde zum Feldspieler umfunktioniert. Wenn mehrere Spieler ausfallen, ist ein Turnier gelaufen. Und das passiert gar nicht so selten. Allein in meiner Zeit als Nationalspieler zwischen 1996 und 2006 kam das mehrfach vor. Typisch sind zum Beispiel Magen-Darm-Geschichten in Asien. Denn noch immer muss man dort aufpassen, wie Ungekochtes zubereitet und vor allem gewaschen wird. Und die Spieler müssen dem Drang widerstehen, nach zehn Tagen in einer indischen Metropole und dem voll ausgebrochenen Lagerkoller im Kopf wieder an der Salattheke vorbeizugehen und nicht zuzugreifen. Gleichzeitig wird man im Laufe der Zeit immer etwas nachlässiger respektive mutiger beim Umgang mit der Klimaanlage auf den Zimmern. Warum auch immer in subtropischen Ländern die Anlagen auf Eisfachtemperaturen runtergedimmt werden, für Spieler ist das eine große Gefahr. Denn natürlich ist jeder, der zwei Stunden bei Hitze und hoher Luftfeuchtigkeit auf dem Kunstrasen trainiert oder gespielt hat, froh, wenn er in einem gut gekühlten Bus sitzt, zum Beispiel, oder in seinem gut gekühlten Zimmer. Doch gerade dann erwischt es die Spieler. Da reicht eine Eisfach-Busfahrt, und das Fieber greift um sich.

Um Magen-Darm-Erkrankungen vorzubeugen, wurde zu früheren Zeiten, im zu Ende gehenden Hockeyzeitalter des Holzschlägers (zur Jahrtausendwende), bei Reisen nach Pakistan oder Indien das abendliche Stamperl (bayerisch für kleines Schnapsglas) Whisky erlaubt beziehungsweise angeregt. Es sollte die Verdauung fördern und böse Keime aus schlecht gewaschenen Salatblättern oder gedankenlos getrunkenen Wassergläsern aus nicht abgepackten Wasserflaschen abtöten (dies ist eine ganz und gar unmedizinische und zum Teil bewusst falsche Darstellung, eine rein dilettantische Erklärung). Ich selbst war einmal, im mitteleuropäischen Barcelona im Jahr 2003 ungefähr, Zeuge und Leidtragender einer Darm-Epidemie (wieder unwissenschaftlich). Vor dem letzten Tag des Lehrgangs gingen morgens 18 Spieler zum Morgenlauf, es kamen aber nur 14 zurück. Manche übergaben sich bereits auf halber Strecke. Zum Abschlussspiel wurden dann alle eingeteilt, die am Tag davor nicht von der dringend tatverdächtigen Paella-Pfanne gegessen hatten. Im Nachhinein spielten sich beinahe absurd komische Szenen ab, wobei es in dem Moment ausschließlich schrecklich war. In einem sehr nobel und elegant eingerichteten Besprechungsraum des Vereins Polo lagen auf sündteuren Ledersofas Spieler in Deutschland-Trainingsanzug und röchelten beziehungsweise übergaben sich möglichst leise und unauffällig. Einen traf es besonders hart. Er spielte zunächst noch beim letzten Test gegen Spanien, musste dann aber zur Halbzeit raus und saß von da an neben der Bank und kotzte etwa im gleichen Rhythmus, wie der Ball den Besitzer wechselte. Das Spiel ging im Übrigen verloren, aber bei Weitem nicht so deutlich, wie alle das befürchtet hatten, 1:3 oder so. An dieser Stelle reicht es mit den Ausführungen, da es natürlich Hunderte weitere Kotzgeschichten gibt, wenn nicht gar Tausende, die aber meist auf das zu ausgiebige Feiern und die Folgen des spontanen Alkoholmissbrauchs zurückzuführen sind. Von dem Schiedsrichter, der sich im Bus übergeben musste, ausgerechnet zu Beginn einer längeren Fahrt zum Flughafen, wo man unbedingt den Flug erwischen musste, also keine Zeit zum Anhalten blieb, um den Bus zu reinigen und von Gestank zu befreien. Heldenhaft war in dem Fall der pakistanische Fahrer, zu dessen Füßen der Erkrankte respektive Besoffene sich erleichtert hatte. Es muss ein schönes Bild gewesen sein, denn von dem Moment an lehnten sich alle weiteren Insassen aus dem Fenster. Die Klimaanlage war aus, trotzdem kamen noch einige fiebrige Infekte dazu nach der Heimreise.

89. GRUND

Weil Mark Appel ein Länderspieltor geschossen hat

Man kennt das beim Hockey eigentlich schon: Der Torwart schießt ein Tor. Zwar nicht deshalb, weil er in letzter Verzweiflung bei der letzten Angriffsaktion nach vorne läuft – das wäre mit der Torwartausrüstung, die zwar nicht schwer ist, aber einen schon beim Laufen behindert, schwierig. Aber in manchen Momenten, gerade in den Ligaspielen der unteren Klassen, muss der Ersatztorwart manchmal aushelfen, weil zu wenige Feldspieler zur Verfügung stehen. Dabei gibt es einige, die technisch gut Hockey spielen können. Max Weinhold, der Olympiasieger von 2008 und 2012, war so einer. Gegen ihn hätte René Higuita, der kolumbianische Fußballtorwart, der bei der WM 1990 mit so spektakulären wie risikoreichen Aktionen bekannt wurde, alt ausgesehen. Weinhold überraschte den Gegner vor allem in der Hallensaison manchmal dadurch, dass er den Ball nicht wie üblich mit dem Fuß oder dem Schläger oder der linken Hand direkt zu einem Mitspieler oder ins Aus klärte, sondern den Ball führte und dann mit einer Hand am Schläger passte. Doch so eine Aktion wie Mark Appel beim World-League-Finalturnier im Jahr 2017 schaffte selbst er nicht.

Die Ausgangssituation war für die Mannschaft des Bundestrainers Stefan Kermas prekär vor dem Bronzespiel gegen Gastgeber Indien. Gleich mehrere Spieler hatten sich einen Magen-Darm-Virus zugezogen und waren nicht spielfähig. Bereits im Halbfinale gegen Australien, das die Mannschaft knapp verlor, wurde Appel für einige Minuten auf dem Feld eingesetzt. Nun war es beim letzten Spiel so, dass noch einmal zwei weitere Spieler aus dem 18 Mann starken Kader mit Infekt ausfielen. Kermas hatte noch zehn gesunde Spieler zur Verfügung – und Appel. Das bedeutete, dass der Torhüter aus Krefeld spielen musste, und zwar 60 Minuten. Indien konnte immer wieder die sieben Spieler auf der Bank im Interchanging einwechseln, Deutschland konnte das nicht, und das alles bei den tropischen Temperaturen in Asien. In der 5. Minute des dritten Viertels, also in der 35. Minute des Spiels, kam es dann zu einer Situation, die es im Welthockey noch nie gegeben hatte. Kapitän Mats Grambusch hatte den Ball nach einem Dribbling auf der rechten Seite vor das indische Tor gepasst mit einem harten Schlag, vorbei an vier Verteidigern. Am linken Pfosten stand Appel, der Spieler mit der Nummer 1, und bekam den Ball exakt in die Vorhand gespielt, vier Meter vor dem Tor.

Hinterher sagte Appel: »Die Hauptidee war, dass ich einen Spieler der Inder binde. Das wäre schon ein großer Erfolg für uns gewesen. Ich hatte sogar die Chance, ein oder zwei Mal im Aufbau zu stören, sodass es zu Ballverlusten kam. Das war für mich schon ein kleines i-Tüpfelchen. Und ich sollte für unsere Topjungs das Fenster öffnen. Der Bundestrainer hat mir vor dem Spiel noch einmal gesagt: ›Das Wichtigste ist, dass du läufst. Und sei nicht traurig, wenn du keinen Ballkontakt hast.‹ Für mich war das okay. So bin ich auch ins Spiel gegangen.« Und den Moment nach dem Pass von Grambusch erlebte Appel so: »Die klare Ansage an mich war, dass ich den langen Pfosten besetze, um dem Keeper ein bisschen Kopfkino zu geben. Ich weiß ja selbst: Wenn da einer steht, der ein bisschen Alarm macht und rumschreit, dass er den Ball haben will, dann hat man das als Torhüter einfach im Hinterkopf. Als ich meine Position am langen Pfosten mal wieder eingenommen hatte, kam Mats Grambusch mit einem ziemlich guten Dribbling über die rechte Seite.« Dass er selbst ein Tor schießen würde, daran habe er nicht gedacht. »Das war nicht vorgesehen. Ich habe auch eigentlich gedacht, dass es außerhalb meiner Möglichkeiten liegt.«

Doch dann kam die Flanke, die Appel stoppte, und in dem Moment war es nur noch ein Duell: Torwart gegen Torwart. Der indische Keeper lief noch zwei Schritte auf Appel zu und machte dann einen Fehler: Er warf sich vor den »Stürmer«, um den flachen Torschuss zu verhindern. Appel hingegen reagierte wie ein echter Stürmer. Er stoppte den Ball, und mit der nächsten Ballberührung schlenzte er ihn aufs Tor. Der Ball kam zwar unplatziert, aber zum Glück für Deutschland hoch genug, um über den Torwart der Inder zu fliegen. Appel sagte hinterher, dass der indische Torwart »genauso reagiert hat, wie ich vielleicht an seiner Stelle auch reagiert hätte«, und da geht dann die Legendenbildung auch schon los. Hat Appel seine Torwart-Erfahrung hier eingesetzt? Hat er klug entschieden? Oder geht man mit der wahrscheinlichsten Variante, dass der Spieler, der normalerweise etwa 300 Meter läuft in einem Spiel, diesmal nach 35 Minuten und mehreren Kilometern einfach gar nicht mehr nachgedacht hat. Wie ungewohnt die ganze Situation war, zeigte sich allerdings erst nach dem Torschuss. Die Mitspieler rannten mit ungläubiger Überraschung und purer Freude in den Gesichtern auf Appel zu, der wiederum seine Freude laut ins indische Stadion brüllte. Bis dahin war die Mannschaft von Bundestrainer Kermas kurioserweise sogar das bessere Team gewesen und blieb das auch noch eine Weile. Am Ende ging das Spiel mit 1:2 verloren, doch das interessierte keinen. Appel war der Held des Abends, auch wenn ihm beim Jubeln der Mundschutz aus dem Mund geflogen war. So einen trägt er natürlich als Torwart nie, da hat er einen Helm auf. Insofern ist das Einzige, was Appel noch üben müsste als Feldspieler, beim nächsten Torjubel etwas professioneller zu agieren. Aber da kann er sich vielleicht ein paar Tricks von Higuita abschauen.

Ob Max Weinhold Appel gratuliert hat, ist nicht überliefert. Allerdings haben die Mitspieler der Nationalmannschaft dafür plädiert, dass Appel gleich am nächsten Wochenende in seiner Bundesligamannschaft als Feldspieler auflaufen sollte.

90. GRUND

Weil es so viele Nationalspieler gibt

Marianne Zebrowski steht ganz unten auf der Liste. Die Spielerin von Rot-Weiß-Köln machte im Jahr 1955 ein Länderspiel. Sie ist eine von 56 Hockeyspielerinnen, die in der Chronik des Verbandes zum 100. Geburtstag als Nationalspielerin mit genau einem Länderspiel geführt werden. Bei den Männern kommt die Ehre des letzten Platzes ebenfalls buchstabenbedingt Walter Zapp zu, der im Jahr 1929 sein Länderspiel machte. Er ist einer von 80, nun, Glücklichen oder Unglücklichen? Wahrscheinlich könnte man 56 + 80 kleine Geschichten erzählen, wie Zapp, Zebrowski und Co zu ihren Spielen kamen. Bei manchem Namen muss man nur die Statistik lesen, um zu ahnen, was das für den Spieler bedeutet haben muss: Wolf Nonn, Uhlenhorst Mülheim, 1990. Sprich: Zur besten Zeit dieses Vereins, als die Mannschaft jede Menge Vielnationalspieler stellte, durfte auch Wolf Nonn im Alter von 20 Jahren am 5. Februar ein Länderspiel machen. Der Vater und dessen Bruder waren Nationalspieler gewesen, hatten 1956 bei Olympia die erste deutsche Nachkriegsmedaille in Melbourne gewonnen. Wolfgang Nonn senior und sein Bruder spielten zusammen im Team, Wolfgang erzielte zwei Tore, eines im Spiel um Bronze beim 3:1 gegen Großbritannien, nachdem die Mannschaft im Halbfinale gegen den späteren Olympiasieger Indien knapp mit 0:1 verloren hatte. Wolfgang Nonn starb nur zwei Jahre später nach einer Blinddarmoperation. Bruder Helmut spielte auch 1960 bei Olympia mit, wurde mit Mülheim sechs Mal Deutscher Meister, war später Präsident des Vereins, und dann kam sein Sohn Wolfgang. Ob er sich viel anhören musste, nach dem einen Länderspiel, mutmaßlich eines in der Halle, bei dem Datum? Oder war der Name Nonn bereits so heilig, dass sich selbst Fischer und Co weniger darüber lustig machten, als Nonn vielmehr teamintern pflegten und hegten?

Aus meinem Verein gibt es zwei Beispiele für Wenig-Nationalspieler, von denen einer glücklicher war als der andere. Nitan Sondhi machte ein Länderspiel, bei einer Länderspielserie in Deutschland, und Renaldo Pöppel 1999 drei Spiele. Keiner von beiden setzte sich durch und wurde noch zu weiteren Maßnahmen eingeladen, wie es wohl den statistisch meisten Spielern ergeht, die bei der Nationalmannschaft gesichtet wurden, wie das im Trainer-Vokabular heißt. Doch der große Unterschied, und das machte Sondhi immer ein wenig zu schaffen, war die Tatsache, dass Pöppel sagen konnte, dass er Länderspiele gemacht hat, bei einem Lehrgang in Italien 1999 vor der Europameisterschaft. Sondhi konnte immer nur von »Länderspiel« sprechen, im Singular. Im Lebenslauf stand dann bei beiden trotzdem »Nationalspieler«.

91. GRUND

Weil Shabaz Ahmad sein wichtigstes Tor mit fünf km/h erzielte

Shabaz. Dieser Name war in den 90er-Jahren ein Synonym für Perfektion. Wenn ein junger Hockeyspieler zum ersten Mal das Dribbeln probierte und zwei Gegenspieler umspielte, war er scherzhaft schnell der »neue Shabaz«. Ahmed Shabaz galt damals als der beste Spieler seiner Zeit. Der Mann aus Pakistan war das auch, wenn man als besten Spieler denjenigen bezeichnet, der mit dem Ball die meisten Gegner umspielen kann. Und doch ist ihm ein Triumph erst ganz am Ende seiner Karriere vergönnt gewesen. Im Jahr 1994 wurde Pakistan Weltmeister. Und das Tor, das den Weg dafür ebnete, erzielte Shabaz auf die für ihn untypischste Art, die man sich vorstellen kann. Nicht durch Perfektion, sondern durch einen Fehler.

Anfang der 90er-Jahre war die Dominanz der Nationen Indien und Pakistan nicht mehr so groß wie noch bis zum Ende der 70er-Jahre. 1972 hatte mit Deutschland erstmals nach Jahrzehnten wieder ein europäisches Team die Goldmedaille im Hockey gewonnen, das Modell der dribbelnden Individualisten schien gegen die aufkommenden Taktik-Systeme der Manndeckung keine Chance zu haben. Doch dann wurde Pakistan auf einmal wieder stärker. Die eher simple Taktik vor knapp 30 Jahren: mit fünf Spielern angreifen und mit fünf Spielern verteidigen. Im Weltmeisterschaftsfinale 1990 gelang Shabaz ein Tor gegen die Niederlande. Nach einem Freischlag vor dem Schusskreis dribbelte Shabaz vor das Tor und spielte dem Torwart den Ball durch die Beine. Am Ende hieß es allerdings vor 60.000 Zuschauern in Lahore 3:1 für die Niederlande. Zwei Jahre später, Shabaz war noch ein wenig gefürchteter für seine Dribblings, ging es im olympischen Halbfinale gegen Deutschland. Shabaz war ein typischer Spielertyp aus Pakistan oder Indien: Sehr schnell, sehr schmal, sehr schnell beim Schiedsrichter, um sich über das körperliche Spiel des Gegners zu beschweren, und sehr schnell auch dabei, selbst auszuteilen. Er führte den Ball vor dem Körper, was den Vorteil hat, dass der Spieler während der Ballführung auch einen guten Überblick über das Spiel hat. Andere Spieler führen den Ball mit dem Schläger seitlich am Körper, wodurch sie ihn besser vor dem Gegner abschirmen können, aber eben auch weniger vom Spielfeld sehen und daher ein gutes Abspiel schwieriger erkennen. Shabaz' Dribblings waren in vollem Lauf, das Bild des Hakenschlagens kommt den Bewegungen relativ nahe. Im Sprint konnte er plötzlich die Richtung wechseln und zum Beispiel – eine der beliebtesten Dribbelbewegungen – den Ball dem mitlaufenden Verteidiger an dessen linkem Fuß vorbeilegen. Selbst für heutige Sehgewohnheiten, und auch der Hockeysport ist in den vergangenen Jahrzehnten immer noch etwas dynamischer und athletischer und schneller geworden, sind die Läufe von Shabaz sehr schön anzuschauen.

Hans Baumgartner, 1992 Manager der deutschen Mannschaft, sagte: »Die waren besser als wir in diesem Halbfinale.« Aber die Deutschen schafften es, die Dribblings von Shabaz immer wieder zu unterbrechen. Am Ende gewann Deutschland nach Verlängerung mit 2:1 gegen den Favoriten, auch weil im letzten Moment immer noch ein Verteidiger einen Schläger in den Laufweg von Shabaz brachte.

Zu dem Zeitpunkt hatte der damals 24-jährige Spieler in seinem Pass bereits einen ungewöhnlichen Beruf stehen: »National Hero« stand da. Und gearbeitet hat der Spieler wie so viele andere Nationalspieler offiziell bei der pakistanischen Fluggesellschaft PIA, inoffiziell allerdings hat er professionell Hockey gespielt. Aber erst im Jahr 1994 sollte ihm ein großer Sieg mit seiner Mannschaft gelingen.

Die Weltmeisterschaft fand in Australien statt. Im Halbfinale kam es wie zwei Jahre zuvor zur Begegnung Deutschland und Pakistan, wieder ging es in die Verlängerung, am Ende blieb es beim Unentschieden, 1:1, Siebenmeterschießen. Und da kam nun auch Shabaz wieder zum Einsatz. Der Spieler wirkte sehr cool, grüßte mehrfach vor seinem Siebenmeter die Zuschauer, winkte, dann trat er gegen den deutschen Torwart Christopher Reitz an. Der spekulierte, wie es die Fußballtorhüter machen, und sprang in die von Shabaz aus linke Ecke, als der gerade ansetzte, um den Ball zu schlenzen. Reitz sprang, Shabaz allerdings traf den Ball nicht richtig. Das passiert auf diesem Niveau fast nie, der National Hero muss also doch ordentlich nervös gewesen sein. Shabaz traf den Ball zwar, aber der rollte nur auf das Tor zu, genau in die Mitte. Da Reitz allerdings bereits zur Seite gesprungen war, schaffte er es nicht mehr, einen Fuß auszustrecken und den Kullerball zu halten. Wäre er stehen geblieben ... Wäre, wäre, Fahrradkette.

Im Finale ging es dann für Pakistan wieder nach einem 1:1 nach der Verlängerung ins Siebenmeterschießen. Diesmal trat Shabaz gar nicht erst an, da die Niederländer schon zwei Mal gescheitert waren, ehe er an der Reihe gewesen wäre, und so gewann Pakistan nach einer gefühlt sehr langen Durststrecke einen wichtigen Titel, es sollte der erste und einzige für Shabaz bleiben, der noch bis ins Jahr 2002 weiterspielte, unter anderem auch als einer der ersten Ausländer in der niederländischen und deutschen Liga. Bis heute ist er als Hockey-Hero für sein Land im Einsatz und bei großen Turnieren anwesend, als Siebenmeter-Experte allerdings ist er kaum gefragt.

92. GRUND

Weil es 1996 ein Eishockey-Länderspiel beim Hockey gab

Der richtige Untergrund ist beim Hockey fast so wichtig wie im Tennis. Als man noch auf Naturrasen spielte, war es ein großer Unterschied, ob der eigene Verein zum Beispiel einen sehr gepflegten Platz hatte, auf dem sogar eine Art Kurzpassspiel möglich war, oder ob man auf einem fremden Platz antreten musste, der uneben war mit nicht ganz so kurz geschnittenen Halmen und Löchern vor den Toren. Die Passtechnik, die heute als Schrubben bezeichnet wird und bei der man den Schläger flach über den Boden zieht respektive schrubbt, um dann den Ball möglichst zentral zu treffen, diese Technik ist erst auf Kunstrasenplätzen entstanden. Und als dann Ende der 80er-Jahre die Kunstrasenplätze in Deutschland gebaut wurden, wurde der Heimvorteil etwas geringer. Noch heute gibt es verschiedene Hersteller, deren Rasenbelag durchaus variiert. Zu Beginn der Kunstrasen-Ära schworen die meisten Spieler auf den Balsam-Belag, der durchaus seinem Namen gerecht wurde. Je härter ein Kunstrasenplatz ist, desto mehr springt der Ball, wenn er einmal hoch gespielt wurde. Und je härter ein Kunstrasenplatz ist, desto schwieriger ist es, mit der Keule des Schlägers unter den Ball zu kommen. Und das ist bei vielen Techniken notwendig, etwa beim Schlenzen, beim hohen Torschuss, auch beim nur leichten Anheben des Balles, um ihn im Dribbling in der Luft zu spielen. Je weicher allerdings ein Belag ist, desto schwieriger ist es auch, den Ball mit der Schlag- oder Schrubber-Technik flach zu spielen, weil es dann schneller passiert, aus Versehen den Ball nicht zentral zu treffen, sondern ihn – wie der Fuß eines Fußballers den Fußball bei einer Flanke – etwas zu weit unten zu berühren.

Es wurden zunächst in den 80er-Jahren noch viele Plätze gebaut, die nicht gewässert wurden und kürzere Halme hatten, bei denen dann eine dünne Schicht mit Sand dafür sorgte, dass der Belag ein Mindestmaß an Rutschigkeit hatte und nicht ganz stumpf war. Diese sogenannten sandverfüllten Plätze waren deutlich günstiger, langlebiger und einfacher im Unterhalt als die Bewässerungsvariante, bei der man eben immer darauf achten muss, dass der Belag nass gemacht ist von einem Bewässerungssystem, das alle Bereiche des Platzes erreicht. Allerdings hieß und heißt das für die Sportler, dass ein Sturz auf sandverfülltem Kunstrasen offene Knie und Arme bedeutet und ein Spielen des Balles im Rutschen nicht möglich ist.

Im 21. Jahrhundert ist der Hockeysport vom Material her immer ausgeglichener. Alle Spieler spielen Plastikschläger, alle Plätze sind mehr oder weniger gleich weich. Es sei denn, die Temperatur passt nicht. Und nun kommt der oben genannte Grund ins Spiel nach einer Einleitung.

Im Jahr 1996 gab es Olympische Spiele, die in Atlanta für die deutsche Männermannschaft nicht so verliefen, wie man sich das als amtierender Olympiasieger vorgestellt hatte. Im Halbfinale verlor das Team von Paul Lissek gegen die Niederlande, im Spiel um Platz drei gegen Australien. Da Hockey bis heute ein Amateursport geblieben ist, bei dem mittlerweile die Nationalspieler zwar während ihrer Karriere zum Teil gut verdienen (dieses »gut« steht allerdings in keinem Vergleich zu einer Sportart wie Fußball, eher im Vergleich zum üblichen Studentenleben mit Nebenjobs), ist die Zeit nach Olympia typischerweise die, in der erfahrene Spieler zurücktreten, weil sie sich jetzt ihrem Beruf widmen, und junge Spieler eine Chance bekommen. So eine Chance bekam auch ich im Herbst 1996, als Leute wie Carsten Fischer oder Volker Fried aufgehört hatten. Das erste Spiel nach Olympia wurde in den Niederlanden ausgetragen und war ein Vorbereitungsspiel für die anstehende Champions Trophy in Asien, die noch vor der Hallensaison in Deutschland stattfand. Dieses Spiel ist in dreierlei Hinsicht in Erinnerung geblieben. Zunächst wurden die niederländischen Spieler noch einmal vor dem Anpfiff von ihrem Verband für ihre Goldmedaille geehrt, was einigen Spielern in meinem neuen Team noch einmal sehr schmerzhaft die 1:3-Halbfinal-Niederlage vor Augen führte. Zweitens verletzte ich mich gleich in diesem Spiel, ganz klassisch mit einem Muskelfaserriss im Oberschenkel, nach einem Sprint. Das bedeutete, dass ich an der Champions Trophy eine Woche später nicht teilnehmen konnte. Aber vor allem war drittens der Platz gefroren. Die Bewässerungsanlage hatte den Belag zunächst ganz normal gewässert, und der war dann danach allerdings innerhalb der nächsten Minuten von einer Eisschicht überzogen. Sogar Salz wurde noch anschließend gestreut. Auch das half nichts. Der Kunstrasen wurde hellgrün bis weiß vor Eis, und blieb so. Der Ball rutschte mehr, als dass er rollte, und die Holländer spielten trotzdem darauf eine Art Power Play. Wir konnten am Ende doch ziemlich froh sein, ein schmeichelhaftes Unentschieden zu erreichen.

93. GRUND

Weil man heute ohne die Luft anzuhalten in Umkleidekabinen gehen kann

Der Geruch ist ein Sinn, der beim Hockey oder beim Sport allgemein kaum eine Rolle spielt. Warum auch? In manchen Momenten kann man sich gelegentlich fragen, wie zum Beispiel ein Ronaldo sich vor einem Spiel einparfümiert. Wenn er es überhaupt macht. Wer so einen großen Wert auf das Äußere legt, darauf, so gepflegt zu wirken. Ob Ronaldo dann wohl Cool Water auflegt? Oder sein eigenes Parfum CR7, mit viel Moschus? Oder berät ihn ein eigener Experte, sodass er auch noch Olfaktore schießt? (Kabinen-Kalauer)

Gerüche beim Hockey habe ich, wie bereits früher erwähnt, vor allem aus früherer Zeit in Erinnerung, der nach Rasen zu Naturrasenzeiten. Es gab allerdings ein Spiel, bei dem Geruch eine Rolle spielte, und bis heute rätseln wir alle, die damals dabei waren, ob das vom Gegner Absicht war.

Im Halbfinale der Weltmeisterschaft 2002 in Malaysia traf Deutschland auf Südkorea. Es war die stärkste Phase dieses Landes im Hockey bislang, sie hatten mit dem Spieler Song einen Stürmer, der herausragte und später auch einige Zeit in Deutschland spielte, in Gladbach. Das Halbfinale war ein Abendspiel, und schon Sekunden nach dem Anpfiff stimmte etwas nicht. Wir Verteidiger suchten uns je einen Gegner, zunächst wurde in Manndeckung gespielt, und ich flog sofort aus meinem Konzentrationstunnel. Denn mein Gegenspieler roch. Stark. So stark, dass es einem sogar in kurzer Entfernung auffiel, und in manchen Momenten ist man ja als guter Verteidiger so nah am Gegner, dass man ihn berührt. Der koreanische Spieler roch nach Knoblauch, was untertrieben ist. Er stank. Knoblauch werden viele heilende Wirkungen nachgesagt, und es kann gut sein, dass die antivirale Wirkung das koreanische Team dazu veranlasste, den Spielern viel davon zu verabreichen. Allerdings müssen das pro Person Dutzende Zehen gewesen sein. Es ist erstaunlich, wie Unerwartetes einen aus der Balance bringen kann. In der Halbzeit wurde das dann sogar noch kurz angesprochen, da stand es 1:1. Am Ende erzielte der heutige Rekordnationalspieler Matthias Witthaus in der 55. Minute den 3:2-Siegtreffer.

Erwartete Gerüche gab es derweil über Jahrzehnte in den Umkleidekabinen der Hockeyspieler. Das lag an der Ausrüstung der Torhüter, die lange Zeit in der Hinsicht bemitleidenswerte Wesen waren, auch wenn bis heute viele der Meinung sind, dass Torhüter, nicht nur beim Hockey, irgendwie besonders, anders und oft auch sehr eigen sind, weshalb sie letztlich auch Torhüter geworden sind, also Einzelsportler unter Mannschaftssportlern. Die Keeper hatten bis Mitte der 90er-Jahre eine Ausrüstung aus Leder. Die war schwer und sog sich bei Spielen und Training mit Wasser und vor allem Schweiß voll. Und zu einer Zeit, in der noch keine völlig geruchsneutrale Merinowolle eingesetzt wurde, führte das Aufeinandertreffen von Ausrüstung und Ausdünstung zu einem Geruch, der einem nach Siegen nicht weiter auffiel, nach Niederlagen allerdings schon ein bisschen störte, und zu dem in früheren Zeiten auch noch Feldspieler beitrugen, als sie ebenfalls noch Leder trugen, als Schienbeinschoner, und die Schlägertaschen zur Aufbewahrung der Hockeyschläger aus Leder bestanden. Das war allerdings gefühlt noch zu Zeiten der Schwarz-Weiß-Fotografie. Manche Torhüter trugen Baumwollhandschuhe unter den gepolsterten Torwarthandschuhen, damit die Hände nach dem Hockey nicht tagelang unangenehm rochen. Und auch das zivile Leben dieser besonderen Hockey-Spezies Torwart war durchaus nicht einfach. Torwarttaschen, die im Laufe der Zeit buchstäblich bestialisch stanken, mussten zum Teil in eigenen Kellerräumen untergebracht werden, und auch Freundinnen von Torhütern hatten es olfaktorisch oft schwer, interessanterweise bestand das Problem vor allem bei den Männern. Erst als in den 90er-Jahren der Olympiasieger-Torwart Michael Knauth die ersten Kunststoffschienen entwickelte und verkaufte, bekam man dieses Problem in den Griff.

Heute kann man diesen früheren Geruch beim Hockey nicht mehr erleben, aber wer ihn vermisst oder einmal erfahren möchte, muss nur in eine Kabine der Eishockeyspieler gehen.

94. GRUND

Weil ein deutscher Stürmer vor dem olympischen Finale Schnaps trank

Sven Meinhardt war ein typischer Mülheimer Spieler. Der Stürmer gehörte zu einer Gruppe von fünf Spielern aus der kleinen Stadt in Nordrhein-Westfalen, die den Kern der Olympiamannschaft 1992 bildeten. Zwei Stürmer, ein Mittelfeldspieler und zwei Verteidiger. Meinhardt, naheliegenderweise in dieser Spitznamensportart Meini genannt, war der Rechtsaußen, als die Positionen noch etwas stärker gehalten wurden und einige Spieler auch in ihren Techniken auf Positionen spezialisiert waren. Carsten Fischer war allein durch seinen schweren Schläger und seine sehr harten Schläge der Spezialist für lange Anspiele aus der Verteidigung und Schläge bei den Strafecken. Und Andreas Becker, in Anlehnung an einen österreichischen Schauspieler und Bodybuilder Arnold genannt, war als Linksaußen zum Beispiel in der Lage, Flanken mit der hohen Rückhand zu schlagen. Es war die Zeit, als die später als argentinische Rückhand in den Sprachgebrauch eingehende Technik noch nicht erfunden war und der Schlag mit der Rückhand die einzige Möglichkeit war, den Ball in vollem Lauf von links in den Kreis zu flanken.

Meini hingegen war derjenige, der aus vollem Lauf mit der Vorhand flankte, und zwar meistens oder möglichst dorthin, wo Arnold dann stand oder lag, um den Ball im Schusskreis aufs Tor abzufälschen. Ich kann mich an eine Szene erinnern, es war ein normales Bundesligaspiel Mitte der 90er-Jahre in Mülheim, als die Mannschaft ihre beste Zeit hatte und auch ein kollektives Selbstbewusstsein an den Tag legte, das nicht wenige mit Arroganz beschreiben würden. Meini hatte den Ball auf rechts und sprintete die Linie entlang, er trug selbstverständlich keine Schienbeinschoner, was zu der Zeit eine Art zur Schau getragene Schmerzfreiheit war (Seht her, ich habe keine Angst, einen Schläger oder einen Ball ans Schienbein zu bekommen). Meini rannte, Arnold rannte, und Arnold hoffte, dass Meini flankte (Reicht der Satz für einen Gedichtanfang?). So weit, so normal. Auch noch, dass Arnold im Laufen rief: »Meini!« Dann noch: »Geht!« Was sich wohl die zurückrennenden Spieler gedacht haben, die alle gleich versuchen würden, die Flanke zu verhindern?

So könnte das auch noch bei anderen Mannschaften laufen, nun allerdings kam von Meini noch eine Antwort. Das Bild war folgendes: Meinhardt im Vollsprint, Ball am Schläger, der Verteidiger an ihm dran, und er ruft nur: »Moment!«

Wie kann man das beschreiben, vielleicht als Hybris der noch fast charmanten Art? Der gleiche Meini, der zu denjenigen Spielern gehörte, die sich gerne mit markigen Sprüchen inszenierten, war aber auch derjenige, der vor dem olympischen Finale 1992 in Barcelona derart nervös war, dass er beim Mannschaftsarzt vorstellig wurde. Und der reagierte, man muss es so formulieren, situativ genial. Seine Medizin war eher eine Art Hausmittel. Da er wusste, dass die Mülheimer Gang nicht nur auf dem Platz stark war, sondern auch daneben und vor allem am Tresen, was selbstverständlich ebenfalls gerne gezeigt und zur allgemeinen Legendenbildung kolportiert wurde, griff er nicht in seinen Arztkoffer, sondern in den Schrank. Er schenkte Meini ein Glas mit Schnaps ein. Das wirkte. Die biochemischen Hintergründe kenne ich nicht im Detail, aber vielleicht versetzte es Meini einfach unterbewusst schon ein bisschen an den Tresen und beruhigte ihn so. Das Finale konnte kommen.

BESONDERE SITUATIONEN, ROUTINEN UND RITUALE

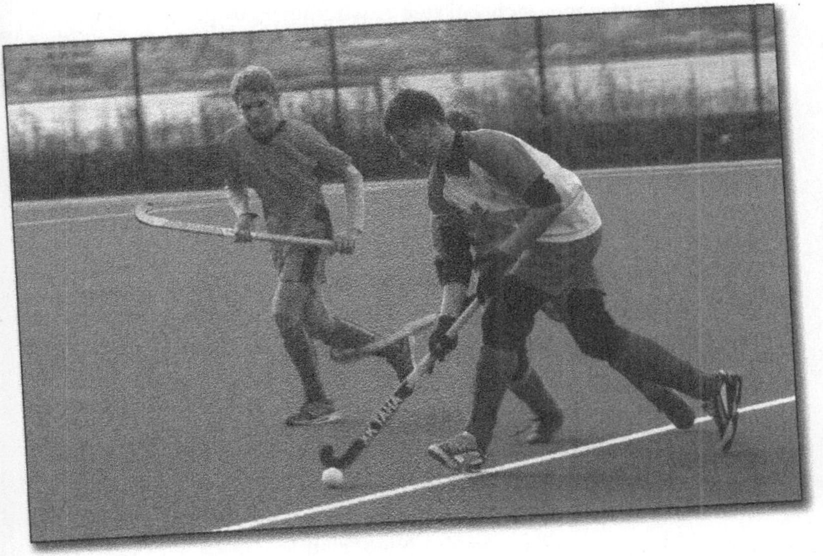

95. GRUND

Weil Deutschland das Hockey-Schach erfunden hat

Bis zum Jahr 1991 lief die Standardsituation Strafecke im Hockey sehr konstant ab, egal ob nun Australien, Deutschland, Indien oder Südafrika eine Strafecke ausführten. Der Ball wurde reingegeben, innerhalb des Schusskreises gestoppt und dann vom Schützen aufs Tor gespielt. Zunächst wurde der hohe Schlag verboten bei einer Ecke, mit dem noch 1972 Michael Krause das Siegtor im Olympia-Finale erzielte, sodass man nur noch bis zur Kniehöhe bei einer Ecke schlagen durfte, die sogenannte Bretthöhe. Deshalb ist auch ein »Brett«, heute eher ein Kunststoffbalken, im Tor angebracht. Von da an gab es immerhin schon zwei Varianten, entweder schlug ein Schlag-Experte den Ball flach aufs Tor, woraufhin die Torhüter sehr bald anfingen, sich bei der Ausholbewegung bereits auf den Boden zu legen und die Breite des Tores abzudecken. Oder es lief ein Schlenz-Experte an und spielte den Ball dann hoch, aber eben nur geschlenzt und damit etwas weniger schnell aufs Tor. Die dritte Variante, die sich dann etablierte – heute kommt man wohl eher auf Hunderte Eckenvarianten –, war der sogenannte Linksableger. Der Ball wurde vom Stopper nicht nur gestoppt, sondern auch noch von ihm aus etwa eineinhalb Meter nach links zur Seite gerollt, wo ein anderer Spieler, der Linksableger, den Ball dann aufs Tor schlug, flach, oder schlenzte. Das hatte den Vorteil, dass die sogenannte erste Welle meistens ausgespielt wurde – bei Strafecken-Positionen sind die Hockeyspieler ganz offensichtlich sehr viel einfallsloser als bei Spitznamenfindungen. Die erste Welle ist der Verteidiger, der in vollem Sprint aus dem Tor Richtung Schusskreisrand lief, um den Schuss aufs Tor zu verhindern.

Bis zur Europameisterschaft 1991 in Paris und dort bis zum Finale Deutschland gegen die Niederlande gab es also diese drei Varianten. Dann hatte Paul Lissek eine Idee. Der gerade erst von der Mannschaft in einer Art Revolte eingesetzte Trainer, der zuvor mit den U21-Teams sehr erfolgreich war, hatte sich eine Variante überlegt, die über mehrere Stationen ging.

Grundsätzlich ist es bei den Strafecken wie im Spiel: Je weniger Stationen es gibt vor dem Torschuss, desto weniger Fehlerquellen gibt es. Die einfachste Variante »Rausgeben, Stoppen, Schießen« ist die Variante, die am häufigsten funktioniert. Aber eben auch die, auf die eine Ecken-Abwehr am besten vorbereitet ist. Bis dahin lief man meist mit der ersten Welle im Vollsprint raus, ein Spieler stellte sich ins Tor und zwei Spieler neben den Torwart, einmal links und einmal rechts, um die vom Torhüter abprallenden Bälle zu stoppen und aus dem Schusskreis zu spielen, ehe die Überzahl der angreifenden Spieler an den Ball kommen konnte. Lissek hatte sich deshalb Folgendes überlegt: Der Ball sollte an den Siebenmeterpunkt gespielt werden. Denn dort hielt sich kein Verteidiger auf. Die erste Welle würde durchsprinten, der Torwart und sein Begleitschutz kam höchstens zwei Meter aus dem Tor, und der letzte Verteidiger blieb ja im Tor. Allerdings konnte Lissek den Ball nicht gleich zum Siebenmeterpunkt spielen lassen, da ja sonst der Rausläufer gar nicht erst zum Kreis sprinten würde und so schnell kein Mit-Angreifer dorthin rennen konnte. Also plante er eine Finte: Er würde den Verteidigern vorgaukeln, dass sein Team einen Linksableger spielt. Und so kam es dann gegen die Niederlande, 3000 Zuschauer sahen die Premiere dieser unerhörten Variante. Lissek sagte hinterher: »Die Spieler wollten mir zunächst nicht glauben, dass so etwas im entscheidenden Moment funktioniert. Aber ich habe ihnen das Gegenteil bewiesen.«

Der Ball wurde rausgegeben, am Kreisrand gestoppt, was bedeutete, dass die erste Welle voll ansprintete. Nun passte der Stopper den Ball nach links und nahm somit die erste Welle aus dem Spiel. Der Linksableger hätte nun schießen können, wurde aber nun von einem der beiden Verteidiger neben dem Torwart angelaufen, von dem von den Angreifern aus linken. Währenddessen war aber von rechts ein Angreifer in den Kreis gelaufen und hatte sich auf den Siebenmeterpunkt gestellt. Ebenfalls lief ein Spieler von links an den Siebenmeterpunkt, beide jeweils aus spitzem Winkel, sodass die Verteidiger, wenn sie die Spieler überhaupt wahrnahmen, davon ausgingen, dass sie zum Nachsetzen auf den vom Torwart gehaltenen Ball spekulieren würden wie zu der Zeit üblich.

Wie immer ist es für einen Verteidiger schlecht, wenn er nur auf den Ball achtet. So auch in diesem Fall. Der Ball wurde vom Linksableger auf den von rechts an den Siebenmeterpunkt gelaufenen Spieler gepasst, der ihn nur kurz stoppte. In dem Moment war der von links angelaufene Spieler nun ebenfalls am Siebenmeterpunkt, und der Ball lag gestoppt vor ihm. Das bedeutete: Die erste Welle war ausgespielt, der nächste Verteidiger lief auf den Linksableger zu, der dritte stand noch kurz vor dem Tor neben dem Torwart und der letzte Verteidiger im Tor. Lissek hatte sich dieses Hockey-Schach so genial überlegt, dass nun also der Spieler am Siebenmeterpunkt alleine aufs Tor schlenzen konnte. Die Variante gelang, hundertfach geübt, mit sehr vielen Risiken, weil – wie erwähnt – ja jeder Pass an einen genauen Punkt zum genau richtigen Moment kommen musste. Der Ball lag also etwa fünf Sekunden nach der Reingabe im Tor. Der Siegtreffer. Und es war nicht einfach nur ein Tor, es war, muss man sagen, eine Demütigung des Gegners, ohne ihn wirklich lächerlich zu machen, und mit fairen Mitteln. Denn das war natürlich alles erlaubt, was die Spieler da machten, doch es wirkte so, als wären die Verteidiger völlig naive Anfänger.

Man kann sagen, dass diese Variante von Lissek der Auftakt zu einer Reihe von Strafecken-Varianten war, die in der Folge entwickelt wurden. Man spielte den Ball nun auf den Reingeber zurück, vom Stopper nach rechts, auf den rechten oder linken Pfosten, um dort einen reinsprintenden Spieler anzuspielen, der per Stecher den Ball noch aufs Tor abfälschen sollte. Bei den Olympischen Spielen 2000, als ich auch unter Lissek dabei war, hatten wir ein Playbook mit 50 Eckenvarianten.

96. GRUND

Weil das schönste Tor der Hockeygeschichte nicht zählte

Zu den seltsamen Dingen beim Hockey neben manchen Schiedsrichterentscheidungen, Trikot-Farbkombinationen oder Fehlpass-Entschuldigungen gehört auch das wohl spektakulärste Tor der Hockeygeschichte, das damals nicht zählte, heute jedoch zählen würde.

Im olympischen Halbfinale 2012 spielten die deutschen Männer gegen den großen Favoriten Australien. Die australische Mannschaft war zwar ein wenig durch ihre Vorrundengruppe gestolpert mit zwei Unentschieden gegen Großbritannien und Argentinien, hatte allerdings im letzten Gruppenspiel Pakistan mit 7:0 vom Platz gefegt. Ein Kantersieg der Aussies direkt im Spiel vor einer Begegnung ist erfahrungsgemäß eine sehr erschwerende Situation für den Gegner, weil die Australier bislang mehr als andere Nationen abhängig vom mentalen Flow oder Nicht-Flow ihre Leistung brachten. Nachdem sich Deutschland in der anderen Gruppe nach drei Auftaktsiegen im vorletzten Gruppenspiel gegen die Niederlande mit 1:3 geschlagen geben musste, dann im letzten Gruppenspiel gegen Neuseeland mit 5:5 ein seltsames Spiel ablieferte und obendrein Kapitän Max Müller mit einem gebrochenen Finger den Rest des Turniers absolvieren musste, war Australien Favorit in diesem Spiel. Erstmals bei einem olympischen Turnier spielte Australien jedoch verhalten, taktisch variabler als ein permanentes Pressing. Es schien zunächst, als würde die Kombination aus individueller Stärke und neuer taktischer Raffinesse für Australien sprechen. Doch nach der Führung für Australien gab es einen ersten mentalen Dämpfer für den Weltmeister aus Australien. Die Strafecke für Deutschland schoss nicht Christopher Zeller, der Schütze Nummer eins, der saß gerade auf der Bank, sondern Not- weil Ersatzschütze Moritz Fürste. Und der traf mit einem flachen Schlenzball. Nicht nur der Ausgleich, sondern der Ausgleich durch einen vermeintlich nicht so starken Schützen erschütterte den Gegner der Deutschen. Beim Stand von 2:1 für Australien schlenzte Deutschland den Ball dann von der rechten Auslinie an der Mittellinie bis in den gegnerischen Schusskreis.

Dort nahm Deecke den Ball in der Luft auf Kniehöhe an, prellte ihn mit dem Schläger wieder auf Schulterhöhe, spielte ihn von dort noch einmal in seinen Lauf und tippte ihn dann über den herausstürzenden Torwart ins Tor. Der Ball hatte vom hohen Pass an der Mittellinie bis zum Aufprall im Tor nicht einmal den Boden berührt, nur drei Mal den Schläger von Oskar Deecke.

Es gab in der Hockeygeschichte wichtigere Tore (darunter alle 4,376 Milliarden*, die zählten *grobe Schätzung*), es gab fulminante Tore wie etwa unglaublich harte Schüsse oder gefühlvolle Heber, den Torwart verladende Trickschlenzer oder Traumkombinationen bis zu einem Stürmer vor dem leeren Tor, doch selten ist eine Aktion so elegant, cool und konsequent ausgeführt worden wie diese von Deecke. Bei einem Rückstand im olympischen Halbfinale mit fünf Spielen und eineinhalb Halbzeiten in den Knochen. Nur, warum wurde das Tor nicht gegeben?

Deecke hat den Ball über der eigenen Schulterhöhe beim dritten Kontakt gespielt. Und das war 2012 noch verboten. Eine Randbemerkung an der Stelle sei, dass es anschließend zumindest Strafecke für Deutschland hätte geben müssen, denn der australische Gegenspieler hatte keinen ausreichenden Abstand zu Deecke gehalten, wie er es tun muss, da Deecke den Ball zuerst annehmen durfte. Doch, siehe oben, selbst in einem olympischen Halbfinale gibt es seltsame Entscheidungen. Australien nahm den Videobeweis gegen dieses Tor von Deecke, und in der Zeitlupe war aus deutscher Sicht leider zu sehen, dass Deecke den Ball über seiner Schulterhöhe gespielt hatte. Die folgenden drei Tore der Deutschen waren dann alle unter der Schulterhöhe und regulär, am Ende hieß es 4:2, und Deutschland stand im Finale.

97. GRUND

Weil das WM-Halbfinale 2003 in Leipzig mit Kranken ausgetragen wurde

Manchmal ist der in der Emotion geschriebene Text auch Jahre später nicht zu überbieten. Dieter Schürmann schrieb die folgenden Zeilen am Abende des Halbfinals bei der Hallen-Weltmeisterschaft 2003 in Leipzig, nachdem der Favorit mit Müh und Not und vor allem vielen Erkrankten (besser würde deshalb das Duett aus Müh und Kot passen, aber das geht natürlich nicht) antrat. Dieter schrieb seriöse Texte während der Turniere, ich unseriöse. In dem Fall hatten wir gleich vier Spieler im Kader (inklusive mir), die am Tag des Halbfinals gegen Frankreich darniederlagen. Christoph Eimer, seines Zeichens bester Spieler aller Zeiten, war sogar völlig unfähig für einen Einsatz. Und dann ist da die erste Hallen-WM, im eigenen Land, die Halle voll – und die Hosen auch. Aber lesen Sie selbst:

»Da sind wir in den letzten Jahren überall in der Welt herumgekommen, haben größte Vorsicht walten lassen, Wasser nur gekocht oder als Mineralwasser zu uns genommen, Salate und Eis gemieden. Montezumas Rache schien wie die Pocken ausgerottet. Und nun, mitten in Deutschland, man ahnt nichts Böses, kein frohes Erwachen, sondern fünf Leute liegen krank danieder. Ibu musste schwer heran, Infusionen und andere Zaubermittel aus seinem Wunderdoktorschrank anrühren. Vier Spieler hat er bis zum Spielbeginn hinbekommen, unseren ›Chef‹, Spiellenker Christoph Eimer leider nicht. Ibu ist gleichwohl zuversichtlich für morgen. Aber auch Christian und Olli Domke, Hupe und Tibor Weißenborn, denen man im Spiel wenig anmerkte, wollten gleich heim und schlafen sich jetzt gesund. Der vorgesehene Besuch bei den Akademixern wurde abgeblasen. Auch alle anderen wollten Wunden lecken. Dabei haben wir gewonnen. Wenn auch von der Tordifferenz knapp, vom Spielverlauf durchaus souverän. Aber wir benötigten auch unseren

Steffen Erlewein. Sensationell, wie Erle heute die vielen Ecken (immerhin sieben für Frankreich, nur zwei für uns) ablief. Er war heute Matchwinner. Aber dennoch war die deutsche Mannschaft überlegen, wenn auch in vielen Fällen nicht 100 Prozent bei der Sache, sodass sich erstaunliche Lücken für lange Bälle der Franzosen auftaten. Die werden morgen geschlossen, versprochen. Aber man sieht erneut, dass sich die Gegner hervorragend auf unsere Spielweise einstellen und den Weg zum Tor versperren. Aber morgen werden wir auch, da bin ich ganz sicher, viel weniger statisch spielen als heute. Alle hatten das Gefühl, verkrampft zu sein. Zu sehr lockte das Endspiel. Alle wurden getragen von der tollen, begeisterten Kulisse von über 5000 Zuschauern, die das deutsche Team unermüdlich anfeuerten. Unterstützt vom bekannten Trompeter Martin Schiereck aus Halle, dessen Pippi-Langstrumpf-Intonation nicht nur im Hockey (zuletzt beim Handball in Portugal) die Massen mitzieht. Trotzdem schien diese Stimmung auch auf das Spiel zu drücken. Unbedingt wollten die Junx diese Atmosphäre morgen noch einmal auskosten. Und wirkten verkrampft. Fühlten auch selbst so. Spielten nicht mehr einfaches und schnelles Hockey. Nun sind sie im Endspiel, morgen soll es wieder ganz voll in der Leipzig Arena werden. Ich denke, sie werden die Endspielstimmung, die ihnen ja nicht ganz fremd ist, nun morgen auskosten können. Und das voll und ganz. Ich denke, auf sie ist Verlass.«

98. GRUND

Weil Deutschland im Siebenmeterschießen 2008 Holland besiegte

Das Männer-Halbfinale der Olympischen Spiele kommt in der Liste der spannendsten Spiele im deutschen Hockey nicht weit hinter dem Viertelfinale der Männer in Rio gegen Neuseeland. Lange stand es 0:0 in diesem Spiel, in dem die Niederlande Favorit waren, weil sich Deutschland im letzten Moment für das Halbfinale qualifiziert hatte. Und vier Minuten vor dem Ende ging Holland auch noch in Führung, nach einer Eckenvariante. Nicht wie sonst üblich der Spezialist Taeke Taekema hatte direkt geschossen, sondern es wurde eine Kombination gespielt. Eine Überraschung, und zwar eine aus holländischer Sicht ziemlich erfolgreiche. Vier Minuten, das ist normalerweise natürlich genug Zeit, um ein Tor zu schießen, aber für eine gute Mannschaft auch ein sehr überschaubarer Zeitraum, um mit ein paar guten Abwehraktionen und geschicktem Ball-Halten die Zeit zu überbrücken. Die Deutschen waren vor allem in der zweiten Halbzeit dieses Spiels das bessere Team, weil das mit den größeren und mehreren Torchancen. Zwei Minuten vor dem Ende kam ein langer Pass an den linken Pfosten der Niederländer. Und dort stand jemand, der dort sonst nie stand und der auch sonst keine Tore macht: Abwehrspieler Philipp Zeller. 1:1, Verlängerung. Da hätte es eigentlich schon passieren müssen. Bei der Regel des Golden Goal schlenzte Benjamin Wess den Ball an den Innenpfosten, der dann zu Philipp Witte sprang, der ihn nicht im leeren Tor unterbrachte. Also Siebenmeterschießen. Und da tritt dann Taeke Taekema an, der Rekordtorschütze des Turniers. Gegen Max Weinhold, der bis dahin schon zwei Siebenmeter gehalten hatte. Und der mal spekuliert hatte bei einem Schützen, mal reagiert. Und Taekema trat an, schlenzte den Ball hart auf die von Weinhold aus linke Seite. Weinhold reagierte, spekulierte nicht, und hielt den Ball mit der Hand.

99. GRUND

Weil die deutschen Hockeymänner bei den Olympischen Spielen in Rio eines der irrsten Comebacks hingelegt haben

Zuletzt wurde ja viel diskutiert, welche Aufholjagd nun die beste der Sportgeschichte ist. Barcelona hatte im Fußball gegen Paris St. Germain das Spiel im letzten Moment gedreht. Die American-Football-Mannschaft der New England Patriots aus Boston um ihren Star-Quarterback Tom Brady hat beim Superbowl im Jahr 2017 im Finale gegen die Atlanta Falcons im letzten Viertel eine bis dahin als uneinholbar geltende hohe Führung des Gegners ausgeglichen und beim ersten Angriff in der Verlängerung das Spiel für sich entschieden. Und die deutschen Hockeymänner lagen mit 0:2 zurück, als weniger als fünf Minuten zu spielen waren. Bundestrainer Valentin Altenburg hatte bereits kurz zuvor den Torwart aus- und stattdessen einen elften Feldspieler eingewechselt. Kurioserweise hat die deutsche Männermannschaft bei diesem Turnier in Rio in allen Phasen, in denen sie den Torwart bei einem Rückstand gegen einen Feldspieler tauschte, kein einziges Gegentor bekommen und stattdessen einige Tore erzielt.

Torwart Jacobi stand also bereits draußen an der Auswechselbank. Neuseeland verteidigte noch tiefer in der eigenen Hälfte als davor. Das 0:1 in der 18. Minute von Hugo Inglis und das 0:2 von Shea McAleese in der 49. Minute schien zu reichen, die deutschen Spieler hatten kaum gute Chancen, doch sie spielten ruhig weiter, selbst wenn das für manche Außenstehende so aussehen konnte, als ob sie fahrlässig mit der immer knapper werdenden Zeit umgingen. In den letzten Minuten war es vor allem ein Spieler, der in der deutschen Mannschaft auffiel. Christopher Rühr hatte eine gefährliche Aktion nach der anderen, er flankte, er dribbelte, er sprintete, er holte vier Minuten und 40 Sekunden vor dem Ende eine Strafecke für Deutschland. Das Spiel wird in diesen Momenten mittlerweile unterbrochen, weil es mindestens eine halbe Minute dauert, bis sich die Verteidiger ihre Gesichts- und weitere Schutz-Masken angezogen haben. Als die große Anzeigetafel im Stadion von Rio 4'33« anzeigte, zog Moritz Fürste seinen Eckenschlenzer an und traf zum 1:2.

Die Deutschen spielten weiter ohne Torwart und kamen vor allem durch Rühr zu weiteren Chancen. Die Zeit lief runter, die letzte Minute war bereits angebrochen, es gab noch einmal Strafecke für Deutschland. Fürste würde wieder schießen. Er lief an, zog den Ball wieder an, und durch und ließ ihn leicht »abrutschen«, also bei seiner Bewegung den Ball am Schläger entlangrollen. Statt wie so oft in entscheidenden Strafecken-Momenten auf die Schlägerseite des Torwarts zu schießen, die vom herauslaufenden Verteidiger schlechter zugelaufen werden kann, schlenzte Fürste mit einer leichten Täuschung halbhoch auf die Handschuhseite des Torwarts, ganz knapp am Herausläufer vorbei, am Handschuh des Torwarts und am Schläger des Verteidigers auf der Torlinie. Da waren es noch 43 Sekunden auf der Anzeigetafel. Und die deutschen Spieler hatten es zunächst auch nicht eilig, weiterzuspielen, sie hatten es eher eilig, ihren Doppeltorschützen zu feiern.

Das Spiel wurde aber noch einmal angepfiffen, Neuseeland war im Ballbesitz, griff an, draußen schaute Bundestrainer Altenburg gar nicht hin, sondern auf einen Zettel, auf dem er die Schützen für das Penaltyschießen notierte. Die letzten 20 Sekunden waren letzten Endes kurios. In einem olympischen K.-o.-Spiel greift die eine Mannschaft an, verliert den Ball an Deutschland, ein deutscher Verteidiger passt 15 Sekunden vor dem Ende mit einem irre gefährlichen Pass nach innen vor den eigenen Schusskreis, der Ball gelangt wieder zu Neuseeland, doch statt noch einmal vor das Tor vom mittlerweile wieder eingewechselten Jacobi zu flanken, verliert der Spieler den Ball 12,6 Sekunden vor dem Ende an Tobias Hauke, der von der eigenen Viertellinie bis zur Mittellinie dribbelt, dann den Ball nach außen zu Oruz passt, der wiederum weitersprintet bis zur gegnerischen Viertellinie, dort aber vor dem Tor zunächst kein Anspiel hat. Er weicht nach außen aus, noch 4,1 Sekunden. Stürmer Florian Fuchs ist noch einmal mitgelaufen, mit Hauke an der eigenen Viertellinie gestartet. Er sprintet weiter, bis vor das neuseeländische Tor. Oruz sieht ihn, oder vielmehr: hofft, dass es noch einer bis vor das Tor schafft, flankt, ganz hinten ist Fuchs, davor fünf gegnerische Verteidiger. Die Flanke ist genau so, wie sie sein soll, nicht ganz flach, also schwer zu stoppen. 3,0 Sekunden vor dem Ende schlägt Oruz, der Ball braucht 1,2 Sekunden, um bis ganz vor das Tor zu kommen, wo Fuchs mittlerweile abgetaucht ist, um den Ball im Rutschen mit dem Schläger zu berühren, was er exakt 1,8 Sekunden vor Spielende tut. Und dann braucht die Kugel, die von Fuchs perfekt auf das Tor abgefälscht wird, noch 0,2 Sekunden. Tor, 1,6 Sekunden vor dem Ende, 3:2 für Deutschland, und die nächsten Minuten sind ein einziger sehr langer Jubel.

100. GRUND

Weil es beim Hockey fast so viele Rituale gibt wie beim Baseball

Florian Kunz saß drei Minuten vor dem Finale der Weltmeisterschaft 2002 im Stadion von Kuala Lumpur auf der Auswechselbank, den Kopf unter einem Handtuch verborgen. Der Kapitän und einer der wichtigsten Spieler ganz allein auf der Bank, seine Mitspieler machten die letzten Aufwärmübungen, Strafecken, Sprints, ein Kontaktspiel. Was war los mit Kunz? Ging es ihm schlecht? Hatte er plötzlich Angst vor dem Spiel und traute sich nicht mehr?

Was genau in Flokke vorging, das weiß ich heute nicht mehr. Ich könnte ihn zwar fragen, aber wahrscheinlich kann auch er sich nicht mehr erinnern. Denn schließlich machte er das vor jedem

Spiel. Noch einmal ganz kurz in sich gehen, einmal möglichst alles ausblenden, für eine Minute. Er schoss dann den Ausgleich in diesem Spiel und machte auch sonst eine gute Partie. Und Kunz war einer der Ritualkönige dieses Teams. Nach der Auszeit auf der Bank vor dem Anpfiff ging es dann, um nur ein kurzes Beispiel aus dem Ablauf vor einem Spiel zu nehmen, weiter mit: Alle kommen zur Bank, ziehen sich die Trikots an (manche Spieler spielen sich immer mit Trikot ein, andere nie), man stellt sich für die Hymnen auf und hat dann noch etwa 90 Sekunden Zeit bis zum Anpfiff. In der Zeit werden erst noch kurze Sprints gemacht zwischen der eigenen Viertellinie und dem Schusskreis, dann steht die ganze Mannschaft in einem kleinen Kreis zusammen. Damals, 2002, kam da noch keine Kamera vorbei und filmte mit Ton in den Spielerkreis, heute kann man dann in Nahaufnahme den Kapitänen beim Anfeuern, bei den letzten Sätzen und beim Brüllen zusehen. Das Ritual 2002 etwa war dann: Kunz sagt ein paar Sätze, anschließend brüllt der mit der lautesten Stimme (ich) zunächst etwas leiser: »Werden wir gewinnen?« Die Mannschaft antwortet »Ja«, dann noch einmal das Ganze etwas lauter, und am Ende, beim dritten Mal, in voller Lautstärke, antwortet das Team mit »Bomaye!« Das ist natürlich überhaupt nicht politisch korrekt, weil es die Anfeuerung für Muhamed Ali bei seinem Boxkampf des Rumble in the Jungle war und übersetzt »Töte ihn!« bedeutet. Aber sei's drum, wir spielen in so einem Moment ja auch nicht Schach. Weiter mit den Ritualen nur in den angesprochenen 90 Sekunden: Gebrüll, alle gehen noch einmal bei den Mitspielern vorbei und klatschen sich ab. Wichtig dabei ist die Reihenfolge: Die Innenverteidiger klatschen zunächst alle anderen Spieler ab, dann als Vorletztes den eigenen Torwart und als Letztes den Mit-Innenverteidiger. Kunz hatte als überzeugter Ritualiker noch ein weiteres, ein letztes Ritual für ihn und mich eingeführt: dem Film *Gladiator* entlehnt: Als die Soldaten zu Beginn vor einer Schlacht stehen, reitet Russel Crowe als Feldherr an den Reihen vorbei, ehe er sich aufstellt und die Parole ausgibt. »Ehre und Stärke«.

Die Hockey-Legionäre Crone und Kunz stehen sich also gegenüber, klatschen sich ab und sagen zueinander »Ehre und Stärke«, dabei zerreiben sie imaginäre Erde mit den Fingern, wie es der Feldherr und Gladiator Crowe im Film macht.

Das klingt so aufgeschrieben reichlich albern. War es aber überhaupt nicht. In einem WM-Endspiel, in dem man das eigene Land vertritt, vorher die Hymne gehört hat, 16.000 Zuschauer auf ein großes Finale warten und man selbst den Höhepunkt der sportlichen Karriere bis dahin erlebt, ist das eine ganz andere Situation. Wir haben das Spiel am Ende gewonnen. Und anschließend waren die Bierflaschen so schnell auf dem Platz, dass gar keine Zeit mehr blieb, um »Ähre und Stärke« zu sagen, das Motto für die dritte Halbzeit. Warum aber die ganzen Rituale?

Beim Baseball ist die Sache noch extremer, da hat jeder Spieler, der am Schlag ist, ungefähr drei Rituale pro Sekunde: Handschuh auf und zu, Mütze zurechtrücken, den Schläger auf den Boden tippen, leer schwingen, Trikot zurechtzupfen. All das ist ganz bewusst so etabliert, um in einer Routine zu bleiben und zu sein, in der die Abläufe nur auf das Spiel fokussiert sind. Aus meiner Sicht und Erfahrung trägt jedes gute Ritual dazu bei, die Konzentration auf das Spiel zu erleichtern und gleichzeitig die Gedanken an Folgen, Bedeutung oder was alles passieren kann, zu minimieren. Wer ein Ritual durchführt, beschäftigt sich mit diesem und kann gleichzeitig weniger an andere Dinge denken, die ihn ablenken können. Genau darum geht es.

Spieler ziehen sich immer erst den linken Stutzen an, Torhüter, die wahrscheinlich größten Ritualiker nach oder gar vor Kunz, haben noch einmal mehr automatisierte Abläufe. Sie stehen ja auch sehr lange nur rum und haben dabei theoretisch viel Zeit, sich Gedanken über die Folgen des Spiels zu machen. Sie denken also, wie die Sportpsychologen sagen, über die Lage-Orientierung nach, während die anderen Spieler in der Handlungsorientierung sind. Was bedeutet es nun, dass wir zurückliegen? Wie lange geht das

Spiel noch? Schaffen wir das? Auch ihnen hilft das Ritual. Immer wieder mit dem Schläger den linken und rechten Pfosten zu berühren etwa, und die Latte des Tores, um die richtige Position im Tor zu bestätigen, aber eben auch, um einfach nur irgendwas zu tun und nicht nur zu grübeln.

Und man darf natürlich bei der ganzen Geschichte auch nie vergessen: Rituale, vor allem gemeinsame, machen Eindruck auf den Gegner. Sie zeigen Geschlossenheit und Entschlossenheit.

101. GRUND

Weil McDonald's und Bananen eine wichtige Rolle im Hockey spielen

In meinem Verein bin ich der Bananenmann. Wenn es um Essen geht, dann fällt den Damen- oder Herren- oder Jugendspielern bei Rot-Weiß München immer eine Bananenvariante ein, die sie ihrem ehrenamtlichen Abteilungsleiter (mir) verbal vorsetzen können. Bananen, das hat ungefähr so eine herausgehobene Bedeutung wie zu den Zeiten, als es die DDR noch gab. Banane, das steht für eine professionelle Einstellung zum Sport. Und McDonald's natürlich auch.

Wer als Jugendlicher in die Mühlen des Hockey-Bundes gerät und sich über diverse Sichtungen empfiehlt, der kommt auch schon früh mit dem Thema Ernährung in Berührung. Spätestens bei einer mehrtägigen Sichtung achten die Coaches darauf, dass der angehende Athlet sich nicht nur von Fritten und Mayo ernährt. Und die Banane, die ist bei der Sportlernahrung quasi der Allrounder unter den Lebensmitteln. Von Natur aus verpackt und in einer handlichen Snack-Größe geliefert, was gibt es Besseres? Alles, wenn man sich so viel von Bananen ernährt wie ein durchschnittlich intelligenter Leistungssportler. Wenn ich also nun durch meinen Heimatverein gehe und zum Beispiel an einem Spieltag mit Spielern in Kontakt komme, dann zeigen mir manche schon ganz unaufgefordert ihren gelben krummen Snack, als handlichen Beweis für ihre vorbildliche Spielvorbereitung. Dabei tut ja mit einem Bananenverzehr mir persönlich keiner einen Gefallen. Ich kann die Dinger schon seit Jahren nicht mehr sehen. Ich hatte mal eine Überdosis, glaube ich. Wahrscheinlich bei einem der Turniere, täglich bis zu fünf Bananen, das hält keiner aus. Die Banane als schnellster natürlicher Kohlenhydratlieferant, wenn gerade keine Nudel zur Hand ist, liegt uneinholbar weit vorne, da können irgendwelche Riegel und Bowls oder anderes Modezeug einpacken. Banane rocks. Und McDonald's?

Ein reflektierter Nationalspieler hat einmal sehr gut die Aussage eines Ernährungsberaters wiedergegeben: »McDonald's ist nicht schlecht, es ist nur nicht gut.«

Leere Weißbrot-Kohlenhydrate an Hackfleisch und fettiger Soße, das nimmt im Magen Platz weg für bessere Sportlernahrung wie Nudeln oder Kartoffeln. So weit, so sowieso klar. Aber McDonald's hat bei den Hockeyspielern dann eben doch einen guten Effekt, und zwar durch seinen Einfluss auf die Gruppendynamik.

In der Männernationalmannschaft gab es mal einen relativ reflektierten Bundestrainer, der besonders großen Wert auf Bananenspeisen legte oder adäquaten langkettigen Kohlenhydratersatz. Spieler, die dann also auf dem Weg zu einem Lehrgang mit einem McDonald's-Pappkrönchen auf dem Kopf ins Teamhotel spazierten, machten ihm dementsprechend sehr große Freude. Noch besser natürlich war der Anblick des Bundestrainers, wenn dann eine Reihe von Spielern erzählte, wie verkatert sie von der Sauferei am Vorabend seien. Teambuilding durch gemeinsames Verbrüdern gegen den Coach. Natürlich hatte sich keiner betrunken, und das Anfahrtsritual durch einen McDrive beschränkte sich meistens auf einen McSundae-Eisbecher, denn die SpielerInnen sind ja Profis, mental zumindest. Auf der Heimreise nach einem anstrengenden

Trainingslager allerdings gab es schon auch eine Tradition, die besagte, dass man nach 13 Trainingseinheiten, 47 Bananen, 6,5 Kilo Nudeln pro Person durchaus zur Belohnung einen TS an der Mc-Theke bestellen darf.

Da ich selber ein großer Freund des McFastfood bin, hatte ich im Olympischen Dorf immer ein großes Problem. Denn dort ist in der Mensa auch ein McDonald's-Stand vertreten. Und im Gegensatz zu den handelsüblichen Filialen gibt es da keine Theke und keinen Mitarbeiter, der einem die Burger aushändigt (zumindest war das bis 2004 so), sondern man geht direkt an die Warmhalte-Metallrutschen und nimmt sich, was man möchte. Eine schreckliche Verlockung. Nach gewonnenen Spielen hatte ich mir selbst die Belohnung eines einzelnen Burgers erlaubt.

Der McDonald's-Besuch ist also eine Art Ausbüxen light in den Nationalmannschaftsgefilden. Nach Müslifrühstück mit reingeschnittener Banane, Nudelmittagessen mit Bananennachtisch und einem ausgiebigen Kartoffelabendessen mit Bananenkuchen im Anschluss. Und das Schöne ist: Wer vorher eben ein halbes Kilo Nudeln und vier bis 14 Bananen zu sich genommen hat, der hat seine Kohlenhydratspeicher (diesen Begriff habe ich exakt 424 Mal in meiner Hockeykarriere gehört, meist mit einem »voll machen« danach) voll gemacht und darf noch ein bisschen Zucker-Quatsch oder Ähnliches drauflegen. Das ist dann mehr Nahrung für den Kopf, für das Wohlbefinden, gegen das Verrücktwerden auf Lehrgängen, weniger für die linke noch mit Energie unterversorgte Wade.

102. GRUND

Weil Funktionäre funktionieren

Ich kann mich an ein Turnier Ende der 90er-Jahre erinnern, vielleicht war es eine Champions Trophy, auf jeden Fall gab es, wie so oft, auch ein Official Dinner. In dem Hotel, das aussah wie alle Hotels in Asien, mit Teppichboden, runden Tischen, Buffet und vielen Kellnern, die sehr aufmerksam waren, sitzt oder saß man da als Mannschaft im offiziellen Anzug, hörte Reden zu und warf ab und an den Spielern aus anderen Nationen einen Blick zu und machte ihnen im Zweifel mit Gesten klar, dass man das Herumsitzen und Zuhören auch ziemlich langweilig fand. Ob das noch heute der Fall ist, weiß ich nicht, denn schon während meiner Zeit nahmen die »Official Dinners« langsam ab und wurden weniger. Kein Spieler hatte darauf Lust, dafür aber viele Funktionäre umso mehr. Ich meine mich zu erinnern, dass der absolute Tiefpunkt, wenn man so will, bei besagtem Turnier die Überreichung eines Gastgeschenkes war. Ohne Namen zu nennen: Unser Delegationsleiter, es war der damalige DHB-Präsident, überreichte also nach einer Rede und einer Dankesrede seinerseits dem Ausrichter und im Zweifel auch wichtigen Funktionär in einem der vielen Gremien des Welthockeyverbands. Unsere Delegation überreichte an diesem Abend natürlich mehreren befreundeten Funktionären ein Gastgeschenk, und nachdem die beiden ersten Ausgezeichneten bereits eine Krawatte bekommen hatten, kam es nun von einem Spielertisch, als unser Präsident in seiner Tasche zur Überreichung nach dem Geschenk griff: »And it's ... a tie!!«

Vielleicht war das der Tiefpunkt in meiner Wahrnehmung und Wertschätzung für Funktionäre. Allein das Wort ist ja schon schrecklich, eine Person wird nur auf ihre Funktion reduziert. Und vor allem, aber das war mir als junger Nationalspieler nicht klar: Ich irrte mich gewaltig. Funktionäre, das waren für mich damals Leute, die mir Zeit wegnahmen durch Abenddinner, durch verspätete Spielanpfiffe, weil wieder ein Blumenstrauß an einen übergeben werden musste, der sein 36. Länderspiel machte, Funktionäre sagten meistens, dass etwas nicht geht, dass sie etwas nicht gut finden, und Funktionäre anderer Nationen hatten nur die Interessen ihres eigenen Landes im Blick. So dachte ich.

Heute bin ich selbst Funktionär. Und denke ganz anders darüber.

Nun, das Schöne ist: Damals haben die Kollegen offenbar eine sehr gute Arbeit gemacht, was man schlicht daraus ableiten kann, dass die Aktiven keine so richtige Ahnung hatten, was die Männer (die meisten waren und sind im Hockey-Verband Männer, warum diesem Geschlecht das Funktionärsdasein so sehr liegt, wäre wohl ein Kapitel für sich) da taten. Sie organisierten, planten, regelten vor sich hin. Heute weiß ich, dass der Job des Funktionärs, wenn man die gesamte Bandbreite der Aufgaben im Hockeysport betrachtet, eine der undankbarsten ist: Man wird nicht bezahlt, man kann keine Tore schießen, man bekommt keine Medaillen (höchstens hässliche Krawatten), aber vor allem: Man bekommt in den allermeisten Fällen nur die Dinge vorgesetzt, die nicht funktionieren. Während Spieler oder Trainer oder Eltern zwischen Siegen und Niederlagen, kleinen und größeren Erfolgserlebnissen pendeln, hat der Funktionär – grob und subjektiv geschätzt – zu mindestens 80 Prozent Probleme an der Backe, die er bitte mal zügig lösen soll und am besten so, dass alle glücklich sind. Hätte ein Verein oder ein Verband keine ehrenamtlichen Funktionäre, er würde nicht funktionieren. Diese Erkenntnis ist nicht neu, wahrscheinlich wurde sie schon in jedem Verein und Verband tausendfach aufgesagt, vielleicht sogar an jenem »It's a tie«-Abend in Asien, aber manchmal muss man so etwas erst selbst erleben, um es zu glauben.

Kurz gesagt: Ohne seine Dutzenden Super-Funktionäre hätte Deutschland keine einzige Medaille im Hockey gewonnen, nicht 1928 und nicht 2016.

Natürlich gibt es coole und nervige Funktionäre, so wie es faire und unfaire, gute und schlechte Spieler gibt. Es gibt Leute, die in ihrem Funktionärsdasein die eigene aktive Karriere weiterleben lassen wollen, weiter viel Aufmerksamkeit brauchen oder ihre Kinder protegieren. Und es gibt selbstironische Funktionäre (zu denen selbstverständlich an allererster Stelle ich gehöre bei meinem Verein Rot-Weiß München), die ganz uneigennützig Spaß daran haben, einen Verband oder Verein erfolgreich zu machen oder zu halten, die in einem Funktionärsteam ohne allzu viele Hürden wie Gremienrunden etwas bewegen wollen, die – und das schätze ich von Tag zu Tag mehr an meinen heutigen Kollegen vulgo Mitspielern – einen Beitrag dazu leisten wollen, dass auch im Jahr 2018 die Jugend in diesem Land, in dieser Stadt, in diesem Viertel, in dieser Straße mit einer so großen Sozialkompetenz ausgerüstet wird durch das Sportlerdasein, dass man sich um die Zukunft der Gesellschaft keine Sorgen machen muss. Das Ganze klingt für einen Spieler jetzt wahrscheinlich wie eine schreckliche Funktionärsrede. In dem Fall: Einfach in 15 Jahren lesen, wenn ihr selbst in euren Vereinen oder im Hockey-Bund mit anpackt und gerade verzweifelt, weil ihr als Dank wieder nur eine Anstecknadel, einen Blumenstrauß oder gar eine hässliche Krawatte in einer knitternden Plastikfolie entgegennehmt.

103. GRUND

Weil Greta Blunck die unermüdlichste Hockeytrainerin ist

Wie kann eine Betreuerin der Hauptgrund dafür sein, dass eine Mannschaft bei einem Turnier gut abschneidet? Bei Greta Blunck war das der Fall. Die Hamburgerin, die mit elf Jahren (für heutige Verhältnisse sehr spät) zum Hockey kam, weil ihr Vater sie einfach mal hinschickte, war bei der Frauenweltmeisterschaft 1979 in Vancouver Betreuerin. Nur Betreuerin muss man dazu sagen.

Denn das Team hatte sich gegen den amtierenden Trainer Werner Nowak ausgesprochen, 15 Spielerinnen sagten 36 Stunden vor dem Abflug: Der oder wir. Es war dann der. Und Blunck wurde vom damaligen Sportwart des Hockey-Bundes kurzerhand zur Teamchefin ernannt. Naheliegend. Zwischen 1957 und 1965 hatte Blunck 26 Länderspiele absolviert. Nach heutigen Maßstäben ist das eine lächerlich kleine Zahl, aber damals war das eine Serie einer absoluten Stammspielerin, es gab schlicht viel weniger Länderspiele, und Turniere wurden noch mit sehr wenigen Mannschaften ausgetragen. Greta Blunck galt als Spielerin als Dame. Sie trug immer Handschuhe.

Bei der WM 1979 in Vancouver erreichten die Weltmeister von 1976 und dem Vize-WM-Titel von 1978 in Madrid erneut das Finale. Dort verloren sie gegen die Niederlande, wie schon in Madrid der Finalgegner, diesmal mit 1:4. Die Weltmeisterschaft war für das Team von Einspring-Bundestrainerin Blunck auch unter einem weiteren Aspekt wichtig: Es ging um die Qualifikation für das erste olympische Frauenhockeyturnier 1980 in Moskau. Zu dem Zeitpunkt war ein Boykott durch die westlichen Länder noch nicht beschlossen. Es kam anders, trotz dem aus Sicht der Athleten schmerzlichen Verzicht auf die Olympischen Spiele begann mit der Entscheidung, Blunck zur Nationaltrainerin zu machen, eine der erfolgreichsten Zeiten des deutschen Damenhockeys. Sie betreute das Team in 25 Spielen und musste dabei lediglich zwei Niederlagen hinnehmen.

Die Trainerin, als Spielerin gewann sie mit ihrem Verein HTHC Hamburg neun nationale Titel, ist Teil der Hamburger Hockey-Prominenz. Sie trifft etwa den Boxer Max Schmeling, 1965 Queen Elisabeth in Hamburg. Ihr Knicks vor der Königin war das Titelfoto der Zeitungen nach dem Besuch. Blunck hatte der Queen zum Abschied eine Phidias-Statuette übergeben, eine Figur eines griechischen Athleten. Blunck, die im Februar 2018 80 Jahre alt geworden ist, sagt in einem Geburtstagsbeitrag des NDR mit einem

Singsang in der Stimme über diese Begegnung: »Dann winkt man ihr zu und denkt: Hallo, du bist genau wie wir.« Blunck war die erste Frau in Deutschland, die den Trainerschein machte, Ende der 70er Jahre, bevor sie dann die Nationalmannschaft übernahm.

Bis heute ist Blunck Trainerin, sie stand auch am Tag ihres runden Geburtstags auf dem Hockeyplatz und trainierte den Nachwuchs des HTHC, sie trainiert auch behinderte Kinder. Ihr Sohn Christian war 1992 Teil der Olympiasiegermannschaft und ist heute Hockeykommentator der ARD. Und Blunck sagt, als sie zu ihrem Geburtstag besungen wird, mit wässrigen Augen: »Wenn die Jugend einen feiert, dann ist das das Größte, was man sich erträumen kann.« Nicht wenige aktuelle Nationalspielerinnen und Nationalspieler haben bei ihr angefangen mit dem Sport, nicht erst mit elf Jahren, sondern deutlich früher. »Hockey ist mein Leben, vom ersten Tag an, an dem ich den Schläger in die Hand genommen habe. Ein Taktstock, der mein Leben beschreibt und dirigiert. Wenn ich den Schläger anfasse, habe ich etwas Lebendiges in der Hand wie der Reiter sein Pferd.« Knicks.

104. GRUND

Weil eine Torwartausrüstung ein eigenes Universum ist

Man fühlt sich immer dann besonders alt, wenn man sich noch an eine uralte Technik oder Gegebenheit erinnern kann, und noch älter, wenn man sie selbst für eine lange Zeit erlebt hat. Zum Beispiel bei Telefonen. Da gab es ganz früher die Vermittlung, dann hatte man irgendwann einen Apparat daheim, und bald wurde der drahtlos und hatte keine Wählscheibe mehr. Die aktuelle Spielergeneration kann sich nicht mehr an eine Zeit ohne Internet erinnern, an Telefone mit Kabeln, an ein geteiltes Deutschland, an Grenzkontrollen oder an stinkende Torhüter (auf das -innen verzichte ich hier bewusst, denn ich habe Crone-statistisch deutlich weniger stinkende Torhüterinnen als Torhüter erlebt). Und damit das gleich klar ist: Natürlich stanken früher nicht die Torhüter, sondern ihre Ausrüstung, was dann allerdings manchmal nicht so leicht zu unterscheiden war, also olfaktorisch, nicht optisch. So wie sich beim Hockey vieles verändert hat bei der Ausrüstung, vom Schläger über die Bälle, Tore, Trikots, Schienbeinschoner bis natürlich zum Kunststatt Naturrasen, so gab es auch eine Schienen-Evolution. Schienen, so nennt sich in der Hockeysprache die Torwartausrüstung, streng genommen sind das dann nur die beiden Beinschützer, diese überdimensionierten Schienbeinschoner, die auch Eishockeytorhüter tragen. Als ich mit dem Hockey anfing, im Jahr 1983, auf Naturrasen mit selbst geweißelten Bällen auf selbst liniertem Kunstrasen, waren die Torwartschienen noch aus Leder, gefüllt mit dämpfenden und stabilisierenden Materialien, ich meine mich gar an Bambus-Elemente zu erinnern. Die Ausrüstung war schwer, richtig schwer, und schützte schlechter als die Modelle von heute. Es kam zum Beispiel immer wieder vor, dass Torhüter sich Finger brachen, weil sie einen Ball auf die Schlägerhand geschlagen bekamen, wobei die Hand auch in einem Handschuh steckte, der aber zu dünn war, um die Finger richtig zu schützen. Denn gleichzeitig musste man den Schläger durch den Handschuh ja auch noch greifen können und ein Gefühl darin haben. Später kam die Erfindung von einer Art Boxhandschuh dazu, einem starren Schaumstoffstück, in den man eben den Schläger nur noch oben reinsteckt und dann in der hohlen Innenseite mit der Hand festhält.

Ich versuche, seit ich nicht mehr aktiv bin, unter allen Umständen die »Früher war das besser«-Reflexe zu vermeiden. In geruchlichem Sinne war die Torhütersituation alles andere als besser. Allerdings kann man sich durchaus fragen, ob nun die Generationen des vergangenen Jahrhunderts verrückt oder einfach nur Schmerz ertragender war als die aktuelle Torhütergilde. Auf

Naturrasen gab es Keeper mit Drahtmasken im Gesicht, mit besagten Lederhandschühchen, mit einem Brustschutz, der eher ein verstärkter Kleinkind-Schlabberlatz war als ein Protektor. Und die Jungs und Mädels haben sich in alles reingeworfen. Wobei seit jeher bei den Torhütern zwei Philosophien herrschen. Holländische Keeper etwa haben häufig weniger Schutz am Körper, vor allem an den Armen, sind dafür aber beweglicher. Deutsche Torhüter bevorzugen in der Regel mehr Schutz, dementsprechend ist das Torwartspiel auch ein wenig anders, etwas passiver, mehr Typ große Wand als klein und wendig.

Egal, was die Torwarte heute tragen, es müffelt kaum noch. Plastik, Schaumstoff, da bleibt nichts hängen. Und das ist ein Segen für jeden Spieler, der mit einem Torwart regelmäßig nach getaner Arbeit ein paar Stunden im Auto auf der Rückfahrt sitzt, die nasse und verschwitzte Torwartausrüstung im Kofferraum.

105. GRUND

Weil man einen Mundschutz tragen darf – sollte!

Der Mundschutz ist ein Schutz beim Hockey, der wie so viele erst im Laufe der Zeit dazukam. Zunächst musste so ein Protektor ja auch entwickelt werden. In den alten Hockeyzeiten, in denen der Torwart nur mit einer Maske aus Metallstreben spielte, zwei Handschuhen und Lederschienen, hatten die Spieler keinen Mundschutz. Die Hockey-Evolution beschritt dann einen Weg, der ohne billiges Polyethylen nicht möglich gewesen wäre. Während sich in den 60er-Jahren wahrscheinlich die besten Spieler um die heutigen Heiß-Beiß-Mundschützer gerissen hätten, lassen die Jugendlichen sie im Jahr 2018 und folgende beinahe so achtlos auf dem Trainingsplatz liegen wie ihre Trinkflaschen. Auch die sind aus Plastik und werden sicher irgendwann einmal, wenn sie ein paar Tausend Jahre auf dem Atlantik geschaukelt haben und dann durch den Magen eines Thunfischs wieder in Deutschland gelandet sind, durch den Hockey-Mundschutzkreislauf wieder als schön gerade und scharfe Kunstrasenfaser auf einem der vielen Hockeyplätze in Deutschland reinkarniert. Bis dahin lebt der Mundschutz als Mode- und Wegwerfprodukt weiter. Mode, weil natürlich Farbe und vor allem Text, der wie ein kleines Nummernschild auf der Schneidezahnfläche getragen wird, zu literarischen Höchstleistungen anregt. Klassisch natürlich bei Nationalspielern die deutschen Farben und Germany, ansonsten die Vereinsfarben und der Spitzname. Aber das sind dann schon die kieferorthopädisch angepassten und mehrschichtigen, die teuer sind, die man also nicht wegwirft. Meistens leben Mundschützer allerdings als unglückliches Wegwerfprodukt, denn wer will schon sinnlos im Mund getragen werden. Die meisten Jugendlichen und viele Erwachsene schieben den Schutz ja halb aus dem Mund beim Spielen. Da bringt er rein gar nichts, ist koordinativ eher hinderlich und kommunikativ auf jeden Fall. Wer auch immer diese halbdebile Mundschutzmode (auf Trainingslagern würde dieser Begriff in kürzester Zeit mit MuSchuMo abgekürzt) erfunden hat, gehört im Atlantik in den Plastikstrudel geworfen, mindestens für tausend Jahre.

MEDIEN UND MELDENSWERTES

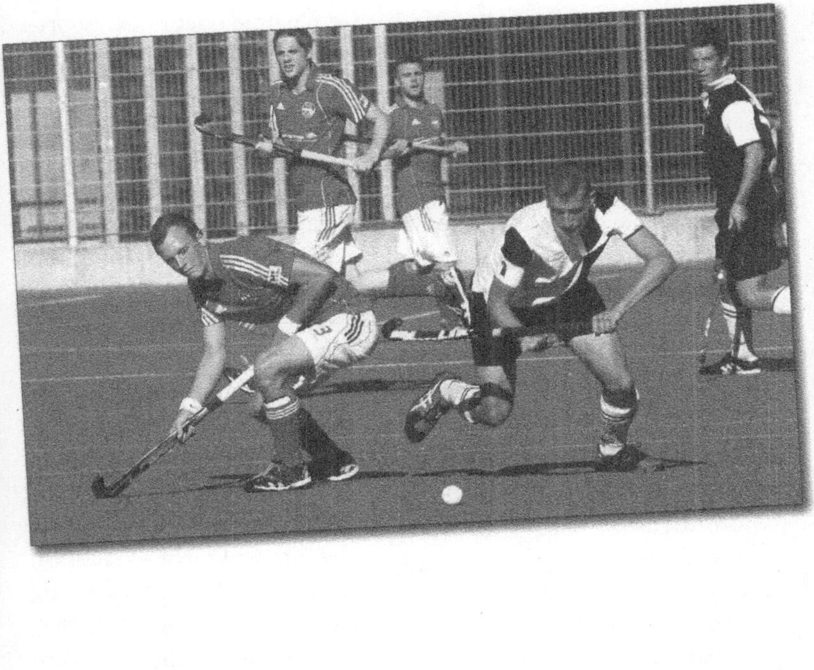

106. GRUND

Weil Hockey im Fernsehen heute leichter zu zeigen ist

Wenn man auf einmal auf der anderen Seite sitzt, wird einem vieles klar. So ist das ja in vielen Bereichen. Auch ich habe mich gerne zu meiner aktiven Zeit über das geringe Interesse der Medien am Hockey geärgert. Als ich dann nach dem Studium beim Bayerischen Rundfunk in der Sportredaktion und später nebenbei beim ZDF als Hockey-Experte arbeitete, wurde schnell klar, warum der Fußball schwer zu schlagen war. Zum einen spielt eben jeder Fußball, und im Zweifel auch ein Sendungsleiter, Chefredakteur oder Sport-Chef. Zum anderen ist Fußball gut darstellbar, auch wenn man nur eine Kamera hat, was bei Beiträgen in Drittprogrammen oft der Fall ist. Ein Fußballspiel mit einer Kamera aufzuzeichnen ist nicht schön, geht aber. Großer Ball, großes Tor, wenig Bewegung. Beim Hockey braucht man damit nicht anzufangen. Wenn die entscheidende Szene eines Bundesligaspiels zum Beispiel ein schnell ausgeführter Freischlag vor der Viertellinie ist, den im Kreis nur noch ein Stürmer kurz ins Tor abfälscht, wird das kein normalsterblicher Kameramann filmen können. Selbst wenn er der beste ist. Das geht oft zu schnell. Also arrangierte man sich lange Zeit, immer nur bei den Olympischen Spielen wahrgenommen zu werden. Da sind auch im Hockeystadion zwölf Kameras, und den langen schnellen Freischlag bekommt man auf jeden Fall auf einer schönen Zeitlupe noch mehrfach zu sehen.

Mittlerweile hat sich die Geschichte insofern verändert, dass normalerweise das Übertragungsequipment nicht mehr so teuer ist. Ausrichter von Länderspielen können für verhältnismäßig wenig Geld einen Feed, wie man so schön sagt, also ein fertig produziertes Hockey-Filmprodukt, mit mehreren Kameras, Zeitlupen, Kommentatoren und Experten anbieten. Und in so einem Fall sagt der ein oder andere Sender dann eher: Okay, zeige ich. Und ansonsten gibt es Anbieter wie sportdeutschland.tv, die auch schon normale Bundesligaspiele streamen. Man kann Hockey nun einfacher sehen, viel einfacher. Sport1, DAZN, überall sind die wichtigen Turniere empfangbar, nicht mehr nur Olympia. Mal sehen, ob das den Sport noch bekannter, populärer und größer macht.

107. GRUND

Weil Béla Réthy auch Hockey kommentiert

Mit Béla Réthy ist es wie mit Moritz Fürste oder Dieter Bohlen, er polarisiert. Als Béla im Jahr 2007 auf meinem Handy anrief und sagte: »Hier ist Béla Réthy, wir kommentieren Hockey zusammen«, dachte ich mir nicht viel. Außer: Was für ein Luxus. Neben mir ein Profi, der alles parat hat, und ich sitze gemütlich in einem Stuhl mit diesen chefigen Piloten-Kopfhörern auf und sage nur: »Guter Pass, schlechter Pass.« Es gibt einige, die Réthy als Fußballkommentator nicht mögen, was ja jedem überlassen ist. Schließlich sind viele sehr emotional dabei, und dann reicht ein falscher Halbsatz, und der Kommentator wird ein für alle Mal blöd gefunden. Béla hat mir erzählt, wann er mit einem Kommentar zufrieden ist. Genau dann, wenn er in den sozialen Netzwerken ausgewogen behandelt und beurteilt wird, wenn ihn genauso viele beschimpfen wie loben. Dann muss er ganz gut gelegen haben. Das einzige Mal, wo sich alle, die ich dazu gehört habe, einig waren, dass Réthy einen rundum guten Fußballkommentar gesprochen hat, war beim letzten Gruppenspiel der Fußball-WM 2018 gegen Korea, ernüchtert und ein bisschen süffisant. Das traf genau die Wahrnehmung der Zuschauer. Beim Hockey habe ich gemerkt, warum jemand wie Réthy zu den Besten in diesem Land gehört. Die Mischung aus Uneitelkeit in Sachen Kenntnis über den neuen Sport und das irre schnelle Lernen waren beeindruckend. Beim ersten Gruppenspiel der Olympischen Spiele in Peking rief Béla noch einmal »Tor!«, als der Ball von außerhalb des Schusskreises ins Tor geschlagen wurde, dann nicht mehr. Er machte jeden Fehler höchstens einmal, oder auch gar nicht. Er entwarf zwei DIN-A4-Zettel, auf die ich zeigen sollte nach einem Pfiff, Grund und Folge. Zum Beispiel: Fuß und Strafecke. Er konnte das dann so sprechen, als ob er die Regeln bereits genau kennen würde. In Rio, acht Jahre später, konnte er zum Teil Situationen genauso einschätzen wie ich, obwohl er nie einen Schläger in der Hand hatte. Wäre Béla nicht Kommentator geworden, es hätte ein guter Spieler aus ihm werden können. Ein Hockeyspieler.

108. GRUND

Weil es den Feiermythos gibt

Natürlich haben sie das Schiff zerlegt.

109. GRUND

Weil die Siegtorschützen der Finals so unterschiedlich sind

Die olympischen Siegtorschützen im Hockey in loser Reihenfolge: Michael Krause (1972, Strafecke, 1:0), Michael Hilgers (1992, zwei Feldtore, 2:1), Franziska Gude (2004, Feldtor, 2:1), Christopher Zeller (2008, Strafecke, 1:0), Jan Philipp Rabente (zwei Feldtore, 2:1) – und was kann man daraus jetzt ableiten? Zwei Verteidiger (Gude, Krause), zwei Stürmer (Zeller, Hilgers) und ein Mittelfeldspieler (Rabente), zwei Standardsituationen und fünf Feldtore (bei den beiden WM-Titeln im Hockey waren es fünf Feldtore und ein Eckentor). Vielleicht das: Die Feldtore fielen alle nach Torschüssen von rechts. Selbst auf allerhöchstem Niveau und in entscheidenden Momenten gilt offenbar noch immer die uralte Regel: über die starke rechte Seite angreifen.

110. GRUND

Weil es auch ein paar Hockey-VIPs gibt

Die Hockey-Promis sind vielfältig, gerade in Deutschland. Henning Voscherau, der Hamburger SPD-Politiker, gehört vielleicht zu den einflussreichsten. Dann natürlich Kate Middleton, die heutige Gemahlin von Prinz William. Sie hat wie viele Engländer auch Hockey gespielt und kam 2012 zum Halbfinalspiel der Britinnen in London ins Stadion. Oder Axel Hacke, der Kolumnist des *SZ-Magazins*, der auch schon in einigen Kolumnen über den Sport geschrieben hat. Meistens, und das ist das Schöne, werden Hockeyspielerinnen und Hockeyspieler nach ihrer Karriere erst noch richtig bekannt. Dafür gibt es viele Beispiele, von denen ich aber keines nennen möchte. In der Wirtschaft sind die Spieler so gefragt, weil sie teamfähig, sozialkompetent und dann meistens nach einer Leistungssportkarriere auch sehr erfolgsorientiert und zielstrebig sind.

111. GRUND

Weil es noch 1.111 andere Gründe gibt

Soll ich hier jetzt alle Gründe aufzählen, die mir am Ende noch eingefallen sind und die nicht vorkommen? Das ist fast so, als würde man ein schönes Spiel zu früh abpfeifen. Man könnte über verschiedene Vereine sinnieren, über die Professionalisierung des deutschen Hockeys seinerzeit durch das Rot-Weiß-Köln-Modell und den früheren Nationalspieler Tobias Warweg, auch die Schiedsrichter sind eigentlich zu wenig vorgekommen, spielen sie doch so eine wichtige Rolle. Die Hockeypartys und deren Geschichten würden wahrscheinlich allein 1.111 Seiten füllen, oder man könnte sich Friedrich Messner genau ansehen, der zwischen 1938 und 1942 28 Länderspiele gemacht hat für Deutschland und sicher auch 1.111 erzählenswerte Erlebnisse zu berichten hat. Und am Ende sind die besten Geschichten dieses Sports die, die jeder selbst erlebt. Der gelungene Pass, der erste weite Schlenzball, der Geruch von frisch gemähtem Gras am Sonntagmorgen, die leicht irgendwo über dem Magen drückende Anspannung vor einem wichtigen Spiel, das irrationale Gefühl des Triumphs in dem Moment, in dem man bei 2:1-Führung sieht, wie der Schiedsrichter kurz vor dem Ende die Pfeife zum Mund führt, um abzupfeifen, und man da weiß, wie sehr man sich gleich freuen wird.

PHILIPP CRONE, geboren 1977, war zwischenzeitlich mit 341 Länderspielen Rekordnationalspieler, gewann mehrfach Europameisterschaften, 2002 und 2006 die Weltmeisterschaft und erreichte bei Olympia in Athen 2004 die Bronzemedaille. Nach einem Biologie-Studium wurde Crone an der Deutschen Journalistenschule ausgebildet und ist seit 2010 Redakteur bei der »Süddeutschen Zeitung«. Außerdem ist er der Hockey-Experte des ZDF.

Philipp Crone
111 GRÜNDE, HOCKEY ZU LIEBEN
Eine Liebeserklärung an die großartigste Sportart der Welt
Mit einem Vorwort von Mats Grambusch

ISBN 978-3-86265-766-7
© Schwarzkopf & Schwarzkopf Verlag GmbH, Berlin 2018
Vermittelt durch die Literaturagentur Brinkmann, München | Alle Rechte vorbehalten. Dieses Werk ist urheberrechtlich geschützt. Jede Verwendung, die über den Rahmen des Zitatrechtes bei korrekter und vollständiger Quellenangabe hinausgeht, ist honorarpflichtig und bedarf der schriftlichen Genehmigung des Verlages. | Autorenfoto: © privat | Coverfoto: © Corepics/depositphotos.com | Fotos im Textteil: S. 21, 117, 161, 185 © Corepics/depositphotos.com; S. 83 © unkreatives/depositphotos.com; S. 103 © EcoPic/depositphotos.com; S. 147 © shcheglov/depositphotos.com; S. 215 © Supertrooper/depositphotos.com; S. 241 © Robi22/depositphotos.com

VERLAG
Schwarzkopf & Schwarzkopf Verlag GmbH
Kastanienallee 32, 10435 Berlin
Telefon: 030 – 44 33 63 00
Fax: 030 – 44 33 63 044

INTERNET | E-MAIL
www.schwarzkopf-schwarzkopf.de
www.facebook.com/schwarzkopfverlag
info@schwarzkopf-schwarzkopf.de